김오남 시조시인

표지화 : 운곡 강장원 화백

시조집 표지

黎衆 (一)

花鳥야 봄 짧다하니 즐길대로 질겨라
보느냐 杜鵑花는 허르러져 웃는고야
있느냐 深山幽谷 듣느냐 새 소래라

(4)

孟春入山 (一)

山은 높고 높다 높아 봄도 못왔나보
竹杖 芒鞋로 終日토록 봄 찾든 몸
새 노래 웃는 꽃 하나 못맞나고 갑네다

(1)

본문 1, 4쪽

심영 표지

바라는 마음

누리, 나다못 타는불 때 탄맘탈
것이 없다. 이제 사회(社會)는 더 그런지도
모르 겠다. 일찍, 입사이진것만 안다는 물소도
그토록 여자가 지극(至極)하더니
한창 앞에 원자탄 수소탄 별의별 탄(彈)
이다 하여, 뜻에 없는 세상을 가저온다.
오직, 나 우리 제몸이 나 담당(擔當)하기
어려운것인, 제몸을 시기하며, 서로 서로 탄
식(歎息)을 이르키게 하고 있는. 그러
나, 남이야 어찌하거나, 나는 나대로, 그리
하여, 세상을 잘게 곱게 생각하 길러갈
자(者)들이, 탄탄히 굳게 있어야 되는
것이, 그리하여 천재(天災)라할지 인재
(人災)라할지, 모르겠으나, 이 시극(詩劇)이
방관은 이나마를 많게함에 비추시다.
뭇새야 두級없는 不誠의 울을지어
~14~

본문 14쪽

여정 표지

晋州에서

무심무심하니 내가 요새 무심이다.
선도악도 모르도록 신경전혀 없노매라
숨쉬고 밥을먹으니 살아있나 하노라

어미의 걱이할까 아해들이 보고싶다
어델가나 허수하고 맘이 한곳 빈듯하이
문앞에 방문객들도 오지말라 하노라

- 12 -

본문 12쪽

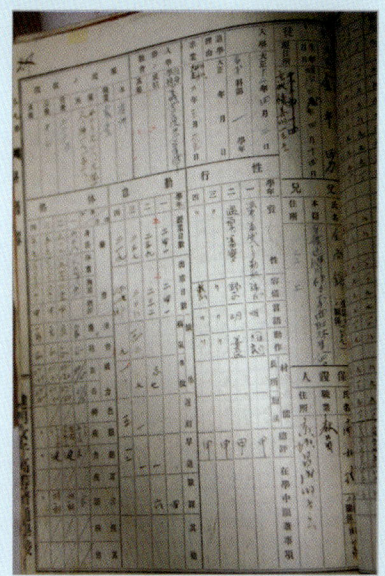
진명여고 학적부

진명여고 교사

김오남 선생

정봉윤 남편(성동공고 교장)

김오남 오라버니인 김상용 시비
(윤상협씨와 주민 일동 세움)

김상용·김오남 남매의 고향마을 표지석
(허형만 교수 외 5인 세움)

김상용 시비(왼쪽에서 김경식(시인)·김상범(손자)·연규석(위원장))

김오남 시조전집
旅情에서 歸鄕까지

2010

연천향토문학발굴위원회

◇축시◇

역사의 옷자락에 시조의 수를 놓은 선생

김 준
(문학박사/서울여대 명예교수)

삼십년대 〈문장〉지에 가람선생 추천으로
시조단에 서계시니 여성으로 처음이라
가슴에 벅차오르던 그 감격을 새깁니다

나라 잃고 말과 글을 마음대로 할 수 없고
무서운 총칼 앞에 맞설 수 없던 세상
오로지 시조를 통해 민족혼을 불태웠다

제 뜻과 제 생각을 우리 말 가락으로
어둡고 슬픈 일을 굽힘없이 밝히시니
목멘 체 울부짖던 일 그날 생각 하시리

선생은 이 땅 위에 시조탑을 세우시고
한평생 쌓고 쌓아 하늘을 치솟으매
우러러 헤아려보면 그 공덕을 잊으리까

겨레의 이름으로 세 권의 시조집을
역사의 옷자락에 수를 놓은 시인이다
마침내 조국애의 길로 시조중흥 일으켰다

고난의 짐을 지고 비바람 한평생을
열정과 의기로써 민족문학 이루시니
이 길로 함께 가자고 아아 함께 가자고

그 이름 문학사에 우뚝히 빛나신다
어질고 자비하신 인품을 기리면서
선생의 전집 펴는 날 기쁨 속에 뵈옵니다.

◇ 발간사 ◇

햇볕이 따뜻하이

연 규 석

  두 번째 사업으로 선정한 김오남시조전집을 경기문화재단과 여러 위원님들의 적극적인 후원으로 상재하게 되어 대단히 고맙고 기쁩니다.
  편집은 발간 순인 〈시조집(時調集)〉·〈심영(心影)〉·〈여정(旅情)〉의 3권과 이번에 새로 평설을 추가하였으며, 시조는 원문 그대로 실어 독자들이 당시의 우리말 실정과 선생의 뜻을 새겨 볼 수 있게 편집위원들이 배려를 했습니다.
  한 가지 아쉬운 점은 시조집 발간 후에 발표한 시를 찾아 함께 수록치 못한 것이 유감스럽지만, 김오남 선생의 후손은 알 수 없었으나, 오라버니이신 김상용 선생 손자(상범)만은 서울에 거주하고 있음을 확인했습니다.
  끝으로 평설을 흔쾌히 써 주신 위원님들과 표지화를 그려주신 운곡 화백, 그리고 진명여고·수도여고·성동공고에서 자료수집에 협조해 주신 모든 분들께 진심으로 감사를 드립니다.

2010년 4월 19일
연천의 진상 군자산을 우러르며

목 차

◇축시◇
역사의 옷자락에 시조의 수를 놓은 선생 · 김준___3
◇발간사◇
햇별이 따뜻하이 · 연규석___5

時調集___9
心影___39
旅情___117

◇評說 및 論文◇

◇評說◇

- 新女性의 虛無意識과 觀照的 詩心을 조명하며
  －김오남의 시세계 · 金敬植___183
- 시조시인 김오남 · 박혜숙___199
- 순수 서정과 생명에의 변용(變容)
  －김오남의 시가선 『旅情』의 시학 · 엄창섭___220
- 金午男論 · 채수영___233

◇論文◇

金午男 硏究 · 임은___251
한국여성문학연구 · 정영자___290

◇작가 연보___296
◇작품 연보___298

金午男 作

時 調 集

머릿말

  우리에게는 悲哀와 苦痛이 가슴에 넘쳐 올라 넋을 잃고 멍하니 앉었을 때가 있읍네다.
  筆者도 이 感情에 지배를 받아 마음이 괴로우면 自然을 찾고 山水나 花鳥를 벗삼아 놀며 울기도 하고 웃기도 합네다. 그때 그 情恨을 적은 것이 지금 이 時調입네다.
  讀者 여러분께서도 읽으시다가 或 感銘하시는 바가 있다 하면 즐겁게 생각 하겠읍네다.

            檀紀四二八六年四月　　日
                    著者 識

目 次

孟春入山 · 15
杜鵑花야 피었느냐 · 15
春景 · 15
閑情 · 16
述懷 · 17
이부럼 · 17
꾀꼬리 · 17
山谷에서 · 17
맘 속 노래 · 18
눈물 · 18
點景 · 18
봄 · 19
臨津江 · 20
지게꾼의 嘆息 · 21
自慰 · 21
눈 · 21
이렁성 사십시다 · 22
꿈 · 22
思親 · 23
고적 · 23
滿月臺 · 24
乞人 · 24
이 生 · 24
새해 노래 · 25
내 마음 · 25
故國을 찾다 · 25
所望 · 26
戲作 · 26
人生은 꿈이로다 · 26

三幕寺에 가다 · 26
落花 · 27
山峽을 지나다 · 28
飛峯에 올라 · 28
弓裔城을 지나며 · 28
버들 언덕에서 · 28
살자니 · 29
가을 · 29
그네 · 30
꽃 · 30
꽃다운 일 · 30
南漢에 올라 · 31
玄海灘을 건느며 · 31
自嘆 · 31
네 어이 알냐 · 33
三防 · 33
農村片感 · 34
달을 따라 · 34
恨嘆 · 34
貧窮 · 35
古苑 · 35
죽은 조카를 생각하며 · 36
世事는 꿈이란다 · 37
世累 · 37
自樂 · 37
出陣하는 學生의 노래 · 37

孟春入出 (一)

山은 높고 높다 높아 봄도 못왔나보
竹杖 芒鞋로 終日토록 봄 찾든 몸
새 노래 웃는 꽃 하나 못맞나고 갑네다

孟春入山 (二)

靑山이 그리워라 널 찾은 내아니냐
滿山 紅綠이 발길듯도 하다만은
老松아 왜 먼저 울어 남의 애를 끊는다

杜鵑花야 피었느냐

어제밤 바람 소리 後園에 드렀읍네
봄맞난 杜鵑花는 올 해도 붉을 것을
다만지 이내 心情은 예도 이제

春景 (一)

있느냐 深山幽谷 듣느냐 새 소래라
보느냐 杜鵑花는 허트러져 웃는고야
花鳥야 봄 짧다하니 즐길대로 질거라

春景 (二)

저기 저 山을 보오 紅綠이 함께 얼켜
夕陽 비낀 볕에 그 華麗 자랑하오
건듯타 가는 봄이니 저물도록

閑情 (一)

가는 구름을 보며 이러이 누었노라
철 없는 俗客이 사립門 두다리건
南柯에 깊이 든 잠을 깰 길 없다 일러라

閑情 (二)

둔지난 보라매는 鐵嶺위 떳다숫다
肉身累 벗은 넋은 蒼空萬里 오다가다
一瞬에 지나 온 景이 어이 千만 되리오

閑情 (三)

功名은 무엇하리 書籍 또한 버렸노라
山위에 높이 앉아 遠近景 둘러 볼제
淸風이 반겨하는지 옷 짜락을 당기더라

述懷

三千里 욱은 쑥을 뉘라서 비랴는고
뉘라서 저 쑥 비고 논밭을 이루랸고
精誠껏 비는 마음을 둘 곳 몰라 하노라

이부럼

소 하나 동무 삼아 사래 긴 밭을 갈고
오날도 씨를 뿌려 마튼 業 다 한 農夫
거룩한 그의 職分을 못내 부러 합네다

꾀꼬리

날은 따스도하다 柳綠도 깊었는데
저어인 꾀꼴새는 幽谷에 벗을 찾나
나 홀로 川邊에 앉아 春興겨워 합네다

山谷에서 (一)

山도 自然이오 물 또한 自然이니
물 까에 앉은 몸의 마음 아니 自然일까
제서름 밤새는 것도 自然이라 하리라

山谷에서 (二)

青山이 오라드뇨 綠水 그가 가라드뇨
淸風이 잡지 않고 雲無心 제 뜬 것을
내 맘이 구지 어지러 이리 애 타 합네다

맘 속 노래

沃野 千里를 부디 내게 주사이다
불상한 오랍동생 그 곳 뫼셔 사오리다
배불리 사심을 보면 죽다 恨이 있으랴

눈물

눈물이 진주라면 줄줄이 꿰었다가
十年後 오신 님을 구슬 城에 앉히렸만
우러도 흔적 없으니 그를 스러 합네다

點景 (一)

솟였다 奇岩怪石 흐른다 激湍飛瀑
부디쳐 千萬曲 되고 깨어저 萬斛玉 뿜네
世事야 언제 못 보랴 終日토록

點景 (二)

夕陽이 이렸고나 峰壑의 궁은 景은
丹靑을 다북 풀어 그려라도 보련만은
그리고 남는 물 소린 어이 하면 좋을고

봄 (一)

뜰위 심은 오얏나무 엉구부린 가지 위에
꽃 가득 피었고나 蜂蝶의 길이 急다
淸風은 花香을 실어 봄 소식을 傳하더라

봄 (二)

풀 언덕 시내 가에 이 몸만 홀로 앉아
갈 피리 한 曲調로 이 情恨 풀어볼제
이따금 香風이 불어 옷짜락을 날리더라

봄 (三)

어제밤 나린 비에 눈 어름 다 풀리고
十里 長堤에 버들 빛이 짙었고나
불현듯 이는 春興을 어일길이 없어라

봄 (四)

山에 雲煙이요 들에 새 노랜데
川邊의 버들 꺾어 피리 지어 부노라니
淸風이 제 찾아 와서 옷자락을 당기더라

봄 (五)

봄이라 아지랑이 먼 山에 가득 차고
들 위에 한늬바람 불어 옷을 날일제면
고요턴 이 가슴에도 큰 물결이 침네다

臨津江 (一)

西天은 朦朧하고 달이 이미 東嶺인데
水上 淸風이오 江가득 銀波로다
그 위에 白露 빗겼스니 景如畵ーㄴ가 하노라

臨津江 (二)

물 위에 맑은 바람 兼하여 달이 밝다
一葉船 몸을 실어 江心에 놓았노라
갈 길은 물이 아나니 먼 하늘을 보노라

臨津江 (三)

長江 萬里로다 물결도 자는 이제
落照의 좋은 景을 내 보고 즐기노라
世事야 언제 못보랴 저물도록

지게꾼의 嘆息

새벽에 나간 몸이 빈 손으로 도라왔네
妻子야 주린채로 이 밤을 울어새자
蒼天아 이내 설음을 살필 길이 없는가

自慰

北窓을 크게 열고 册들고 누었으니
앞 들에 새가 울고 뒷뫼에 물이 예네
仙境을 뉘라 물으면 내곳예라 하리라

눈 (一)

千松 萬栢에 송이 송이 나린 눈을
兒孩는 꽃이라하네 꽃이지 네가 붉다
꽃아닌 눈이라 하는 이 맘 도로 밉고나

눈 (二)

바람찬 겨울이라 꽃 없다 뉘 하더냐
窓前에 날리는 눈 송이 송이 梨花로다
兒孩야 길 인도 하라 배꽃 노리 가리라

이렁성 사십시다

是非라 黑白이라 그리 가려 무었하오
탈없이 사십시다 이렁성 지나다가
갑시다 一片石 조차 세지말라 합세다

꿈 (一)

春山에 꽃이 피면 바구니 옆에 차고
피리 불며 나물 뜻든 어리든 이 내 꿈은
永遠히 날 바리신고? 헛 苦待만 합네다

꿈 (二)

힘드려 배워 보자 못 이룰게 무었이랴
구름밭 숯인 山도 뚫를줄만 녁었더니
그 꿈은 어디로 간고 답답기도 하여라

꿈 (三)

지여 논 비단치마 날마다 입어보며
오는슬 기다리며 손 꼽아 보든 꿈은
어느틈 깨여젔는고 애달픈 옛이 오녀

꿈 (四)

봄날이 따수하야 풀언덕 시냇 가에
피리 불며 동무 함께 노니든 그 時節은
애달픈 옛꿈 되였네 언제 도라 오란고

思親

白髮이 還黑하고 落齒 後生 藥이 없나
나날이 衰하시는 어버이 뵐적마다
不孝가 더욱 크는듯 못내 두려 하노라

고적

희미한 窓아래에 등하나 동무삼아
孤閨의 슬픈 情을 내 울고 있노라니
그림자 하나가 있어 나를 지켜 주더라

滿月臺

하늘엔 가을 바람 언덕에 夕陽인데
滿月臺 빈터 위에 귀또리만 우짓노나
나그네 礎石을 앉고 가슴 아파 하노라

乞人 (一)

자나마 눈 쌓이고 바람이 뼈에 찬데
밤 늦어 門前求乞 저의 마음 어떠할까
못 돕는 이내 마음도 그러하다 하리라

乞人 (二)

積雪은 尺餘로다 바람도 차고 찬데
저 어인 떼 거지는 城 밑에 밤을 새노
불연듯 아픈 마음을 둘 곳 몰라 하노라

이 生

애닯다 이 내 生아 무엇을 뜻함이뇨
무었을 뜻하기에 이렁성 분주하뇨
오날도 해를 보내고 긴 한숨을 쉬노라

새해 노래 (一)

달 가고 해가 바꿔 이몸 늙음 恨이오나
움돋은 우리 文化 歲月과 함께 자라
꽃피어 어서 붉기를 苦待苦待 합네다

새해 노래 (二)

늙는다 恨을 말고 자라는 애를 보라
달 가고 해가 갈 제 살 붓고 뼈가 큰다
智慧의 꽃 마저 피여 이 江山을 웃기누나

내 마음

世事가 웃우워라 浮雲으로 바려두고
푸른 山 맑은 물을 벗 삼아 노니노라
절로의 꿈이신 뜰은 싫을 때가 없고나

故國을 찾다

三千里 故國江山 또 다시 찾아드니
荒原에 널린 風景 예런듯 새로워라
夕陽에 도라 온 손이 눈물겨워 하노라

所望

富貴도 잊으리라 榮華 또한 바리리라
竹杖집고 芒鞋신고 八荒의 客이 되여
浮雲兮 世上사리를 잊어보면 하노라

戱作

이타령 저타령 치량이면 타령이 한 둘일가만은
내 집은 구차하야 돈타령이 第一 많다
이것도 世事ㅡㄴ가 하면 滋味ㅡㄹ 것도 같거니

人生은 꿈이로다

人生은 꿈이라니 世事ㄴ들 꿈 아닐까
萬丈 紅塵을 구름밖 던져 두고
어이허 江山을 찾아 노다 갈가

三幕寺에 가다

戀主臺 十里만 두고 못오르는 이 내 마음
아느냐 在其頂하야 腑天下 간절타만
回路가 밧부다키로 그져 돌아 가노라

落花 (一)

한때 맞난 봄을 즐겨볼가 하였드니
구태여 헛난 비에 지느니 꽃이로다
人生도 저릴것일세 어이 아니 설을가

落花 (二)

點點이 꽃이 덧네 야속타 떼 바람아
굳이 흩을진대 꽃 잎이나 흩을것이
어이타 남의 맘 조차 이렁 흩어 놓느냐

落花 (三)

花香에 陶醉하야 조든 꿈 깨여보니
피였든 庭梅花의 二三花葉 덜었고나
歲月아 가라 하여라 나도 늙자 하노라

落花 (四)

바람도 야속하다 꽃이 굳이 덧는 고나
꽃아 설다 마라 明春아니 또 있느냐
한번 져 못 피는 恨은 내게 마껴 두어라

山峽을 지나다

車窓에 비긴 잠을 一笛聲 놀라 깨니
드높은 層巒峭峯 아침 별이 어렸고나
紅塵에 시달리든 맘 날듯 뛸듯 하여라

飛峯에 올라

하늘은 맑기도 하다 높고 또 따수 한데
山위에 높이 있어 遠近景 살펴 볼제
나 홀로 塵外에 선듯 마음 시원 합네다

弓裔城을 지나며

楓川原 옛 서울을 터나마 보잤더니
百里 젊은 비에 雲霞군이 자욱하다
나그네 눈물 뿌리며 그냥 지나 가니라

버들 언덕에서

꾀꼴이 버들 새 울고 薰風은 들 위에 부네
悠悠한 蒼天 위에 白雲片片 오락 가락
불일듯 快한 마음을 둘곳 몰라

살자니

저 보오 버러지도 제 살랴니 분주쿠려
終日토록 먹을 것을 끌고 물고 나르나니
사람은 무에 다르오 혼자 웃엇 삽네다

가을 (一)

저 어인 떼바람이 山비를 몰고 가노
梧桐의 더른 잎이 섬돌 밑 구는고나
불현듯 설레는 마음 어이 하면 좋을고

가을 (二)

길고 긴 가을 밤을 바람도 잠 못드러
窓밖에 落葉 끌고 긴 한숨 지을 때에
이 맘도 어이 그런지 우려 밤을 샘네다

가을 (三)

들 위에 秋風이오 山위에 夕陽인데
막대를 동무 삼아 들가에 섰노라니
어디서 一聲草笛은 남의 애를 끈는다

그네 (一)

柳綠이 짙은 곳에 넘노는 彩衣少女
三春의 좋은 時節 제 혼자 누리누나
孤閨의 슬픈 情이야 알번이나 하리오

그네 (二)

애달퍼라 저 아해 보오 씀바귀 뜯기 바뻐
눈물지며 그넷줄 놓고 뒷밭으로 가는구려
언제나 저 배를 채워 뛰며 놀게 하란고

꽃

春風이 부노매라 滿庭桃李 다 피인제
花香에 陶醉하여 내 졸고 있노라니
이따금 탐화 봉접이 남의 잠을 깨우더라

꽃다운 일

등에 아해 업고 머리에 밥을 이고
밭가는 男便 찾아 길 바쁜 아낙네야
世上의 꽃다운 모습 네게 또한 보니라

南漢에 올라 (一)

그립든 南漢山을 오늘이야 오르놋다
俗世를 저바린 넋이 雲水 따라 逍遙할제
그 뉘라 애군이 불러 남의 興을 깨느냐

南漢에 올라 (二)

그대여 두실 것을 내대로 두실 것을
嶮路에 찾으신 情이 情은 적이 갸륵하나
白日夢 깨치신 거름 도로 야속 합네다

玄海灘을 건느며

해진 뱃머리에 波濤가 요란하오
異域 萬里를 호을로 가는 몸이
다시금 故土가 그려 눈물 겨워 합네다

自嘆 (一)

희미한 窓아래에 졸고 있는 이 내 넋아
天下 江山이 高長하여 兩無極커늘
구태여 구렁에 들어 허덕일게 무에냐

自嘆 (二)

넋아 떠가 보자 훨이 훨 떠 가 보자
하늘이 가이 있나 땅도 보면 아득하다
浩浩蕩 넓은 이 새에 왜 떨고만 있느냐

自嘆 (三)

이 땅에 깃들인 저 禽獸도 설다커든
내 어이 아니슬피 울고 또 울뿐일세
어느날 눈물을 씻고 함께 즐겨

自嘆 (四)

西天에 해는 지고 갈 길은 萬里인데
高峯 峻嶺이 雲霄에 다았고나
홀로난 나그네 몸이 어이 갈까

自嘆 (五)

人生路 가는 길은 이여 그리 險하온고
千波 滿濤가 소용도리 치옵거늘
그래도 살랴는 마음 나도 몰라 합네다

自嘆 (六)

지금 가나 나종 가나 가기는 가는 것을
가긴 가는 것을 구태여 더 살고저
애쓰는 世上사리를 알듯 몰라

네 어이 알랴

어리고 貴한 그들 철 없은 줄 번이 알며
天眞한 그 잘못을 꾸짖는 마음이어
꾸짖고 눈물 지움을 네가 어이 알리오

三防 (一)

조용한 달을 띠고 靑鶴山 홀로 있어
月明明 山寂寂을 마음속 읊노라면
淸風이 어이 아는지 부러 和答 하더라

三防 (二)

奇角峯 올라 서면 天下 볼줄 알았더니
오르니 山外山에 雲霄 가 아득하다
世事가 저 같다 하니 그를 스러

農村片感 (一)

모 심는 저 農夫여 심어 매서 거두나니
방울 방울 덧는 땀이 맺어 쌀알 되노매라
天道 네 무슨 잠 깊어 저 배 골려 두나뇨

農村片感 (二)

달 뜨고 나간 몸이 별을 이고 돌아오오
손발이 다 닳도록 심고 매고 거두 것만
어이타 우리네 배는 부를 길이 없는고

달을 따라

山높고 골이 깊어 人跡은 없을망정
냇가 걷는 몸을 호젓타 아야 마라
明月이 저 아니 솟아 나를 지켜 주느냐

恨嘆 (一)

한번 센 뜻이로다 이 뜻을 達하리라
萬苦를 不顧하고 힘드려 배웠것만
只今에 한일 없으니 그를 스러 하노라

恨嘆 (二)

山 넘어 구름 가듯 七十이 가리로다
萬年을 사올 듯이 齷齪하는 무리 속에
오날도 해를 보내고 쓴 웃음을 웃노라

貧窮

저 景 보량이면 뉘아니 嘆息하랴
皮骨이 相接하여 떼지여 가는고나
오날도 거리로 가며 혼자 스러 하노라

古苑 (一)

榮華 끊어지고 林泉만 남은 그 곳
개고리 우름속에 古苑의 밤이 깊네
예그리 애타는 情을 어일 길이 없에라

古苑 (二)

古苑에 달을 따라 깊은 밤을 걷나이다
蓮塘에 잎 덧는 소리 꿈같이 들려 올제
또 못올 그 시절 생각 더욱 간절 합네다

죽은 조카를 생각하며 (一)

손 대면 일줄 알고 좋다 둥둥 하든 너를
내 바뻬 하로일 망정 못 보아 주었고나
오늘에 너 없은 그제 우는 맘을 아느냐

죽은 조카를 생각하며 (二)

젓만좀 늦게 줘도 어서 달라 울든 네가
地下에 고픈 그 배 어이 잠이 들랴느냐
때때로 네 생각 할때 뼈가 저려 지노라

죽은 조카를 생각하며 (三)

말 못하는 어린 것이 사람 보면 아프다고
알는 소리 더욱 높여 救해 달라 울든 것을
어이타 救치 못하고 너를 가게 했는고

죽은 조카를 생각하며 (四)

北邙에 눈 서리 오면 네 눈자리 오직 차랴
어머니 따쑤한 품에 쌕쌕 자든 우리 아기
地下에 추위 할 일을 울며 생각 합네다

世事는 꿈이란다

世事가 꿈이라 하네 꿈일시 分明하다
分明 꿈이어늘 근심은 무삼일고
근심은 꿈이 아니뇨 깰때 함께 깨리라

世累

滿山 紅綠이 꽃보다 고으렷만
世累에 묶인 몸이 홀로지라 더져 두고
後園의 落葉聲만을 굳이 직히 옵네다

自樂

바랑을 둘러지고 막대 짚고 나섰으니
江山이 벗인지라 마음 아니 快하릿가
이따금 如畫極景은 나의 富라 합네다

出陣하는 學生의 노래

學園에 배운 힘을 한번이라 휘날이여
鴨綠江 칼을 씻고 白頭山 기를 꼬자
겨레의 제 품은 恨을 풀어 줄가 하노라

發刊辭

  本校 印刷部가 처음 事業으로 閨秀作品「時調集」을 上梓하여 江湖諸賢의 鑑賞을 얻게 된 것을 無限한 榮光으로 生覺하는 바입니다.
  著者 金午男 女史는 일찍이 日本女子大學英文科를 卒業하시고 「多年間 進明女高·首都女高等에서 敎鞭生活에 獻身하여 온지 十有五餘年間」 한때는 女流詩人으로서 그 雅名이 藉藉하던 분으로서 그의 練磨된 詩의 珠玉을 그 夫君인 本校長 丁鳳允先生의 斡旋으로 우리 出版部가 上梓 하게됨은 實로 斯道獎勵의 先軀로서 古典復興의 큰 一助가 되었으면 하고 敢히 江湖에 推獎하는 바입니다.

                檀紀四二八六年五月　日
                    城東工業印刷部　白

檀紀四二八六年五月　一　日 印刷
檀紀四二八六年五月二十五日 發行

〔時　調　集〕　　　【定價 八〇圜】

著　者　　金　　午　　男
印刷所　　城 東 工 業 印 刷 部
　　　　　登錄番號 1947.9.30. No.141
發行處　　城 東 工 業 印 刷 部
　　　　　서울特別市中區水標洞四五

金午男 詩調集

心　　影

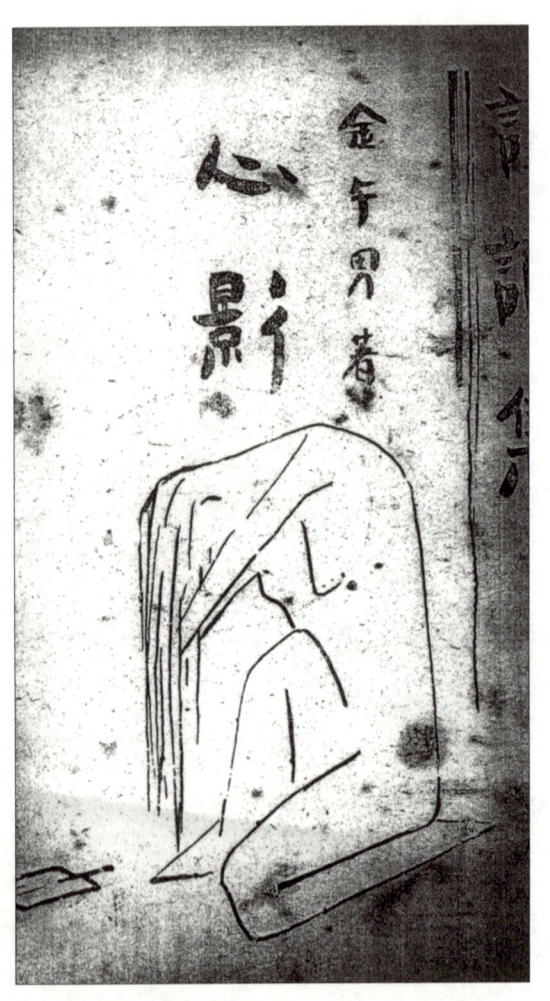

序

　食糧이 肉體的 生命을 維持하는 元素가 됨과 같이 藝術은 精神的 生命을 慰安하는 材料이다. 그러므로 原始未開의 社會에서도 詩歌를 부르고 繪畵를 그리기 좋아했지만 文明의 段階가 漸漸 높아 갈수록 藝術을 愛好하고 尊重하는 傾向이 더욱 더욱 甚해지는 것이다.

　音樂, 繪畵, 彫刻 보다도 詩歌가 最高級의 藝術로서 東西洋 歷史上에 많은 詩人의 偉大한 作品들은 不滅의 꽃이 피어서 우리 人類의 精神上에 香과 美를 提供하여 왔었다. 이러한 意味에서 나는 늘 詩人을 尊敬하고 名作을 愛頌하는 바이다.

　金午男氏의 近著인 이 時調를 읽어 보면서 더욱 그러함을 느끼게 되었다. 金午男氏는 韓國에서 새로난 女流詩人으로서 그 作品의 향그럽고 꽃따움이 許蘭雪, 李玉峯의 뒤를 이어서 자랑할만한 詩人의 才質을 갖이고 나선 듯 하다. 아모조록 이 崇高하고 優美한 才質을 더욱 닦고 길러서 크게 울리고 높이 이름난 詩人이 되시기를 빌고 바라는 바이외다.

　　　　乙未 五月　　日

　　　　　　海圓 黃　義　敦

筆 頭 頌

　인생(人生)을 괴상하다고 할까. 또 모를 것이라고나 할까. 살아서 별로 좋은 것도 없건마는, 그래도 죽는 것을 싫어하고, 살려고만 드는 게 인생이다. 사는 게 괴롭다고 한다. 왜 괴로우냐고 물으면, 그 이유가 많다. 돈이 없다. 몸이 약하다. 마음먹은 게 제대로 안된다. 부부간에 마음이 아니 맞는다. 자식이 말을 안듣는다. 심지어는 이웃집에서 싫은 일을 한다. 내가 하고 싶은 것을 남이 몰라 준다. 그래서 민족이 어떻고, 국가가 어찌되고, 야단들이다. 그래서, 인생은 괴롭다고 한다. 슬프다고 한다. 안타깝다고 한다. 갖은 괴로움이 다 모인 것이 인생이라고들 한다. 세상사(世上事) 쓸 데 없다고 부르짖지 않는가. 그러나 죽으라면 싫어하는 게 인생이고, 살려고 드는 게 인생이다. 왜 사느냐고 물으면 그저 사니까 산다는 게 인생이다. 인생이 무에냐고 체계를 세워 보려고 애를 쓴 것이 철인이다. 그러나, 그네도 모른다 하고 흙 밑에 묻혀 버린 게 또 인생이다. 미래(未來)가 무에냐고 떠들다가도 급기야 죽고 보니, 무덤 위에 잔디만이 푸르게 자라는 게 또 인생이다. 젊었다고 잘났다고 하다가도 늙어 허리가 굽고 뼈의 가죽만 얽혀서 "아이고" 하다가 죽는 게 인생이다. 이 인생을 가로도, 들고 보고 세로도 들고 보나, 모르겠다 함이 인생이다. 그래서 인생을 이렇다고 제법 적어보려다가 붓대를 던지고 마는 게 인생인 것 같다.

　　人生을 적으려고 붓대를 들고보니
　　그릴듯 못그려서 애만이 타옵네다
　　울고서 또울어본게 다음詩ㄴ가 합네다.

目　次

山谷의 달밤 · 47
바라는 마음 · 47
家庭婦人의 嘆息 · 48
국화 · 49
어머니의 사랑 · 49
하루살이 · 50
李 첨지 · 51
한탄하는 노래 · 52
애닯은 일 · 53
못 갚을 은혜 · 54
南窓 · 55
生涯 · 55
追憶의 노래 · 56
이리하소서 · 57
이내 몸 · 58
子息의 病 · 59
報恩 · 60
늙은 거지 · 61
영혼 · 62
애정 · 63
天仙臺 · 63
비로봉 · 64
구룡연 · 65
비사門을 넘다 · 66
海金剛 · 67
金剛山을 떠나는 노래 · 67
겨레를 생각하여 · 68
믿의 집 가는 길 · 69
子息의 病이 낫다 · 70

京釜線 列車에서 · 71
松島 · 72
慶州 · 73
봉황대 · 73
안압지 · 74
諸王陵 · 75
金庾信 墓에서 · 75
吐含山上에서 · 76
吐含山을 떠나며 · 77
첨성대 · 78
佛國寺 · 79
石堀庵 · 79
慶州를 떠나는 노래 · 80
兄의 墓 · 81
귀또리 · 82
봄 · 83
후회 · 83
답답구나 · 84
憧憬 · 85
夏雲 · 86
어머니의 希望 · 86
부부의 정 · 87
希望의 나라 · 88
思兄 · 89
슬픈 노래 · 90
풍자 · 91
이렁 사오 · 91
연정 · 92
어머니의 病 · 93
수치 · 95

戱作 · 95
望遠 · 96
진관사 · 97
人類를 보며 百年 後를 생각한다 · 97
夢裏想 · 98
山水 · 99
生涯의 길 · 99
코쓰모쓰 · 100
夏雲(여름) · 101
시시하다 · 101
山中의 밤(여름) · 102
女性들 · 103
겨울 · 104
구하면 되리 · 105
이슬 · 106
고향에 우는 새 · 106
家庭 · 108
結婚 · 109
잠 · 110
山 위에서 · 111
南漢山城 · 112
신비 · 112
死 · 114

山谷의 달밤

　자연(自然)은 신비를 느끼게 된다. 또 그윽한 맛이 있다. 깊은 산(山)속에 밤이 들고 달이 비칠 때 시내물 소리가 들리고, 두견새가 울면 무아경(無我境)에 든 감(感)이 돈다. 이런 때 산기슭에 앉았노라면 그 호젓함이 비할 데 없다. 자연(自然)히 신비를 느끼게 된다. 기쁜지 슬픈지 모르게 된다. 안타까운 듯도 하고, 슬픈 것도 같으면서 무엔지 모르게 쾌(快)하고도 슬픈 심정(心情)이 돈다. 이럴 때 시인(詩人)은 노래를 부르게 된다.

　　靑山 달밝은데 綠水가 울어엔다
　　내맘도 저물같아야 이한밤을 울어새리
　　두견새 뜻을아는지 함께울어 새더라.

바라는 마음

　우리 나라를 바라볼 때 한탄할 것이 많다. 이제 사회(社會)는 왜 그런지 도덕(道德), 신의(信義), 체면(體面)할 것 없이 모두 없어진것만 같다. 어찌하면 될 것도 같은데, 도무지 힘들을 안 쓰는 것 같다. 형제와 자매(姉妹)들이 힘을 모으면 아주 자미있는 세상을 만들 것 같다. 어둡고 캄캄한데 불을 밝히듯 환한 세상이 될 것 같다. 그런데, 왜들 자아(自我)의 위신을 버리고 순간적인 행락(幸樂)만을 얻으려고 서로를 시기하고, 모함하고, 찢고, 까부는지 모르겠다. 그러니, 뜻있는 자(者)의 한탄이 크다. 바라는 바가 간절하게 된다. 몸을 불살라서라도 세상을 건져 볼 생각이 들게 된다. 그래서 형제들 자매(姉妹)들 붙들고 옳은 길을 걷도록 권해 보는 것이다.

　　兄弟야 또姉妹야 下滅의 등불되어
　　밤같은 이나라를 밝게밝게 비추시라
　　꽃피고 새가울적에 함께놀까 하노라.

家庭婦人의 嘆息

 옛날부터 우리 나라 가정부인(家庭婦人)의 생활을 돌아보자. 그네는 어려서 애지중지하던 딸로서 일단 출가(出嫁)를 하면 시집의 종이 된다. 그래서 시부모의 심부름 군으로, 남편의 조롱꺼리로, 자녀(子女)의 시종 잡이로 평생을 고해(苦海)에서 지내야한다. 그러노라니 맛있는 음식을 먹을 길이 없고, 따듯한 옷을 입을 길이 없고, 편안한 잠을 잘 길이 없고, 맘 놓고 이야기할 길조차 없었다. 청춘의 사랑을 한껏 즐겨야 한 남편과도 남의 눈을 피하여 몇 시간 혹은 몇 분을 만난 듯 헤저야 한다.
 전 식구의 먹다 남은 찌꺼기를 부엌에서 먹어야하고, 헐다 남은 털렁이를 입어야 한다. 잘해도 "예" 못해도 "예"를 해야 했다. 남편이 오입을 하건, 잡기를 하건, 유구무언(有口無言)이라야 했다. 이런 중에도 자식(子息)을 길러야 하고, 시부모의 꾸중과 남편의 구박을 달게 받아야한다. 집에서 기르는 개나 돼지는 오히려 대접을 낫게 받던 것이 소위 동방예의지국(東方禮義之國)을 부르짖는 우리 나라의 가정을 다스리는 풍속(風俗)이던 것이다.
 그러니, 주부(主婦)란 평생을 눈물로 살았고, 고역(苦役)에 시들었다. 이것이 우리 나라 주부의 일생이며, 여자의 평생이던 것이다. 이를 고쳐볼 길은 없을까.

    가사에 시달린몸 부모봉양 어려워라
    子息이 또달리니 남편을 어이섬기리
    베개를 편히베고서 단한잠을 못자오.
             ×   ×
    뼈휘게 일을해도 칭찬을 못듣구려
    솥덮고 불사를제 한숨섞어 불을부오
    주부의 오늘이법을 고쳐보면 합네다.

국화

국화가 필 때면 가을도 늦은 때다. 가을이라기보다 겨울이란 감이 도는 때다. 그런데, 국화는 하필 이런 때에만 꽃이 핀다. 고집이 세다고 하리만큼 이 계절을 꼭 찾는다. 그래서, 솔이나 대에 비겨 그 절개를 칭송함도 무리가 아니다. 낙엽이 진다. 굵은 빗방울이 뚝뚝 들을 제 크어다란 오동(梧桐)잎이 뚝뚝 지면, 사람의 심사는 어딘지 모르게 심란해진다. 그런 때에 찬란을 자랑하는 듯 곱게 피어나는 게 국화다. 그 뿐이냐. 그 꽃이 또한 요란스럽게 아름답고, 향기(香氣)가 높다. 북슬북슬해도 보이고, 탐스러도 보인다. 이 꽃을 볼 때엔 사람에 따라 다르겠지만, 대개는 쾌(快)한 감(感)을 느끼게 된다. 이것은 빛이 사람의 신경을 자극함이리라. 그러나, 앞날이 멀지 아니하다는 것을 생각할 때 인생은 비감(悲感)한 정(情)을 아니 느끼지 못함이 인생이 인생다운 점이다. 날이 따뜻하고 햇볕이 국화에 쪼일 때면 어디서 왔는지 이 국화의 향기와 빛을 못잊어 찾아 드는 벌들이 있다. 향기(香氣)와 빛을 못 잊어 찾아 들기는 했으나, 몸이 자유롭지 못해 보인다. 바들바들 떠는 것도 같고, 어집은 날개를 억지로 흔드는 것도 같다. 앞 날이 얼마 안되는 것을 안타까와 하는 듯도 하다.

국화가 피어있고 볕이또 따듯한데
벌들이 찾아와서 나불대 노는구나
秋天이 짙어가나니 앞날없다 하노라.

어머니의 사랑

어머니의 사랑이란 위대한 것이다. 이해(利害)를 떠나는 게 어머니의 사랑이요, 고통과 죽음을 잊는 것이 또한 어머니의 사랑이다. 이 사랑은 무조건이다. 무조건이니만큼 더욱 위대하다. 위대한지라, 생명을 바치는 게 어머니의 사랑이다.

자식을 기르노라니, 뼈가 휘고 가르키노라니, 있는 희생을 다한다. 그래도 힘드는 것을 잊고 아까운 줄을 모른다. 이것이 어머니의 사랑이다. 이 위대한 사랑 앞에는 여하(如何)한 고생(苦生)도 존재(存在)를 잃게 되는 것이다. 그저 잘해 주고만 싶다. 몸을 죽여서라도 자식이 복(福)된다면 하려고 든다. 잘 입히고 싶고, 잘 먹이고 싶다. 조금만 괴로워함을 봐도, 추워하는 것을 봐도, 더워하는 것을 봐도 뼈가 저린다. 얼마나 위대한 정이냐. 또 사랑이냐.

만약(萬若) 인류(人類)가 서로서로 남 아끼기를 어머니가 자녀에게 대하듯 할찐대, 그야말로 진실(眞實)한 평화가 오고야 말 것이다.

이에는 종교도 도덕(道德)도 법률(法律)도 필요(必要)를 느끼지 아니할 게 아닌가?

인류여, 다 같이 이 위대한 어머니의 사랑을 배우자. 진정 나를 잊을 수 있는 이 위대한 사랑을 길이 배우고 실행에 옮기지 않으려는가.

    어머니 깊은사랑 그누가 안답데까
    뼈골이 휘건마는 그도저도 모릅네다
    알뜰한 愛情만안고 가슴아파 하지요.

하루살이

가을날 석양(夕陽)녘에 들길을 걷노라면 그 수가 얼만지 모르는 하루살이 떼가 야단스리 떠돌아서 길가는 사람들을 괴롭힌다. 눈을 똑바로 뜨고 봐도 형체조차 알아 보기 어려운 미물들이다. 그러나, 하도 수가 많으니만큼 큰 구름 뭉치 같이 보일 때가 있다. 그 노는 양을 보면 꽤 활발스럽고도 유쾌해 보인다. 이 곳에서 한 떼가 노는가 하면, 저 곳에서도 그만큼 야단들이다. 생(生)을 즐겨 날뛰는 듯 하다. 그러나, 이 놈들의 운명(運命)은 날이 저물면 그만이다. 죽어 버리고마는 벌레들이다. 그 생의 기간(期間)이 극히 짧다. 불과 몇 시간(時間)이 못된다. 그러나, 그 노는 양이 생을 한껏 즐기는 것 같다. 그러다가 몇 시간이 못되어 죽어 버리고 만다. 그 뒤에는 아무 자취도 없다. 맑은 하늘에 달 빛만이 교교(皎皎)할 뿐이다.

그래서 시인, 문사(文士)들이 인생을 이 하루살이에 비긴 일이 많다. 생각해 보면 그럼즉하다. 하루를 살다 죽으나, 백년을 살다 죽으나, 죽어 없어지는데는 다를 게 없다. 무한(無限)한 시간을 두고 볼 때 몇 시간이나, 몇 십년이나 지나면 순간사

(瞬間事)이다. 몇 백년, 몇 천년이 마찬가지다. 지나간 뒤가 꿈깬뒤다. 아무 형적도 남음이 없이 무궁(無窮)한 공간(空間)만이 흐를 뿐이다. 허(虛)만이 남을 뿐이다. 인류의 역사를 보아 더욱 그렇다. 스팔타의 강한 훈련도, 로오마의 호화롭던 생활도 남미(南美)의 참혹하던 노예 생활도 지나니 그렇고 말었다. 신라적 찬란했다던 문화(文化)나, 왕건조(王建祖)의 일생이나, 이조오백년(李朝五百年)이 그렇지 않은 게 없다. 이를 보면 인류의 일생이란 과연(果然) 짧은 것이고, 또 부질 없는 것이다.

잘났다, 못났다가 별수 없고, 잘 산다, 못 산다가 별 수 없다. 곱다는 것이나 밉다는 것도 맞찬가지다. 슬프다, 즐겁다해도 지내면 고만이다.

하루살이의 한나절 밖에 될 것이 없다.

　　　부유가 저리많이 떠돌아 노닐어도
　　　오늘해 못다가서 죽을게 아니겠소
　　　살았던 이한나절을 즐겨보나 보외다.
　　　　　　×　　　　　×
　　　青春이 어제런듯 白髮이 희었고나
　　　얼마만 지난다면 白骨만 남을 人生
　　　한나절 살고서죽는 부유에다 비기리.

李 첨지

이첨지는 내가 자란 시골서 백근 아버지라고 부르던 노인이다. 그는 그리도 부지런했던 것이다.

육십이 넘도록 뼈 휘게 일하는 것으로 평생(平生) 일을 삼았다. 그에게 오락이 있을리 없었다. 장에 갈 줄을 모르는 사람이다. 밝기 전에 일어나 풀숲에 개똥을 줍고, 밤이 깊도록 신을 삼고, 멍석을 짰다. 그 집 참외는 유난히 달았다. 개똥을 준 탓이라고 했다. 그래도 그는 어려웠다.

젊어서 홀아비가 됐다. 외아들 하나를 미끼로 어린 며느리를 얻어 살림을 했다.

그의 부지런은 더욱더욱 하건만 가난은 줄지를 아니했다. 남의 땅 몇마지기를 얻어 붙이는 모양이나, 도지 주고 남는 게 없었다. 봄에 내어 먹은 장리가 가을 타작도 모자라고마는 것이 상례였다. 수수와 겉피를 갈아서 풀떡이를 해 먹고 피죽으로 연명을 했다. 겨울 치울 때도 그는 눈을 헤치며 나무 잎을 긁었다. 뼈만 남은 얼굴에는 줄음이 굵고 늙음과 고생이 줄줄이 흘렀다. 한나절이 겨워서야 한 짐 나무를 마당섶에 부려 놓으며 "후휴" 하고 한숨을 내쉬었다. 그러고는 찬 방에 들어와 시커먼 씨레기 짠지에 언 조밥을 꺼위꺼위 씹어 삼키는 것이 그의 사는 생애(生涯)였다. 노력과 인내(忍耐), 고생과 신고(辛苦)로 평생을 지내도 그에게는 따듯한 국에 흰밥 한 그릇이 없었던 것이다.

그가 세상을 떠난지도 벌써 사십여년이다. 그러나, 아직도 그 불쌍하던 모습이 추억에 떠돌아서 내 마음을 괴롭힌다. 그는 언제나 멍석을 덥고 자던 것이 기억난다. 생전(生前)에 이불을 모르고 살았고, 두루마기를 입은 일이 없었다. 오직 고생으로 젊음을 보냈고, 늙음을 마쳤다. 그렇게 불쌍하던 백근 아버지도 이제는 청산(靑山)에 한 줌 흙이 되어 백골만 땅 속에 슬고 있을 게 아닌가. 영혼이 있다면 천당(天堂)에 가서 배부르고 따듯한 이불이나 덮여지고 부드러운 옷에 두루마기나 입게 되었으면.

    나무짐 벗어놓고 한숨지는 저늙은이
    씨레기 짠지에다 조밥이 運數런가
    이날이 저물어가니 멍석밑이 더차오.
        ×   ×

    한평생 일한값이 이것 뿐이었고
    六十年 늙은몸에 오는게 이렇구려
    목숨을 굳이못버려 이런짐을 지지요.

한탄하는 노래

이 나라 산야를 바라보면 한숨이 저절로 나온다. 산은 울멍줄멍 높으니 산이라고 부르게 됐지, 산이 가져야 할 나무가 없다.

벌거벗은 몸뚱이만 남은 게 우리 나라 산이다. 여름이되서 풀이 우거져야 겨우 푸르게 보이는 게 아니라 산들이다.

그러고 보니, 소낙비만 와도 사태가 나서 온통 산허리가 무너지고, 그래서, 씻겨내린 흙과 돌은 개천을 메우고 강을 옅게 만들어서 봇둑이 터지고, 전답(田畓)이 망가진다. 갈 곳을 잃은 물은 엉뚱한 곳에 흘러서 새로운 개천을 만들고 만다. 깃껏 지어 놓은 농사(農事)가 물에 패여 버리고 마는 것이다. 그러니 가난할 수 밖에 없고, 가난한지라, 인심이 강박해지고 도덕(道德), 체면(體面), 윤리(倫理), 예의(禮義) 할 것 없이 모주리 망각되고 마는 게 우리 나라의 현실이다. 인간으로 참아 하지 못할 짓들을 한다. 이것을 바로잡고 강토를 기름지게 만들길은 없는가. 조상(祖上)을 생각할 제 면목(面目)이 없어 진다. 미안하다 고만 하기에는 너무나 큰 죄인 것 같다.

아무짓이라도 해 고쳐봤으면 하고 가슴을 조린다.

江山을 돌아보니 山은벗고 물은말랐네
人心이 강박하니 道德을 어디서찾노
祖上을 생각하면서 마음아파 하노라.

애닯은 일

인생이 산다는 것은 곧 죽는다는 것을 의미하게 된다. 사람은 낳으면 자라고, 자라면 늙고, 늙으면 죽고하는 게 원칙이다. 또 백년을 못다 사는 것이 상례(常例)다. 어려서 죽으나, 자라서 죽으나, 늙어 죽으나, 죽는다는데 들어서는 마찬가지다. 그래서, 죽으며 썩고, 썩으면 한줌 흙을 보낼 따름이다. 뒤가 없다. 북망산(北邙山) 언덕을 바라보면 울멍줄멍한 무덤들에 잔디만이 푸르러 있을 뿐이 아니냐. 이런 이치(理致)를 가장 잘 아는 게 사람이다. 그러면서도 좀더 살려고 한다. 생의 애착(愛着)이 무언지 모르면서 그저 살려고들 한다.

하루를 더 사는 게 죽음으로 하루를 다가서는 일임을 번연히 안다. 알면서 군이 내일을 잘 살려고 들며, 장래를 잘 살아보려고 든다. 대체 모를 일이다.

고인(古人)은 인생을 짧고 허무(虛無)타하여 초로(草露)에도 비겼고, 수포(水泡)에도 비겼다. 뜬구름 같다고도 했고, 허께비 나타난 뒤로도 비겼다. 그러나 이 붓을 든 필자도 살아 있는 게 사실이고, 또 죽을 게 사실이고, 죽으면 아무것도 안 남게 되는 게 사실이다. 그러나, 살고 싶어한다. 병이 나면 약을 마신다. 좀더 살아 보고 싶으니, 쓴 약을 마시는 게다.
가여운 일이다. 가엽다고 하면서 그래도 살려는 욕망(慾望)을 버릴 길이 없고나.

　　나면 늙을것을 늙으면 죽을것을
　　北邙山 잔디밑에 한줌흙 보탤것을
　　그래도 살려고함이 人生인가 하노라.

못 갚을 은혜

하루 세끼 밥을 먹는다. 춘하추동, 철을 따라 옷을 갈아 입는다. 한가로이 방에 앉아 옛 글을 읽어도 본다. 이것이 뉘 덕이냐. 하느님의 덕이냐, 아니다. 신의 덕이냐, 아니다. 내가 노력(勞力)한 열매냐, 아니다. 이것은 온전히 농부(農夫)들이 흘린 괴로운 힘과 땀이다. 또 직공(職工)들의 고단한 노력에서 나온 열매다. 이것을 나는 먹고, 입고, 덮고 지내지를 아니하느냐, 곰곰이 생각하면 무한(無限) 고맙다. 그 은혜(恩惠)를 갚지 못하는 내 자신이 부끄럽다기보다 너무 갸륵한 덕분을 어쩔 길이 없어 애만이 끓을 지경(地境)이다. 어찌하면 이 은혜를 갚아보나, 또 이 두터운 은인들을 도와 줄 수는 없는가.
밤새 생각해 보고 온 종일 묵상에 잠겨도 본다. 글을 써서 보답하랴. 너무나 가벼운 것 같다. 울어서 보답하랴. 쓸 데 없는 짓이다. 이리 생각해도 아니고, 저리 생각해도 아니다.

　　먹고서 입는것이 農夫職工 땀이로다
　　생각해 본다며는 그아니 무서웁소
　　하늘을 우러러봐도 갚을길이 없고녀.

南窓

　빈한(貧寒)한 선비들이 겨울에 불을 땔 도리가 없다. 한밤을 웅크리고 새는 게 의례다. 그러다가 남향문(南向門)에 햇볕이 쪼이면 따듯한 온정(溫情)을 힘입게 된다. 그럴 때면 평화로운 웃음을 띠우며 시를 읊고 글을 외우는 일이 많다. 이런 때에 그네들은 지극(至極)한 쾌락(快樂)을 느끼는 것이다. 밤새 추위에 쪼들리던 졸음을 즐기조차하는 게 이 남창(南窓)을 덥히는 햇볕의 덕분이다.

　이 덕분을 받을 제 시인, 문사들은 자연의 고마운 은혜를 읊조리게 된다. 이 때 유쾌한 심경을 친구와 나누워 보고싶은 게 그네들의 온후(溫厚)한 애정(愛情)이다. 그 때 심경은 곧 우화등선(羽化登仙)하는 감을 느끼게 되는 게다. 마음과 몸을 무아경(無我境)에 담아 놓고 즐기는 게 소위(所謂) 한사(寒士)들의 심경이다.

　천하가 어찌 되었든, 모른다는 게 이런 취미(趣味)를 깨달을 수 있는 선비들의 흥이며, 자랑이기도 하다. 이런 때면 자연히 동지를 찾게 되고, 고우(故友)를 그리워하는 게 상례(常例)다.

　　南窓이 왜조냐고 햇볕이 따뜻하이
　　自然이 찾아와서 慰勞해 주노매라
　　한가한 때가오거든 함께즐겨 봅세다.

生涯

　사람이 살아 간다는 것을 생애(生涯)라고 한다. 애(涯)란 뜻은 어려운 데를 지난다는 뜻임이 분명하다. 좋은 집에, 좋은 옷에, 옥식(玉食)을 먹는다. 행복된 사람들 같다. 그를 잡고 물어 본다. 행복되냐고, 그 대답은 의례이 아니라고 한다. '살기가 어떻소' 하면 "괴롭소"하는 게 대답이다. 걱정이 많은 게 사는 게 라고 한다. 술을 마시고 "에화라"를 부른다. 인생이 낙이요? 하고 물으면 아니라고 한다. 그런데, 이왕 헐벗고 굶주리는 사람들에게 있어서야 물어볼 여지(餘地)가 없는 게다. 새벽 같이 일어나 짐을 지고, 밭을 간다. 밤이 늦도록 신을 삼고, 자리를 짠다. 그래도 여유가 없다. 여유가 없는지라, 한가한 틈을 낼 길이 없을 수밖에, 이렇게 되고 보니, 사는 것을 저주하게 된다. 몸이 고달프니 괴롭고, 세상 일이 마음대로 아니되니, 괴롭다. 죽도록 일을 하고 남은 열매를 움켜본다. 부듯해야 할 것이 요것밖에 안되는 게 생애라, 산다는 보람이다. 그래도 살려고 한다. 살려니, 허위적거려 본다. 이리도 해 보고, 저리도 해 보는 게다. 잘 되지를 아니한다. 그래도 살려고들 든다. 이 살려고 드는 게 인생인 것 같고, 그러는 것을 생애라고 하는 게 아닐까.

　　　살아 간다는게 모두가 괴롭구려
　　　주리니 서럽고 헐벗으니 더욱섧소
　　　그래도 살아보려니 人生인가 하노라.

追憶의 노래

　어렸던 시절은 누구나 그리운 것이며, 또 아름다웠던 때라는 기억이 남는다. 그 시절에는 희망이 컸다. 앞 날에 큰 일을 꿈꾸며 어서 어른이 되어서 무엇을 하자고 들던 것이다. 남에게 지지 않으려 했다. 그래서 우등을 하고 또 첫째를 아니 뺏기려 했다. 필자는 넉넉지 못한 가정에 태어 났었다.
　오빠는 교비(校費)로 공부를 했다. 그러면서도 군색한 학비(學費)를 떼어 동생과 둘이서의 학비를 보태어 주셨다. 필자는 동생을 다리고 식량을 집에서 가져다 자취(自炊)를 했다. 나는 진명(進明), 동생은 보성(普成)을 다녔다. 많은 고생을 겪었다. 그럴수록 우리는 분발했다. 밤이면 잠을 자지 아니하려고 애를 섰다. 여름이면 일부러 모기를 뜯겼다. 가려우면 잠이 아니 오리라. 그 때에 공부를 더 하자는 뜻이었다. 그래서, 소위 첫째란 것으로 졸업을 했고, 일본(日本)으로 유학(留學)을 갔었다. 그 때에 희망!
　그것은 과연 컸섰고, 또 아름다웠던 것만 같다.
　그 후 사회에 나와 직업을 잡고 결혼(結婚)을 했다. 그리도 행복되리라고만 생각하던 장래가 당도(當到)한 오늘날은 아무것도 아니되고 말었다. 살림살이는 군색하고, 남편은 이상(理想)에 들지 않는 일을 가끔 한다. 자식들이 말을 듣지 않는다. 골치 아픈 일들뿐이다. 행복이란 부스러기를 하나 찾을 길이 없는 듯 하다. 그럭저

력 사는 세상, 먹으니 살고, 사니 먹는다는 세상으로 되고 말았다.

  희망이 있다면 자식들이나 잘 가르쳐 보자는 것, 늙게 굶주리다 죽지나 말어야 하겠다는 단조무미한 바람뿐이다. 틈이 있어, 어렸던 때를 생각해 보면, 그 때가 그리도 그리워 진다. 그 때가 내게 다시 없을까. 있었으면 하는 욕망이 떠 오른다. 그러나 안될 일이 분명하다. 그러니, 더욱더 그리운 추억(追憶)이 떠 올라서 마음을 잡는다.

    돌아가자 그時節로 希望어린 옛時節로
    紅顔이 冊을끼고 앞날그려 하던때로
    그때에 追憶을찾아 놀아볼까 하노라.

이리하소서

  붉은 산, 마른 하천, 부패하는 도덕념(道德念), 사라져 가는 윤리(倫理), 이 모든 것을 볼 때 한탄(恨歎)할 수 밖에 없다. 그 뿐이냐, 한 편에서는 굶어 죽는데 한 편에서는 주지육림(酒池肉林) '에헤라'를 부르는 무르들이 있다. 소위 신사숙녀(紳士淑女)라는 분들이 이 짓이다. 말로는 애국애족(愛國愛族)을 부르면서 행동으로는 나라를 좀먹고, 민족혼(民族魂)을 망치는 짓들 뿐이다.

  하면 될 일을 아니들 한다. 이 나라를 지고나갈 분들이 이 모양이니, 전도가 한심하지 아니한가. 그러니, 후생이 가엾다. 본받을 곳이 없는 게 우리 나라의 형제며 자매들인 것 같다. 백년대계를 세우려면 얼마나 애를 쓰고, 일을 해야 한다는 것을 알아야 한다. 지도자부터다. 안다는, 배웠다는 분들 부터다. 먼저 팔을 걷어치고 일을 해야 한다. 몸소 일로, 행동과 실천으로 후배들을 가르쳐야 한다. 그래서, 정말 백년대계, 천손만대(天孫萬代)의 끼쳐 줄 터를 닦아야 한다.

  전란으로 폐허가 된 이 나라는 언제나 다시 서볼까 하는 게 다 각기 가진 걱정이 아닌가. 그럴수록 남보다 이를 갈며 일해야 할게 아니냐. 배우자, 일하자 밤을 새워 가면서라도 터를 고르고, 주추를 놓아야 한다.

錦衣를 벗어놓고 玉食을 찾지마오
　　팔다리 걷어치고 터나고이 닦읍시다
　　앞날의 子女를보아 더욱이나 일합세.

이내 몸

　인생이란 파란(波亂)을 겪는 것이 원칙인지, 또는 나만이 타고난 운명인지 모르 겠다. 그러나, 나도 인류의 한 분자라면 또 인류란, 한사람 한사람이 모인 것이라 면, 내가 겪는 이 파란이 곧 인류가 겪는 파란이라고 할 수 있는 게 이론일까 하는 생각이 든가. 내 자신을 미루어 볼 때 오늘까지 사는 게 그리도 괴로왔다. 주리면 배가 고팠고, 헐벗으면 추웠다. 자칫 잘못해도 남들이 욕을 하고, 이해 없는데 손 가락질 들을 한다.
　이것이 모두 괴로운 일이었다.
　결혼하고 보니, 한껏 행복해야 할 가정이 아주 틀려 나가는 게 가정만 같았다. 자식이 병이 난다, 가슴이 어이는 듯 괴롭다. 그래도 참고 견디는 게 어미의 인정 이었다. 살리고 싶고, 나수어 주고 싶은 게 버릴래야 못 버리는 심정이 있다. 언제 나 기쁜 날이 올까, 또 좋은 일이 생길까, 이것만이 소원이었다. 그래서, 무식한 부 인들은 점을 친다. 묻구리들을 한다. 사주가 어떻다. 관상이 어떻다. 이런 것들을 알려고 쌀되를 주고 시어머니를 속여서 묻구리를 가는 게 우리 나라 부인들의 실 정이다.
　그러나, 알 길이 없는 데 사실임이 분명하다. 그저 가슴을 태우면서 내일이 혹 어떨까 하고 사는 게 실정인 것 같다. 자포자기하는 게 아니라, 그런대로 아니 견 디지 못하는 게 우리 나라 부인들의 정경(情境)인 듯 싶다. 그저 운명에 맡기고 신 에게 가만히 빌 수밖에 없다. 아는 뉘가 있다면 그를 신이라고 부를 수밖에 없다.

　　波亂이 重疊하니 맘이아니 타오리까
　　어이할길 없는몸을 運命에 맡기리까
　　앞날은 神이아소서 하늘만을 봅네다.

子息의 病

자식의 병으로 인하여 나처럼 고생한 사람은 드물 게다. 결혼하여 남매를 낳아 길렀다. 위가 딸이고, 두 살 아래가 아들이다. 이름을 국진(國鎭)이라고.

그런데, 이 국진이 병이 그리도 나를 애타우던 것이다. 병명은 결핵성 관절염(結核性 關節炎)이란 것인데, 발목 복숭아뼈를 균이 먹어 들어가는 병이었다. 그 애가 다섯 살 되는 해 정월에 걸린 병이 十五세 되는 해 四월 二十三일에야 비로서 땅을 딛게 되었으니 만 십년을 두고 고생을 한 것이다.

치료 방법이란 절대 안정과 당처(當處)의 일광욕 치료법(日光浴 治療法), 그리고 영양섭취였다. 쇠꼬리 한 개, 닭 한 마리, 마눌 한 접, 소주 한 되, 설탕 근 반, 이렇게 섞어서 곰을 만들어 조리에 바친 것을 매일 두 공기씩 먹이었다. 철없이 요동하는 것을 붙들고 앉아 일광욕을 시키며, 해씩한 그 얼굴을 바라볼 때 어미의 심정은 아프다고 할까 견디기 어려웠다.

'엄마, 인제 고만 둬요' 하고 안타까이 굴 제, 눈물을 아니 흘릴 길이 없었다.

빈한한 살림은 먹을 것을 마음대로 사 댈길이 없었다. 의사는 심하면 다리를 자름이 옳다고 한다. 생명을 건지려면 이 길만이 첩경이라고들 했다. 그러나 장래를 생각해 볼 제 그럴 수가 없었다. 오래 두고 견디는 것이 이 병을 낫우는 길이라고 결심했다. 그래서 그 한 방법만을 되푸리하기 십년, 하늘은 성의를 알아 주심인지 오늘날에 와서 다리는 나았다.

세상 일에 무심한 나이었만 이 자식 다리로 인한 관심만은 컸던 것이다. 근심과 걱정으로 잠을 이루지 못한 것이, 하루이틀이 아니었다. 십년! 이 십년이 그리도 길었던 것이다. 당처(當處)에서 고름이 나올 제 그 놀램은 컸었다. 내일이나 좀 나을까. 그러나, 내일이 어제 같은데는 철석(鐵石) 간장이라도 아니 녹는단 수가 없었다. 넋을 잃고 먼 하늘만 바라본 적도 있었다. 한밤을 그저 샌적도 많다. 거짓이 없고, 꾸밈이 없이, 솟아나는 칙은한 정, 이것이 어미의 자식에게 대한 정인 듯 싶다.

    앓는 子息안고 애태는 어미심정
    오늘도 어제같으니 이리맘이 타는구려
    하늘을 우러러보며 신세한탄 합네다.
        ×   ×

앓는곳 만지면서 애끓는 이내심정
불상코 칙은해서 더욱더 애끓구려
언제나 快히나아서 어미기쁨 보이려노.

報恩

내 나이 벌써 五十이다. 八十을 산다고 보면, 반 생이 넘은 지 오래다. 앞 날이 三十년밖에 없다. 머리에 손을 얹고 생각해 본다. 무슨 보람 있는 일을 한 게 있나. 아무것도 없다. 그저 먹고, 입고, 자고, 깨고, 그러다가 닥쳐 온 것이 五十이란 나이를 먹고만 것이다. 그 동안을 살아 오노라니, 세상에 진 신세가 많다. 쌀밥을 먹노라니, 농부의 신세요, 불을 뜨듯하게 때니, 초부의 신세요, 옷을 입으니, 직녀(織女)의 신세다.

길을 걷는 것도, 자동차를 타는 것도, 집을 지니고 사는 것도, 모두 세상에 진 신세가 아닌가?

이 헬수 없는 많은 신세를 졌건만, 나는 갚혼 것이 없다. 갚아보려고 생각만은 간절했다. 그래 글을 읽고, 시를 써 본다. 아닌 것 같다. 무슨 그럴 듯한 보람을 보여야 만 할 것 같다. 돈을 모아 양로원(養老園)을 경영해 보고 싶다. 그래서 헐벗고 굶주리는 불쌍한 노인들에게 따뜻한 밥을 먹이고, 부드러운 옷을 입혀 보고 싶다. 또 교육 기관을 설치해서 이 나라 후예들을 가르쳐 훌륭한 인격자들을 만들어 보고 싶다. 그러나, 이것은 마음뿐이지, 실천이 될 것 같지 않다. 왜냐 하면 돈이 없다. 그런 돈을 벌 길은 오늘 날 내 형편으로는 하늘에 별따기다.

그리고 보니, 아무것도 아니되고 마는 것이 내 신세요, 형편이다. 머리를 긁어도 답답한 심정을 어일 길이 없고나.

半百年 져온恩功 무어로 갚자느냐
글쓰고 일을해서 보답의 길을삼나
그도저 아닌것같애 생각만이 깊노라.

늙은 거지

어느 추운 날 저녁을 지으려고 아궁이에 재를 쳐들고 대문을 나섰다. 신음에 떠는 소리가 귀를 무겁게 흔든다. 돌아다 보니, 늙은 거지가 넘어지려는 몸을 지팽이로 버티며 비척비척 이리로 걸어온다. 얼뜻 보기에 八十도 넘은 것 같다. 떨어진 털뱅이를 몸에 걸치고, 바닥 없는 고무신짝을 새끼로 얽어맷다. 마른 얼굴에 우묵한 눈이 인생의 온갖 고초를 온통 뭉쳐놓은 듯 하다. 비참하다는 정도를 넘었다. 대문 앞에 서서 '한 술 줍소' 하고 덜덜떤다. 가엾다고 할까. 너무나 약한 형용이다. 불쌍하다 할까, 너무나 참혹하다. 얼마나 더 살 인생이냐 오늘 밤을 못 넘길 것 같다. 그렇컨만 그 사이에 추위와 주림을 못 이기어 어줍은 몸을 질질 끌고, 이집 저집 대문을 찾아 '한 술 줍소'를 부르짖는 것이다. 얼마나 추울까? 정도를 넘었을 것이다. 배가 얼마나 고프기에 저러나. 당해 보지 못한 나로는 상상이 곤란하다.

나는 아궁이 앞에 앉아 잠시 눈을 감았다. 저 늙은 거지도 어렸을 때가 있었고, 젊었을 적이 있었으리라. 남의 귀여운 아들로 태여났던 것도 속일 수 없는 지난 날의 현실이였다. 청춘을 즐겨도 보았을 것이다. 어찌 생각해 보면 따듯한 가정을 가져 보았을 듯도하다. 그러다가 세파는 저로하여금 온갖 다행이란 것을 뺏고 오늘날 저 지경을 만들어 놓고 만 것이 아닌가. 인생은 짧다. 백년이 순간이다. 그러나, 저 늙은 거지의 남은 생명의 몇 시간은 그리도 길 것이 아니냐, 인생으로서 당할 짓이 아니다. 도와 줄 길은 없을까. 나는 눈을 감고 신에 빌었다. '저 거지에게 행복을 주옵소서.'

  막대짚고 비틀대는 헐벗은 저늙은이
  어추운 저녁날에 밥빌어 헤매구려
  인생도 다가는날에 이런짓이 당하오.
     ×   ×
  一平生 지은것이 이밖에 없으리까
  늙고또 病든몸에 門前乞食 가엾구려
  神이여 福을주소서 도와주면 합네다.

心影

영혼

　영혼이란 도대체 무어냐, 우리가 산다는 것이 육신(肉身)에 영혼이 들었기 때문이라고 한다. 육신이란 아무것도 아닌 등걸과 같은 것인데, 여기에 영혼이 들어서 인간이란 게 된다고 한다. 아주 무식한 말이다. 그러나, 가만히 생각하면 아주 근거 없는 것도 아닌 것 같다.
　우리가 꿈을 꾼다, 평시에 뜻하지 아니한 현상(現像)이 보인다. 이것이 깬 뒤 기억에 남는다. 이것이 영혼의 작희라고 하는 사람이 많다. 그런지 아닌지는 필자도 모르거니와, 안다는 사람이 적다. 사람이 죽는 것은 영혼이 몸에서 떠나기 때문이라고 한다. 못 믿을 말이면서 그럼직도 하다. 그러면 영혼의 가는 길은 어디며, 또 모이는 곳은 어딘가, 아는 사람이 없다. 일부 반 미치괭이 미신론자 이외에는 이를 아는 사람도 믿는 사람도 없다.
　그러나, 사람은 누구나 영혼을 있음즉하게 믿고, 또 이것을 존귀한 것으로 믿고 싶은 게 인정이고, 사는 자들의 욕망인 것 같다.
　죽는 것을 가장 싫어하고 또 슬퍼하는 게 인생이라기보다, 생이란 게다. 이 생을 오래 유지하고자 하는 게, 생한 자들의 최고 욕망이며, 본능이다. 이 생을 길이 유지하고 싶은 게 『영혼 불멸 설』이며, 또 존재설(存在說)인 것 같다. 우리는 그리운 부모 형제가 죽었다. 영이 있다고 믿는다. 그래서 제사를 지내고, 꿈에 나타나기를 빈다.
　그러나 그것은 마음먹는 것과, 엉뚱한 딴 청을 듣다. 도와 주려니 했던 것이, 헛발을 디디는 것이 상례이다. 그럴 리가 없는 게 세상 이치인 것으로 몇 만대를 거듭하고 있다. 그래도 영혼을 찾아 보고 싶은 게 인정이고, 생한 자들의 욕망인 것만 같다. 몸은 죽더라도 영혼만은 살고 싶은 게 인생이다. 또 찾고 싶은 게 욕망이다.

　　영혼에 가는곳이 어드메 되오리까
　　창천이 유유하여 찾을길 아득하오
　　人世를 더듬어보며 恨만겨워 하노라.

애정

부부란 애정으로 산다. 만나면 반갑고, 떨어지면 그리운게 애정이다. 이에는 여러 가지가 있을 게다. 부모가 자식에 대한 애정, 형이 아우에게 대한 애정, 벗과 벗이 떨어지기 싫어하는 애정, 그러나 이 모든 애정 중에 가장 어렵고 또 무관한 것이 부부의 애정이며, 이 애정을 남에게 뺏기지 아니하고 혼자서만 독점하려는 게 독특한 점이다. 이것이 부부애의 특증일 게다. 자식을 남이 사랑한다고 이를 부모는 즐기는 게 이치다. 아우를 남이 사랑한다고 만족해 하는 게 형이다. 친구가 남에게 신애를 받는다고 자랑꺼리로 남는 게 우정이다. 그러나, 부부간의 애정이란 그럴 수가 없다. 나 이외의 다른 이성의 애정을 용납할 수 없는 게 원칙인 것이다. 내 안해를 다른 남자가 사랑할 수 없고, 내 남편을 다른 여자가 사랑할 수 없는 게 부부의 독특한 애정이다. 이 독특한 애정은 인류역사에서 수많은 사람을 울렸고, 또 그만큼 목숨을 끊게도 했던 것이다. 이것은 큰 고집인양 싶다. 냉정히 생각하면 그럴 필요가 없는 듯 하면서도 꼭 그래지는 게 산 자의 본능이다. 이 본능은 이지(理知)를 초월(超越)하는 게다. 그래서 아무리 성자(聖者), 현사(賢士)로도 이에는 도리가 없었다. 현모양처(賢母良妻)로도 어쩔 길이 없었다. 그래서, 남편은 아내를 그리워하고, 아내는 남편을 그리워하며 서로 떨어져 있을 때 보고지고 안타까워하는 게 이성간(異性間)에 속을 태우는 애정(愛情)이다.

못견디게 안타까웁게 부부간이랄가 이성을 그리는 애정이다.

> 애정이 무에기에 왜이리 속이타노
> 얼음물 마시어서 이속을 시켜보랴
> 애꿎이 못끄는불을 안고울어 새우네.

天仙臺

금강산을 본 사람은 말이 없다 한다. 문사는 글이 막히고 시인은 붓을 못드는 게 금강산의 경치라고 들었다.

와보니 과약기언(果若其言)! 천선대(天仙臺)를 오르는 길은 험하다는 형용사(形容詞)만으로는 너무나 약한 감이 들만큼 엄청나게 곤란한 절벽(絶壁)이다. 바위, 또 바위, 뽀쪽한 놈, 앙상한 놈, 동그란 놈, 넓적한 놈, 이리 붕틀, 저리 붕틀, 다시 한번 번지르르 깔린 바위가 한걸음 껑청 뛰어 저 건너 우뚝 솟은 게 봉우리다. 무어라 형용잡을 수 없는 게 이 곳이고, 숭엄한 심경이 이는 게 경개(景慨)다. 발로 버티고, 손으로 기어 간신히 천선대를 올라섰다. 발아래 구름이 자욱하고, 창날 같은 봉우리들이 구름 위에 뽀쪽뽀쪽 보인다. 확실히 인세를 떠난 감이다. 홍진(紅塵)을 벗어나 사는 게, 선인이라고 한다.

나는 확실히 홍진을 떠난 곳에 섰다. 선인이 된 듯한 감이 든다.

天仙臺 올라서니 千仞절벽 아뜩하다
俗人이 못이르니 仙人홀로 놀단말가
발아래 구름이이니 俗世몰라 하노라.

비로봉

처음 보는 비로봉이다. 얼마나 좋을까 하는 마음에 가슴이 설렌다. 바위를 기어 오르기 시작했다. 하늘은 위대한 경치를 편히 보이지 아니하시렴인지, 비가 붓듯이 내린다. 길가에 풀이 우거진 무덤을 보았다. 마의태자의 무덤이라고 한다. 신라의 푸른 절개와 피나는 원한을 품었던 이 열사는 왕건을 만나, 갈았던 칼을 버리고 한숨과 함께 인세를 버린 것이 마지막으로 이곳 풀 밑에 한줌 흙이 되어 지나는 손들의 눈물 어린 기억을 새롭게 하는구나.

마의의 쌓인절개 누에게 전하려고
갈았던 칼을던져 맺인한 버렸는가
무덤에 풀이욱으니 옛일그려 하노라.

비바람을 무릅쓰고 비로봉을 올랐으나, 사면이 아득하여 어디임을 모를 지경이다. 하늘은 굳이 이 한 경치를 아끼시는지, 그 날을 묵고 보았으나, 비는 갤 기척이 보이지 않는다. 비안개 가린 경을 속안이 어이 보랴. 금강산 제일봉이라는 이 비로봉에서 굽어 보는 금강열봉(金剛列峯)은 과연 상쾌하다고 들었다. 그래 그럴쎄 비가 그리도 원망스러웠다. 맞는 방울마다가 괴롭게 굴었다.

그러나, 원망으로 비를 멈출 수 없는 게 인간들의 하잘 것 없는 힘이다. 무에 무에라 떠들어도 하잘 것 없는 게 자연 앞에 꼬무작거리는 인류들이 아니냐.

할 일 없이 돌아서는 발길이 안타까웠다.

  비로봉 올라서니 비구름 가렸고나
  金剛의 이한景을 아껴두려 하옴인가
  구름속 쌓인몸되어 설음지고 가노라.

구룡연

시원한 경치다. 그러나, 무시무시한 현실이다. 허공을 내려오는 벅찬 물결이 돌확을 짓찧는다. 구불구불도는 물결이 바위를 털석 부딪고 스멀스멀 헤어지다가 다시 빙그르르 돌아간다. 엄청난 물굽이다. 굵은 용용 굽이를 치는 듯 하다. 찬 기운이 몸에 스친다. 실안개가 돈다. 검푸른 물결은 성난 기운을 되풀이하며 몰아간다. 반석 위에 선 몸이 엇찔할 지경이다. 치어다 보니, 아득하게 높은 폭포다. 저 위로 환하게 터진 데에 기경이색(奇景異色)이 하늘에 닿은 듯 하다. 무섭고 선뜻하달까. 나를 잊게 되는 곳이다. 높이를 헤아릴 길이 없고, 깊이를 또한 알 길이 없다. 그저 웅장하달 수 밖에 아무 할 말이 없다. 이 돌 확을 돌던 물결은 터진 틈을 타고 나려 쏟는다. 저리 부딪고 이리 쏠리다가 저만큼 가서 다시 평퍼즘한 맑은 소를 만들고 천천히 흐르고 있다. 동(動)과 정(靜)의 표본(標本)을 한데 대조(對照)한 곳이다.

  폭포수 나리는물이 千萬공이 짓찧으니
  바위패 확이되어 구룡소 되단말을

지금도 용이노는지 물구비가 칩네다.
　　　　×　　　　×

물구비 소리치고 실안개 떠돌적에
구비구비 성난물이 빙글빙글 도는구려
놀라고 두려운맘에 소름끼쳐 지노라.

비사門을 넘다

　천선대(天仙臺)를 올라섰던 때는 신선(神仙)인 듯 했것마는 비사문을 오를 적엔 인체(人體)를 거둘 길이 없어 덜덜 떨기조차 했다. 노둔한 고기 뭉치가 다칠까 겁함이 분명하다. 신선인가 하던 마음과는 아주 딴판인 듯, 인간이 별수 없고나 하는 감이 들었다. 돌 층계를 하나 둘 기어 올라 비사문을 떡 넘어서니 안계(眼界)가 훨씬 널린다. 송백(松栢)이 우거져 있는 곳에 잔잔한 곬이 내가 흐르고, 벌거벗은 봉우리가 쭈볏쭈볏 솟아 있다. 이름 모를 산새들의 아름다운 울음이 들리고, 바위 틈에 다람쥐가 놀래어 달아나다가 꼬리를 한들한들 하면서 요렇게 바라보는 꼴이 귀엽다. 따라가서 "요 놈"하고 움켜쥐어 뺨에 비비고 싶은 정이 솟는다.
　지난 해 떨어진 낙엽(落葉)을 밟는 운치(運致)가 그럴 듯이 포근한 감을 주고 허리 굽은 노송(老松)들이 염불(念佛)을 외우는 듯 하다. 진세(塵世)를 떠난 감이 확실(確實)히 들어서 인생의 노고(勞苦)를 저 비사문 너머다 벗어 놓은 듯.

비사문 들어서니 松栢과 돌뿐인데
神秘한 기운이돌아 景을調和 하는구려
이중에 산새가우니 仙樂인가 하노라.

海金剛

　해금강(海金剛)을 찾아 든 것은 석양(夕陽)이 었다. 지는 해를 등에 지고 억만년(億萬年) 씻긴 바위에 올라 앉아 동해(東海)를 바라 보았다. 쭈뼛쭈빗한 바위틈으로 내다보이는 바다는 끝이없이 아득하다. 가물대는 돛대가 먼 곳에는 갈매기의 깃을 찾는 나래가 바쁜 듯 하다. 발 밑을 굽어보니, 산 허리 같은 물결이 줄넘줄넘 닥쳐와서는 삭다 남은 바위를 친다.

　철석, 촤르르 허옇게 뒤집히며 물거품이 인다. 수를 모를 물방울이 은(銀) 알 같이, 흩어진다. 다시 쏴와 하고 물러 난다. 나가던 물구비는 닥쳐오는 물구비와 마주쳐 한솟굼 우쭐 솟았다가 흰 거품을 주루루 흘리며 이랑 같이 깨어진다. 뒤에 오던 이랑 물결이 재쳐 따라와서 바위를 친다. 철썩 촤르르 씨! 이 모양으로 시원한 동태를 거듭한다. 달려온 땀이 어느듯 슬고, 가슴 속까지 시원한 품(品)이 그득 넘친다.

　기이한 바위들이 형형색색(形形色色)의 탈을 쓰고 내요! 아니, 나야! 하는 듯, 보는 놈마다 다르게 나선다. 바위마다가 기이하고, 파도(波濤)는 지날 적마다 신선한 감을 새롭게 한다. 떠날 마음이 없다. 얼마를 앉아 보아도 실증이 돌지를 아니한다. 기이하고, 신선하고, 시간이 갈쑤록 새 맛을 더할 뿐이다. 이 경(景) 바위와 물은 몇 만년이나 두고 나와 같은 손님을 즐겁게 했는고, 또 시원ㅎ게 했던가, 슬픈 사람은 그런 점으로, 기쁜 사람은 또 그런 점으로, 같은 짓을 거듭하면서도 언제나 새로운 기분을 돌아 줫던고, 또 돌아주려는지?

　　海金剛 바위위에 波濤가 부딪히니
　　億千萬 구슬인양 夕陽에 나비낀다
　　웅장한 물소래날제 가슴시원 하더라.

金剛山을 떠나는 노래

　볼수록 웅장하다. 또 기묘하다. 신비하다고 할까, 웅장하다고 할까, 말로 이를 길이 없으니, 글로 더욱 쓸 길이 없다. 산마다 기이한 것이 이곳이요, 물마다 맑고 푸른 게 이 곳이다. 보는 곳마다 다르고 닥치는 곳이 딴판이다.

한번 본 것이 다시 보면 다른게 되고 만다. 이렇듯 변화가 무궁하니 만이천 봉을 본다는 수가 무에냐. 가도가도, 같지 않는 게 금강산이고, 또 새로운 경치다.

앞으로 나가고만 싶고 돌아가기 싫은 게 이 곳을 찾아 든 손님의 심경이다. 애인을 떠나고 싶지 않은 것은 인세의 속된 정이다. 그보다 더욱 큰 것이 한 없는 경치와 기묘(奇妙)를 겸한 선비인가 한다. 이에는 아무 욕망도, 야심도 없는 게, 무아경(無我境)이랄가, 이 곳 금강산에 들어서 이는 심경(心境)이 분명하다. 그러나, 인간은 인간을 떠나지 못하는 게 구구한 신세다. 인간 일이 바쁘니, 아니 갈 길이 없고나, 고인은 금강산을 만이천봉이라고 불렀다. 왜 그렇게 불렀는지 모르겠다. 내 보기에는 몇몇 만이천봉인지 아득하여 현기가 날 지경이면서 떠날 마음이 없다. 그래도 떠나야 돌아가야 하는 게 내 형편임에는 섭섭함을 가슴 가득 안고 떠날밖에.

金剛山 묘한景을 다보랴 예왔더니
萬二千峰 서린줄기 굽이굽이 새로와라
俗世에 노둔한몸이 거저두고 갑네.

겨레를 생각하여

왜 그런지 우리 나라 사람들은 세계 인류중에 제일 못나고 불쌍한 것 같다. 어리석기 짝이 없는 게 이 민족인 것만 같다. 세계에서 제일 못 사는 게 우리 민족이다. 또 가장 무심하다. 그래서, 그럼인지 저희들끼리 미워하고, 시기하고, 서로 양보성이 없는 게 이 민족이다. 게다가, 잘난체, 깨끗한체, 예의 도덕을 지키는체 하는 게 우리 민족이다. "체"란 아닌 것을 가장하는 뜻이다. 우리 나라는 이 "체"로 망하는 민족인양 싶다. 간단한 예를 들면 우리 나라 공동변소를 본 사람이면 얼마나 더러운 위생을 모르는 민족이란 것을 알게 된다. 이 한 가지로 모든 것을 헤아릴 수 있다. 또 가장 게으르다. 왜냐, 산을 보라, 나무가 몇 대나 섰나. 하천을 보라. 봇둑이 아니 터진 곳이 있나. 이것은 게으른 탓이다. 아니하기 때문이다. 불로이득(不勞而得)을 바라기 때문이다. 하면되는 것을 아니들 한다. 게으르기 때문이다. 한 걸음

다가서면 될 것을, 그것이 싫어서 한데다 소대변(小大便)을 보는데 기가 아니 막힐 수 없다. 그러나, 다시 생각하면 이런 사람들이 다 내 형제요, 자매인데는 눈물이 아니 흐를 수 없고, 외국 사람들을 대할 때 낯이 아니 붉어질 도리가 없다. 우리도 살려고 들어야 한다. 수소탄(水素彈)이나 Z기가 거저생긴 게 아니다. 백여층(百餘層)이 버섯 돋듯 땅에서 돋은 것이 아니다. 이것들은 모두가 사람들의 노력과 땀의 결정(結晶)인 것이다. 우리 조상은 부지런 했다. 신라(新羅)의 유적(遺跡)은 넉넉히 이런 자취를 말하고 있는 것이다.

하면 된다. 본래 비옥한 땅이 별로 없고, 천재, 위인이 별 사람이 아니다. 노력하는 사람, 부지런히 일하며 읽고 쓰고 실행에 옮기면 되는 것이다. 그러니, 서로 돕고 이르고 가르치고 해서, 우리도 남 부럽지 않게 사는 민족이 되고, 국가가 되게 해 보지 않으려는가?

  불쌍한 이백성을 게어이 살리과저
  헐벗고 주린꼴을 볼수가 없소그려
  어둔데 光明이되어 비쳐보면 하노라.
    ×   ×
  山은벗고 물마르니 풀인들 사오리까
  江土가 砂막되면 어이들 산단말요
  한줄기 젖비가되어 뿌려볼까 하노라.

兄의 집 가는 길

피난을 마치고 서울로 돌아왔다. 돌아오는 길에 오빠집 가는 길을 바라보게 되었다. 비감한 정(情)이 가슴에 뿌듯 해진다. 오빠는 돌아 가셨다. 벌써 재작년(再昨年)이 되었고, 집들은 허물어지고, 풀들이 우거졌으나 터만은 그대로여서 길이 옛 길이고, 남산(南山)이 여전히 푸르다. 오래 살던 고향(故鄕)이니만클 비맞은 주추도, 떨어진 벽돌담도, 반갑게 보였다. 지난해 걷던 기억이 새롭다. 오빠의 집은 피난 가기 전에 허물어졌었다. 터만이 남은 것을 잘 안다. 그래도, 그 터가 오빠의 몸을 담던 곳이란 감이 들어 더욱 비감을 느끼게 한다.

지난 날에 저 길이 오빠의 걷던 길이다. '누의야 간다' 하고 며칠에 한 번씩 오셔서는 저 길을 걸어 가시던 것이다. 그러던 오빠는 영영 이 세상을 떠나시고 말았고나, 살아보겠다 밤도와 방공호를 찾아 들고, 부산(釜山)까지 가시던 오빠는 왜 병이 나서 돌아가셨노. 함께 돌아와 '어 다시 살아 봐야지' 하고 그 반가운 웃음을 웃어 주지를 못하게 되셨나. 저 길을 바라보노라니, 오빠의 걷는 모습이 마음 속 떠올라서 이제에 못 보는 심정을 괴롭힌다.

이 눈으로 그 걷는 모습을 다시 볼 길은 없을까. 그 음성을 들을 길은 없을까. 애련한 눈물만이 앞을 가릴 뿐이다.

　　　兄의집 가는길을 바라다 보노라니
　　　生時인양 그모습이 마음속 떠올라서
　　　가슴이 미어지는듯 눈물만이 납네다.

子息의 病이 났다

십년이 그리 긴 것도 아니다. 그러나, 속담(俗談)에 "십년이면 강산이 변한다"는 말이 있다. 한 세계가 변하고 만다는 뜻이다. 사람이 가지 말라고 비는 시간은 십년도 일순(一瞬)이다. 그러나, 어서 가라는 시간은 "일각이 삼추(三秋)"란 말이 있다. 병이 들었을 때 며칠 아니 가리라는 의사의 말은 몇 십년보다도 길게 느끼는 게 병자의 심경(心境)일 게다. 그런데, 이 애 국진(國鎭)이 병은 오래 끄는데 유리(有利)하고, 시간이 가면 낫는다는 게 의사의 말이었다. 그러니, 일시가 삼추같이 지내지 않을 길이 없었다. 시간이 가고, 날이 가고, 해가 바뀌면 늙는다 한다. 그러나, 자식을 고쳐보려는 일념(一念)은 내 몸 늙는 게 문제가 아니었다.

어서 빨리 세월이 지나서, 이 애가 二十이 가깝게 되어 병이 낫고 걸음을 걸었으면 하는 게 어미의 소망(所望)이었다. 기대(期待)의 온갖 인 것이었다. 그러는 동안에 마음은 괴로왔다. 잠시 든잠이 깨면 걱정과 근심, 운명의 저주와 오생(吾生)의 비애(悲哀)만이 마음을 괴롭혔던 것이다. 잠이 원수라 잠든 때면 모든 것을 잊는 듯 했다. 그러다가도 잠이 깨면 깜짝 깨우치는 게 국진이의 다리였다. 만지면 가늘기가 촛대 같다. 불쌍한 자식, 이것이 모든 어미의 책임인 것 같이만 느껴진다. 그래서 촛대 같은 다리를 쥐고 눈물을 흘린 적이 얼마나 되었던고. 내 몸이 성하다. 건강하다. 이 건강한 몸으로도 세상을 지내오는 동안에 고단을 느끼는 게 상례(常例)여든 이 병신 다리를 가지고 세상을 걸어갈 자식의 신세를 생각할 제 견디기 어려운 비애가 가슴을 눌렀다.

이 병신 다리를 가지고 어떻게 세상을 살아가나, 또 절름발이란 듣기도 끔찍한 조롱을 어떻게 받는단 말이냐. 혹 틈이 있을 때면 이 답답한 심경을 적어보고 싶었다. 그러나, 쓸 길이 없어 붓을 내 던지고 한숨만 진 것도 한 두번이 아니었다. 이러는 동안에 십년은 갔다. 얼마나 지리했던가. 그러고도 일 년이 된 오늘날 완치(完治)가 되어 땅을 디디고 일어서서 지척지척 걷는 것을 보았다. 반갑다고 할까. 너무도 어이없는 기쁨에 어리둥절 했다. 눈물이 저절로 흐름을 금할 길이 없었다. 반가와서다. '이놈, 국진아 걷는구나' 무두무미(無頭無尾)한 한 마디가 저절로 나왔다. 이것이 자식의 병을 고치느라고 애쓰던 나머지, 자식의 첫걸음을 떠어 놓는 순간, 어미의 기쁨이며, 즐거운 표정(表情)이었다. 나는 비로서 거울을 들여다 보았다. 십년 후 오늘의 나는 확실히 늙었고나.

청춘을 찾을 길이 없다. 비로서 내 몸의 늙음을 깨닫게 되는 듯한 느낌을 느끼게 되었다. 그러나, 자식의 걷는 기쁨은 인생의 늙는 슬픔도 다 없어지도록 하는 신비를 가져오고야 만 것이다. '국진아 네가 정말 걷는구나' 십 년 넘어 지내온 비애, 고민, 고통, 안타까움이 비 개인 뒤 같이 깨끗하고나.

생각하니, 아득하다. 열 한 해가 얼마이냐. 오늘이나 내일이나, 정성(精誠)껏 치료(治療)하던 일. 오늘에 성과(成果)가 나니 크게 웃어 보노라.

  十年넘어 앓는 子息 고치려는 어미心情
  입과글로 못다쓰고 당해보소 할수밖에
  애간장 끓던말이야 일러무삼 하리오.

京釜線 列車에서

한탄(恨歎)겨워 보이는 게 우리 나라 강산이다. 기차를 타고 차창(車窓)을 내다

보노라면 천리강산(千里江山)이 눈 앞에 지나간다. 그런데, 이 보이는 것들이 하연한 것 밖에 없다. 산에는 나무 한 대 없고, 강은 바짝 말라서 사막을 연상ㅎ게 된다. 길가에 보이는 집들이 무슨 짐승들의 우리 밖에 다시 볼 도리가 없다. 그나마 전화에 타다 남은 등걸들이 시산을 극(極)하는 것 밖에 없고, 때가 줄줄이 흐르는 우리나라 옷을 입은 남녀들의 활동하는 양은 게으름을 온통 뭉쳐놓은 것 밖에 아모 것도 아니다.

이것이 우리 강토이고, 저들이 우리 민족이며, 동포들이로구나 할 제, 등골이 옷싹하든 부끄러움과 비분한 심정을 어일 길이 없다. 좀더 숲이 우거지고 맑은 시내가 부듯이 흐르며, 그 곳을 왕래하는 동포들의 얼굴에는 화기(火氣)가 돌고 입은 옷은 깨끗하고, 활동적이게 할 수는 없을까?

이것이 불현 듯, 이는 욕망이다. 이런 욕망을 앓으면서 바같을 내다보노라니, 더욱 비감이 눈 시울을 뜨겁게 하는 것이다.

　　江山이 千里였만 눈앞에 지내노라
　　山벗고 물마르니 砂石만 남았구나
　　황폐한 이꼴을보며 눈물겨워 하노라.

松島

송도(松島)란 부산(釜山) 저 쪽 모퉁이다. 솔이 우거진 속에 바위가 깨끗이 씻기어 있고, 물이 맑고, 푸른 곳이다. 아무 때 보아도 시원한 감이 도는 곳이다. 더욱 여름 철에 이 곳을 지내노라면, 풍덩 들어가고 싶은 것이 누구나 느끼는 욕망이다. 내가 지나며 본때는 여름이었고 날이 청명했으며, 더운 땀이 이마에 흐를 때였다. 이때에 이곳을 지내노라니 경치도 경치려니와, 곧 물 속에 풍덩 들어가서 시원한 감을 맛보고 싶은 심정이 간절했다. 그런데, 젊은 청춘들이 벌거둥 벗고 물 속에서 풍덩대고들 있다. 퍼들퍼들해 보이는 몸들이 생선 같이 싱그러워 보인다. 기이(奇異)한 솔과 바위, 또 푸른 물이 조화(調和)롭게 보이는 곳에 청춘들이 젊은 몸을 온통 드러내 놓고 둥실둥실 떠 노는양은 정말 젊어보인다. 하늘도, 땅도, 물도, 그리고 솔도, 사람도 다 젊어 보인다. 깨끗이 씻긴 바위 위에 발가벗고 앉은 청춘들을 바라볼 때 부러운 욕망과 싱그러운 감이 흐른다. 동(動)과 정(靜), 그리고 생과 욕망이 한데 뭉쳐 철철 흐르는 듯 하다.

　　　저솔이 푸르른데 물이또 푸르구려
　　　벌거둥 벗은몸들 시원ㅎ다 노는구나
　　　좋아라 젊은한때를 즐기는듯 하구나.

慶州

　신라(新羅)의 옛 서울 만호장안(萬戶長安)에 고루거각(高樓巨閣)이 즐비했다는 지난 역사를 생각하며 경주를 당도하니, 추억(追憶)이, 아득한 곳을 헤맨다. 마침 석양(夕陽)이 잦는 듯 나려안는 곳에 곡식만 우거져 있는 것을 바라볼 때 운수(運數)의 왕래(往來), 우거래(又去來)가 부운(浮雲)같은 감을 더욱 돕는다.
　운(運)이 오매, 경주(慶州)란 곳에 찬란한 문화가 빛났고, 운이 가매, 하곡만 우것고나. 꼴짐을 지고 소 모는 농부의 걸음이 더디게 보이고, 산을 넘는 백운이 한 가롭다. 동요가 끝난 곳에 적막이 오듯이, 역사가 지난 곳에 곡식만 우거졌고나, 이것이 오늘의 경주인가.

　　　경주라 옛서울을 夕陽에 찾아드니
　　　몇十里 벌판인데 하곡만 우것고나
　　　白雲만 山위에떠서 獨自閑을 보이데.

봉황대

　봉황대란 이름이 찬란한만큼 커다란 흥미를 끄는 것이 인정이었다. 놀기 좋아 봉황대라고 불렀는지, 나라에 경사가 있을 때면 이 곳에 귀빈이 모여 잔치하며 돌던 곳이란 역사가 남아있다. 역대 제왕이 신하를 거느리고 이 곳에 모여 호화와 행락(幸樂)을 즐기던만큼 이를 봉황이란 서기로운 새의 노는데 비긴 것인가 한다. 많은 호기심을 가지고 오르는 곳은 평범한 묏등에 노목(老木)이 몇 대 엉거부리고 섰을 뿐이다.

봉황이라고 일컬었을 듯한 아무 기척이 없다. 코 흘리는 어린 놈들이 고목을 타고 한가롭게 놀 뿐이다. 이 곳, 저 곳에는 비위를 거스르는 똥더미가 누워있을 뿐이다. 그러나, 눈을 감고 옛날을 추상(追想)할 때 가무예기(歌舞藝妓)가 춤과 노래를 자랑하던 일이 떠 오른다. 회고의 눈물이 가슴을 버겁게 할 따름이다.

　　봉황대 터를보고 옛일을 묻노매라
　　고목이 웃었으니 너웅당 알게로되
　　구태어 말이없으니 마음답답 하노라.

안압지

물 위에 배를 띄고 임해전(臨海殿) 걸터앉아 만년수(萬年壽) 비는 노래를 들어가며 추월춘풍(秋月春風)을 즐기던 곳이 이 곳이란 역사를 남겼다. 세월이 흘러간 오늘날 갈대가 우거지고 이끼가 짙은 벌판에 내던진 연못에 지나지 못하게 되어 삼사 아동의 낚싯대가 한가로움을 도울 뿐이요, 몇몇 중학생들의 고적(古蹟)을 찾는 단장이 임해전 섬돌을 두드릴 뿐이다. 이마에 땀을 씻고 물속을 들여다 보노라니, 백운이 그 속에 비꼈는데, 옛날을 회고하니, 꿈인 듯한, 감상이 인다.

옛날 일이 이제에 없고, 이제가 옛날을 못 이루매 지난 호화를 알아보려야 알 길이 없다. 한가론 심사와 옛 일이 아득한 꿈인가하는 느낌만 돌 뿐이다.

　　예든고 이제보니 물만이 한가한데
　　白雲이 비쳐와서 夢裏景 이뤘구나
　　오늘에 알이없으니 그를아껴 하노라.

諸王陵

　이곳 저곳 놓여 있는 왕능(王陵)들을 보았다. 노인의 말을 듣건대, 능(陵)의 높고 낮은 것은 그 임금의 당시 공적(功蹟)을 구별한 것이라 한다. 우뚝한 왕능이 있는 곳에는 의례이 송림(松林)이 우거져서 한숨을 지는 듯 우수수한 느낌을 준다. 한때는 '내라'를 자랑했고, 수 많은 백성을 호령했을 것이 분명하다. 그러나, 죽어진 오늘날 잔디 우거진 흙 밑에 배골조차 사라진 흙이 되고 말았을 것이 아닌가.
　왕능이란 저 분상이나 고총이란 무덤들이, 생각하면 다 같은 흙무더미요, 속에 든 것이 역시(亦是) 썩어진 한 줌 흙임에는 다를 것이 없지 않은가. 일순도 길다고 볼 수가 있으나, 백년도 순간이라고 아니할 도리가 무엔가, 지나고 난 뒤는 백년도, 천년도, 모두 다 순간사임에 틀림이 없다. 부유의 없어진 뒤나 인생의 죽어진 뒤에 다를 게 무엔고, 살았다고, 잘났다고 떠들 다가도, 죽으면 고만이요, 못났다, 밉다, 곱다, 어리석다해도 죽은 뒤가 마찬 가지로구나. 북망산(北邙山) 돌아간 뒤에는 밤 깊히 두견이 울 제 송림의 울리는 소리만 처량할 것이 아닌가.

　　　王位도 한때로다 죽으면 허사로다
　　　松林이 설이울제 분상만 외롭구나
　　　죽은뒤 네오또내는 갈릴길이 없구나.

金庾信 墓에서

　김유신 장군(金庾信 將軍)은 당시(當時) 삼국(三國)을 통일한 희대(稀代)의 명장이었다. 소년시절(少年時節)에 대의(大意)를 결심하자, 술집을 제멋대로 돌아든 말의 목을 끊었다. 이 얼마나 장쾌한 기개며, 결심이냐. 한번 호령에 삼군(三軍)이 떨었고, 삼척검(三尺劍) 뽑는 곳에 삼국(三國)을 통일하고야 말았던 것이다. 이런 영걸도 죽은 뒤는 마찬가지다.
　그 무덤 위에는 잔디가 푸르게 우거져있고, 주위에는 노송들이 무슨 말을 할 듯이 보이면서 말이 없이 바람을 만나 쏴아쏴아 한숨만 지우는 듯 하다. 분상 앞에 앉아 고사(古事)를 추억(追憶)하면서, 남교를 바라보니, 석양(夕陽)이 잦는 곳에 멀리 산들이 둘러 있고, 하늘이 가에 닿은 듯이 보인다. 고적(孤寂)한 심정이 가슴에 벅차 오른다. 그 장한 용맹 어디 두시고 이 무덤 밑에 깊이 누워 세사를 나 모른다 하시는고. 오늘날 조국이 양단되고, 후손이 사경을 헤매건만, 그래도 모른다고 말이 없고, 하늘만 유유한데 영혼조차 물어 볼 곳이 없다.

　　三國을 統合하던 그 力量 어디두고
　　풀우근 무덤밑에 잠들어 계시는가
　　祖國의 危急存亡을 내모른다 하시오.

吐含山上에서

　토함산(吐含山)은 석굴암(石堀庵) 가는 도중이다. 이 산은 동해를 내다볼 수 있고, 또 동해에서 솟는 조양(朝陽)을 바라볼 수 있는 곳이어서, 석굴암을 찾는 손은 의례이 이 아침 해 솟는 동해의 경치(景致)를 바라보려는 것이다. 우리도 새벽을 이용하여 토함산을 올랐다. 숲이 우거진 새벽 산길은 상쾌한 기분을 돕는다. 기이한 향내가 코를 싱그럽게 한다. 밤 새에 울던 벌레 소리들은 지친 듯도 하고, 이슬에 젖은 듯도 하게 들린다. 산 허리도 구불구불 뻗친 길과 등성너머로 보이는 푸른 하늘이 모두 마음을 시원ㅎ게 한다. 이따금 인기척에 놀래는 산새가 후루룩 날아서 깜짝 놀램을 줄 때가 있다. 이마에 돋는 땀을 씻으며 산상에 올랐다. 동해가 활짝 널리는 곳에 붉은 햇바퀴가 "내다" 하는 듯, 점잖게 올라 오는 것이 보인다. 붉은 물결이 만리인양 벌겋게 물들어 보인다. "에! 장하다." 소리가 저절로 나온다. 푸른 산들이 가다가 우뚝 서서 이 경치를 바라다 보는 듯 하다. 자연의 신비(神秘)를 왈칵 펼쳐 놓은 듯한 감이 가슴을 활짝 헤치고 드는 듯, 옛적 김입(金笠)같은 시인이 이것을 보았다면 절세(絶世)의 시가 나왔으렷다. 흰 갈매기 떼가 아침 파도(波濤)를 따라 이리 몰리고, 저리로 몰린다. 흰 백로가 저편 기슭을 비끼고 한가히 난다. 금파만경(金波萬頃)이란 이를 두고 이름인 듯, 만리에 널리는 경치를 구필(口筆)로 묘사할 길이 없다.

青山이 끊기는곳 東海가 널렸는데
　　　새벽해 솟아오니 千萬頃 金波로다
　　　山들도 景을아는지 우뚝우뚝 섰더라.
　　　　　　　×　　　×

　　　푸른山 겹겹이고 시내가 흐르는데
　　　인간이 제몰라서 신비를 느끼누나
　　　쉬어서 돌아볼적에 바람스쳐 주더라.

吐含山上을 떠나며

　보고 또 보아도 새롭게만 보이고, 훈훈하면서 선듯한 감을 주는 경치, 그저 섰고 싶고 보고 싶다. 이것이 좋구나하면 저것이 또 다른 감을 일으킨다. 얼마고 이 곳에 있고 싶고, 한 평생 살았으면하는 욕망(慾望)이 인다. 아침에 해 솟는 경, 저녁에 해 지는 경, 월야(月夜)에 교교(皎皎)한 경이며, 어두움 속에서 느끼는 무서운 경, 그리고 이런 때 이는 한적(閑寂)한 심경(心境), 이런 경치를 외로이 있어바라 봤으면 하는 욕망이다.

　그러나, 생로(生路)에 바쁜 몸이 기럴 길이 없었다. 돌아가자는 재촉을 들을 때, 섭섭한 감이 가슴을 흐린다. 다시 한 번 뒤를 돌아보며 발길을 옮겼다. 한겨운 일이다. 높은 산에 앉아 수천리 앞을 바라보며 심혼(心魂)을 천공(天空)에 띄워 보자는 것이 언제나 가지던 내 소원이었다. 그런데, 지금 보는 이 곳이야말로 그 제일가는 곳인양 싶다. 그래도 돌아가야 한다. 멀리 보이는 전답(田畓)과 축동들은 인가가 있다는 징조인가 보다.

　　　閑暇한 이江山을 늦도록 보잤더니
　　　世俗에 바쁜손이 길늦다 하는고나
　　　애꿎이 발을돌릴제 맘은두고 가노라.
　　　　　　　×　　　×

青山이 못다가서 東海앞 멎었는데
바다는 양양하여 그사정 모르는듯
田畓에 곡식만자라 인가있다 하더라.

첨성대

　이 첨성대는 지금으로부터 이천년 전에 쌓은 천문(天文)을 바라보는 대이다. 이상한 형용(形容)으로 쌓아 놓아 놓은 것이 아직도 남아서 옛날 일을 생각하며 한숨지우는 감을 준다. 오늘날은 하잘 것 없는 고물이 되어 논배미 가운데 우뚝 섰을 뿐이다.
　그러나, 신진(新進) 국가의 과학자(科學者)들의 말을 들으면, 그 위치(位置)가 세계에서 제일 적당한 위치라고 하며 놀란다고 한다.
　그러면, 우리 조상은 벌써 이천년이나 지난 옛날에 천문학(天文學)에 능했고, 또 그 중 제일 적당한 위치를 잡았던 것만은, 사실이다. 그러니 만큼 그 보는 법도, 놀랄만큼 발달했을 것 만도 사실이요, 날마다 밤을 새워가며 천문(天文)을 삻혔던 것도 사실이었을 게다. 그러면 자손들이 우리 대(代)에 와서 저 훌륭한 첨성대도 내다버릴 물건이 되고만 것이 가슴 아프게 안타까운 일이며, 한심(寒心)한 일이다. 세계에 자랑 거리를 남긴 조상의 자손들로서 오늘날 세계에 제일 하잘 것 없는 인간들이 되어 그날 그날을 짐승만도 못한 생활로 지내게 된 것은 다시금 눈물겨운 일이 아닐 수 없다.

千年도 그옛날에 첨성대 쌓았으니
世界에 앞선것이 그아니 자랑인가
어이ㅎ다 子孫들만이 이꼴되어 있는고.

佛國寺

  우뚝한 기상이, 허공에 솟은 감을 준다. 저 큰 주추를 어이 달웠으며, 저 큰 기둥은, 또 대들보는 어이 달웠던가 하는 것이 가장 발달했다는 오늘 배운 우리들의 의문이 아닐 수 없다. 그 조흔 기계와 과학(科學)으로도 오히려 할 수 있을까하는 의심이 드리만큼 웅장하다. 이것은 순전히 노력이 있을 것이오, 성(誠)과 땀의 결정(結晶)이 있을 것이다. 우리 조상은 그만큼 성과 노력과 인내(忍耐)를 견디어 이런 예술품을 만들어 놓았던 것이다.
  이런 일을 생각할 제 조상에 대하여 면목(面目)이 없다기보다, 죄송함을 금할 길이 없다. 공손히 보고, 숭엄한 경의를 표할 따름이다.

    우뚝한 저기상이 오늘에 새롭구나
    歷史에 짙은유적 그누의 자최런가
    祖上의 피땀이어니 고이보고 가노라.

石堀庵

  산을 뚫고 돌을 쌓아 연화궁(蓮花宮)을 만든 것이 석굴암(石堀庵)이다. 신의 조화(調和)로는 될 법하나, 인간으로서 했다는 것은 고개를 기울일 일이다.
  중앙(中央)에 앉은 불상(佛像)은, 한참 쳐다보리만큼 웅장하며, 벽에 새긴 관세음 불은 연꽃을 어깨에 메고 미소를 띄웠다. 피가 돌고 살이 움직임 같다.
  어이 저리 평화하며, 아름다운 자태일까? 이 세상에 있는 미와 묘(妙)를 한테모아 웃는 듯 하다. 그 고운태도, 아름다운, 살았다기보다 불선(佛仙)이 나타난 듯한 느낌을 준다. 이것이 조각이다. 천여년전(千餘年前), 우리 조상이 정성(精誠)과 연마(鍊磨)를 말아 새긴 유물이다. 이에는 얼마나한 노력과 인내(忍耐)와 성의(誠意)가 필요했던가. 추칙ᄒ기 어려운 일이다. 천개(天蓋)를 치어다 보았다.
  다시 벽을 둘러보며 보고 또 다시 보아도, 그 한정 없는 예술미는 새롭고 새롭게 나타나 얼마나 보아야 그 미를 알아볼까 하는 게 끝이 없다.

山뚫고 돌싼것이 오늘껏 짙었고나
天蓋를 쳐다보며 佛像또 바라볼제
祖上의 거룩한일을 다시놀라 빕네다.

慶州를 떠나는 노래

   경주를 다 보았다. 올 때는 기대가 컸었다. 이름이 높았고, 또 상상을 크게 했던 것이다. 그러나, 막상 와 보니, 그저 그렇다고나하는 느낌을 가질 것 이외에 별 도리가 없다. 옛날 고적(古蹟)이 당시의 문명을 말하는 듯 하고, 오늘날 초라한 우리 민족 꼴이 이렇게 되고보니, 한심타기보다, 눈물 흐를 정도로 분한 심정을 어쩔 길이 없다.
   저렇던 예술과 문명이 그대로 전해 내려왔으면 오늘 얼마나 발달했으며, 또 얼마나 세계적으로 훌륭한 민족이며, 기름진 살림을 할 수 있었을까? 이것이 우리 후손이 못난 탓이냐, 조상이 가르치지 못한 탓이냐, 자연의 운명이 그리 만든 탓이냐, 아무리 생각해 보아야 요놈이 다할 실마리를 잡을 길이 없다. 조상의 하고 가신 업적을 엄하게 공경할 수 밖에.
   그러나, 그렇던 조상의 피를 이어타고난 우리 자손들이 이렇게 저약해진 원인이 무어냐. 노력이 부족했고, 성의가 부족했고, 또 인내(忍耐)가 적었고, 하자는 욕망(慾望)이 없었던 까닭이 아닌가. 하면 된다. 안하면 안되는 게다. 이것은 인류사회 진리(眞理)다, 그러해야 한다. 이 경주의 옛 예술은 순전히 노력이렸다. 노력은 위대한 것이고, 또 욕망과 성(誠)과 인내는 위대한 역사를 남기는 것이로구나. 불국사, 석굴암, 봉덕사종, 놀랄 일이다. 그러나, 이것은 모두가 성과 노력과 이것을 지속했던 인내가 아니냐. 우리는 그 조상의 후손이 되었으니, 이것을 배워야 하겠다. 이 몸속 돌고 있는 피는 응당 저 조상의 피가 아니냐. 하면 된다. 하자, 가르키자, 배우자, 노력하자. 그래서 저 고대 조상의 업적을 능가할 문명을 우리 손으로 이룩하자. 그래서, 조상의 바랄 바 일을 해 보자. 경주는 조상의 하나 밖에 아니 남은 교훈(敎訓)이렸다.

   古蹟에 남은것이 民族魂 이룸인데

그뜻을 어디두고 오늘에 이르렀노
千萬代 맘을받아서 굳게일해 보과저.

兄의 墓

　삼년 전 우리는 난을 피하여 산수 선 부산을 왔다. 날도 추울 때 어려움을 무릅쓰고 이 곳에 온 것은 더 살려는 뜻이다.
　이 때 오빠도 함께 오셨다. 어린 자식들을 살리고, 자신도 살려고 왔던 것이다. 살려는 욕망과 살겠다는 희망을 안고 왔던 것이다. 그것이 잘못됨인지, 조물이 작회함인지 오빠는 우연히 급한 병에 세상을 떠나고 말았다. 그리도 살려고 했고, 살아서 뜻있은 일을하고, 자식들을 기르고 가르치겠다고 애쓰던 오빠다. 담배를 주리며 공부를 했고, 군색한 학비를 노나 동생들을 가르치노라 그리도 애쓰던 오빠다. 그러던 오빠의 무덤을 찾는 누의 가슴은 미어지는 듯, 슬픔과 원통함으로 꽉 차고 만다. 오빠는 지금 푸른 잔디가 우거진 조고마한 분상 밑에 잠드셨는지, 백골(白骨)만 슬고 있을 것이 아니냐. 여름 폭양이 나려 쪼이는 잔디 사이에 개미들이 이리 저리 기어 다닐 뿐이다. 오빠는 어디가셨노, 정말 이무덤 속에 계실까. 생시라면 '오오, 왔나, 얼마나 더우냐?' 하시며, 그 반가운 낯에 웃음을 띄울 것이 아닌가? 그리도 반갑던 얼굴, 정답던 목소리 귀에 쟁쟁하며, 눈 앞에 어른거리는 것만 같다. 먼 하늘을 바라보며 추억에 잠기다가 다시 분상을 바라보니, 하연한 심사(心思)가 더욱 새로워 진다.
　『월파김상용지묘(月坡金尙鎔之墓)』라는 패말을 볼 때 창자가 끊기는 듯 하다. 옆에는 오빠의 사랑하시던 아내와 아들과 족하들이 울고 앉았다. 저 세상 가신 오빠를 그리도 그리워 울고 있고나. 그러나, 부른댔자 답이 있을 리 없고, 운들 소용(所用)이 무에랴. 그러나, 우는 게 인생이며, 저생과의 작별인가. 돌아서 내려오랴니, 발길이 떨어지지를 아니한다. 고혼(孤魂)을 외로이 두고 아니, 오빠를 버리고 가는 것만 같아서 그러나, 아니 돌아갈 수 없는 게 살아 남은 인생이며, 유족들이 아니냐.

　오빠여 잔디밑에 잠깊이 드셨나요

보고저 찾는누의 숨조차 차오그려
풀밑에 벌레가우니 더욱설워 함네다.
    ×   ×

살려고 피난와서 잔디밑 눕단말이
환도해 가는길에 더욱더 원통ㅎ구려
새로이 눈물지우며 발길안떠 합네다.

귀또리

 가을 낙엽성(落葉聲)은 사람에게 슬쓸한 감을 돕는다. 더욱 밤이 깊고 달이 밝을 제 낙엽이 뚝뚝 듣는 곳에 귀또리 또루루또루루 우는 소리를 들으면, 자연 비감(悲感)한 정이 돈다. 잘 사는 사람은 그런대로, 못사는 사람은 또 그런대로, 정다운 사람을 작별한 사람들이라든가 누구를 사모(思慕)하는 처지(處地)를 가진 사라들에게는 더 한층 이 가을 밤 귀또리 울음을 슬프게 듣는 것이다.
 인생은 이럴 때를 당하여 마음 어느 속이 빈 듯 하여 무엇을 그리워하는 심사(心思)로 꽉 차고야 만다. 이것을 슬픔이라고 부를까. 또루루또루루 끊어졌다 다시 울리는 이 귀또리의 애원하는 듯 울리는 멜로디는 가슴을 속속들이 파고들어 비감한 심사를 산란(散亂)ㅎ게 하고야 만다. 위대한 음악이랄까, 지극한 슬픔을 지닌 음률이 아닐 수 없다.

月夜가 三更이고 落葉은 秋聲인데
귀또리 너왜울어 哀愁를 돋우느냐
가슴속 이는심회를 어이길이 없고나.
    ×   ×

月色이 뜰에가득 푸른듯 조요한데
귀또리 哀呼聲이 이슬에 젖었에라
世波에 서러운손이 愁心깊어 하노라.

봄

봄은 말부터 부드러운 정을 돋운다. 새가 생기나게 울고, 아지랑이 아른댈 적에 냇가를 걷노라면 꽃들이 아름다움을 자랑하는 듯 하고, 버들가지가 프르게 늘어진 것이 곧 살았다는 맛을 더욱 돋운다. 시내에 물이 불어서 맑고 잔잔한데, 고기들이 꼬리를 치며 노는 양은 보는 사람의 감정을 온화(溫和)롭게 만든다. 이 때면 새로운 풀을 뜯어 나물해 먹는 맛이 진미다. 바구니를 옆에 끼고 신선한 공기를 마시며, 산과 들로 돌아 다니며, 나물 뜯는 계집아이들을 바라볼 때, 무엔지 모르는 혼곤한 심사(心思)가 인생을 아름답게 만들어 보인다. 한가한 심정을 돕는 것도 봄이고, 아련한 정을 못 견디게 구는 것도 봄이다. 무엔지 모르게 즐겁고, 또 그리워지는 게 봄이다. 이 봄은 만물을 새롭게 하고, 또 유쾌하게 구는 것 같다. 꽃, 잎, 맑은 시내, 재재거리는 새들, 한가롭게 나는 나비와 벌들, 이 모든 것이 모이어 놀고 있는 곳에 햇볕이 따듯하게 등을 두드리듯 나려 쪼이면 노곤한 심사가 고단하리만큼 쾌한 느낌을 받게 된다.

이것을 경치랄까, 너무 좁아 보인다. 계절이랄까. 너무 무뚝무뚝한 감이 돈다. 봄! 아름다운 한 때다.

    버들이 늘어지고 꽃이또 붉었는데
    앞내에 물이붇고 고기가 살랑댄다
    새들도 흥이겨운지 지지재재 울더라.
        ×   ×
    꽃피어 滿發하고 잎이또 돋을적에
    春霧에 어린버들 더욱더 푸르고나
    아해야 보구니차라 나물캐러 가리라.

후회

나무가 고요하고자 하나 바람이 불고, 자식이 봉양하고자 하나 어버이가 돌아가시는 것이 인간사이다. 이렇게 했더면하고 지나간 뒤에야 일을 후회하게 되는 게 인간에는 뉘우치는 실정이 가슴을 쓰라리게 군다. 인간은 고맙다. 서운ㅎ다를 깨닫게 된다. 그러나, 당면하고 있을 때 이것을 깨닫지 못한다. 지난 뒤에야 아! 내가 실수했구나, 좀더 힘을 왜 아니썼나, 하게되는 게 인간인 양 싶다. 아무 소용이 없는 후회다. 부모가 생존했을 때 생존하신 기쁨을 깨닫지 못하는 게 자식이다. 그러다가 급기야(及其也) 돌아가신 뒤에 커다란 비애(悲哀)와 후회를 안고 우는 게 자식인 듯 싶다. 나를 낳아서 길러서 가르치시노라고 부모는 얼마나 애를 쓰시었던가. 어려서 철을 몰랐다. 그 큰 은공을 몰랐다. 돌아가신 오늘날 모든 게 후회다. 왜 나는 어버이 존재 시에 이렇게 못해 드렸을까. 아모리 마음을 쥐어 뜯어도 이제에 도리가 없다. 도리가 없으니, 더욱 답답하다. 나는 몇 푼 안되는 저금을 가졌었다. 앞 날에 살아갈 계획을 세운다고 땀이 흐르도록 이것을 아꼈다. 그러노라니, 어버이께 맛있는 음식 한 가지 대접지 못했다. 따뜻한 옷 한 벌을 못 지어 드렸던 것이다. 오늘날 어버이는 돌아가시고 말았다. 가슴에 손을 대고 생각할 제 마음이 더할 수 없이 괴롭다. 왜 나는 그 몇 푼 돈을 아꼈던가. 못난 것, 불효(不孝)한 것, 아모리 나로서, 나를 꾸짖어도 소용이 없다. 저 세상 가진 부모를 다시 대할 길이 없다. 커어다란 비애와 뉘우침만이 큰 뭉치가 되어 가슴을 무겁게 누를 뿐이다. 생각하면 할수록 이 무게는 무거워진다. 자식의 도리를 다못한 후회, 이것은 언제나 머리에 떠올라서 가슴을 괴롭힌다. 이것이 불효한 내 평생의 버려지지 못할 슬픔이 아니냐.

어버이께 孝못함이 오늘에 恨이되어
衣食을 볼적마다 그情이 새롭고나
못푸는 그事情임을 못내설워 하노라.

답답구나

손으로 달을 가르치니, 손을 달로 안다는 말이 있다. 진리(眞理)를 설명하노라면 설명을 진리로 아는 게 이 세상 사람들인 것 같다. 인생은 인생밖에 아무것도 될 것이 없다. 그런데, 이것이 인생이다 하면, 참인 인생을 버리고 다른 것을 잡고 뒤적거리고들 있다. 마치 개밥에 진주를 섞으면 도리어 귀찮게 아는 게 개다. 이런 예를 들어 "개밥에 도토리"라고 비유도 한다.
　가장 인생을 개달은 자가 있어, 이것이 인생이다 하고 외치면 세상은 그를 비웃고, 미치괭이로 돌린다. 한심한 일이다. 기막히는 사정이 아닐 수 없다. 그러니, 제멋대로 웃어도 보고, 울어도 본다. 이렇게 되면 상대가 없어진다. 외로울 수 밖에. 그런데, 인생이란 외로운 것처럼 슬픈 일이 없다. 그래서 한탄(恨嘆)겨워하는 것이 진리를 깨달은 사람들의 심정인 것 같다.

　　개밥에 진주랄까 굳이일러 무엇하오
　　도토린양 슬슬굴려 보지도 않소구려
　　진리를 말해뭣하오 웃고울고 할밖에.

憧憬

　행복(幸福)이란 본래 있는 게 아니라, 마음속 동경(憧憬)하는 심리상태(心理狀態)를 말함이 아닐까. 왜냐, 결혼을 하면, 그래서 가정을 일우면, 퍽도 행복될 것 같았다. 급기야(及其也) 결혼을 했다. 아니다. 가정을 이루고 자녀를 낳았다. 아니다. 한적(閑寂)한 생활일까. 아니다. 복잡한 생활일까. 더욱 아니다. 돈도 아니요, 이성도 아니다. 들어가 보면 아무 것도 아니되고, 마는 게, 행복이라고 동경ㅎ던 고장에 닥쳐온 때의 결과다.
　나는 동경 유학을 무척 동경했다. 이국(異國)의 호화로운 도시(都市), 그 곳에는 행복과 다행(多幸)만이 흐를 줄만 믿었다. 그래서, 그 곳에 가서 유학을 하고 오면 온 세상이 내 것만 될 것 같았고, 또 장래가 극히 행복될 것만 같았다. 희망은 컸었다. 넓고도 포군했던 것이다. 그랬는데, 급기야(及其也) 이 동경ㅎ던 도시, 동경을 와보니, 얼뜬 보기에 그럴 듯 했다. 다시 살필 때 낙망(落望)이었다. 별수(別數) 없는 인간사회(人間社會)며, 비애고통(悲哀苦痛)이 지글지글 끓는 것이 내가 동경ㅎ던 고장인 것 같았다. 극도로 발달된 진보랄까, 극도로 순진한 순박성을 잃고 가시가 돋칠대로 돋쳐보였다. 이것이 동경ㅎ던 곳에 온 나의 심리었다. 낙심하는데. 그리워하는 곳에 와서 느끼는 심정인 것 같다.

못보던 나라이라 幸福만이 찬듯하여
水涯萬里 찾아들어 情景을 바라보니
애끊는 恨만이차서 落心千萬 이로세.

夏雲

여름 장마가 갠 뒤에 산 마루에 떠 오르는 구름을 바라보면 그 형용이 기이(奇異)한 현상(現像)을 이룬다. 바라보면 바라볼쑤록 기이하게 변화하는 것이 보는 사이에 천변만화(千變萬化)를 일으킨다.
 갓타놓은 솜발 같은 구름이, 피어 올라서는 신선노인(神仙老人)이 장죽(長竹)을 문 듯이 보이다가 순간에 변하여 노장중이 장삼을 입고 선듯도 보인다. 다시 변하여 짐승도 되었다가 보는 사이에 기화이초(奇花異草)가 피어 나는 듯 해 보인다. 더구나, 이것이 석양이 비낄 제면 서운(瑞雲)에 쌓이어 신선의 조화(調和)를 구경하는 감을 느끼게 된다. 보드랍고 따듯한 품안에 깊이 사라지는 심정이 떠 오르게 된다. 장하다는데 다가 부드러움을 더 많이 느끼게 되는데 이 하운(夏雲)을 바라보는 심경이 아닐까.

夏雲을 바라보니 솜같이 피는구려
連峯도 되었다가 奇花異草 다시되오
夕陽이 비치는곳에 千變萬化 좋을씨고.

어머니의 希望

모성애(母性愛)란 무조건인 것이다. 무조건이니만큼 위대하다. 자아(自我)의 고초를 잃게 되는 게 모성애다. 부성애(父性愛) 역시 마찬가지리라. 그러나, 모성애에는 비길 바가 아닌가 싶다. 자녀를 낳아 기르는 어머니는 누구나 이것을 깨달을 줄 믿는다. 자신의 욕망과 희락(喜樂)을 온통 옮겨 주고 싶다. 그것이 가장 행복으로 느껴지는 게 모성애다. 자녀가 강건하고, 마음이 굳고, 공부를 잘하고, 남에게 칭찬을 받을 때, 무한(無限)한 행복감을 느끼게 되는 것이 어머니의 희망이다. 역사에 나타나는 위대한 인물들의 전기(傳記)를 읽을 때, 우리 아들도 이렇게 되었으면, 딸도 만고(萬古)에 드문 모범이 되었으면 하는 게 욕망이다. 그래서, 나라를 바로잡고 민족을 지도하며, 전 인류를 건지는 그런 인물이 되기를 바라는 게 어머니의 욕망이다. 스팔타의 굳센 정신을 길러 준 어머니가 되고 싶고, 맹자(孟子)를 가르치노라고 세 번 이사한 심정을 누구나 갖는 게 어머니의 마음이다.

그래서, 내 자녀는 반듯이 나라를 바로잡고, 민족을 옳게 지도하며, 나아가서 인류의 큰 공을 쌓아 천추(千秋) 역사에 그 이름이 빛날 것만 같은 게, 어머니의 신념(信念)이다. 굳이 이렇게 되도록 일러 주고 싶은 것이 모성애의 위대한 교훈과 희망이 아닐 수 없다.

    너자라 해가되고 너는자라 달이되어
    이세상 어둔곳을 곳곳마다 비쳐다오
    어미의 바라는맘을 굳이지켜 줬으면.
        ×   ×
    어미심정 몰라주는 아들아 또딸들아
    애정에 고생있고 기른情을 알아다오
    자라서 큰그릇됨을 굳이바라 왔노라.

부부의 情

부모를 작별하고 형제를 떠나서 서로 믿고 의지하는 게 남편이고, 안해다. 만나면 반갑고, 떠나면 그리운 것은 정든 탓이겠지마는, 그 중에도 가장 안타깝게 느껴지는 게, 부부간에 일어나는 심정인 것 같다. 때에 아니 와도 기다려지고, 잠시를 떠나도 서운한 것이 부부의 사이다. 남편은 안해가 있어 맞이하는 기쁨이 있으리라, 아내는 남편이 때에 들어와 웃고 대할 때에 즐거움이 크다. 아무리 험한 곳을 가더라도 남편이 옆에 있으면, 든든하다. 남편은 안해가 있으면 따듯한 감을 느낀다 한다. 하루 종일 일에 시달리다가도 집에 돌아와 안해의 웃는 얼골을 대할 때가 좋고, 마찬가지로 남편이 웃으며 대할 때나, 힘있는 포옹을 받을 때 안해는 온갖 괴로움을 잊는 것이 인간 진리인상 싶다.

피곤한 다리를 허덕이다가도 남편이 손을 잡으며, "괴롭소"하고 동정을 표할 때 안해는 피로를 잊게 된다. 가정은 괴로움이 많다. 살림이란 군색함이 많다. 그러면서도 부부의 애정은 이를 극복하고 살 수 있는 것이 이치인양 싶다. 수고로운 길을 걸으면 서로 아끼며, 부추길 때 부부의 심정은 과연 아름다우리라. 내 몸 온갖 것을 맡겨 거리낌이 없고, 미더운 것이 부부의 사이다. 얼마나 귀중한 사이며, 존경할 존재냐.

　　님따라 내가오나 내다라 님이오나
　　님함께 걷는길이 그리도 미덥구려
　　그리워 타는애정이 합하는게 부부리까.
　　　　　　×　　　　　×
　　솜같이 피는애정 구름에다 비기리까
　　生涯에 지친노독 안개양 스는구려
　　인생에 이런한때를 행복이라 하리까.

希望의 나라

꼭 이런 나라를 만들고 싶고, 이런 나라에 살고 싶다. 산마다 나무가 가뜩 우거지고, 강과 개천마다 방축이 쌓이고, 물이 그득히 흐르며, 고기가 금실금실 놀고, 동네마다 길이 정돈되고, 집집마다 마당이 깨끗하게 쓸여져 있고, 뜰 위에 신들이 가즈런히 놓이고, 꽃이 뜰 앞에 한 포기 심겨져 있고, 닭이 몇 마리 모이 줍는 가정을 이루어 놓았으면.

사람들은 덕이 있고, 부지런하고, 정직하고, 근실하며 부드럽고, 공손하며 단결심이 있고, 남을 도우려고 애쓰고, 뜻을 정하면 목에 칼이 들어도 변ㅎ지 않는 그런 민족이 되었으면. 집집마다 아이들이 도련도련 놀고, 길가에 심은 꽃도 꺾는 일이 없고, 옷들을 깨끗이 빨아 입고, 주색잡기에 빠지는 사람이 없고, 오직 일만할 줄 알며, 이것을 지상의 오락으로 느낄 수 있는 그런 민족이 되어 생사병고(生死病苦)는 어일 길이 없으나마, 생활에 고민이 없는 지상낙원(地上樂園)을 이루어 서로서로 정답게 살아 보았으면.

江山이 살이찌고 사람들은 德이높아
서로돕고 사랑하고 기쁨만이 흐릅과저
정다운 꽃들을안고 웃어보면 하노라.

思兄

돌아가신 오빠가, 아깝다. 아직 한창 사실 나이로서 오십(五十) 세를 일기(一期)로 돌아가시고 말았다. 사람이란 죽는 게 철칙(鐵則)이다. 그러나, 오빠는 좀 더 사시어야 할 분이었다.

가정은 물론이고, 사회적으로도 그렇다. 어린 것들을 채 기르지도 못하고, 또 생활도 곤란했다. 더구나 피란 중에 돌아가셨으니, 안타까운 일이다. 가족으로 보아서, 슬픈 일이며, 사회적으로 큰 손실이었다. 그 뿐이냐. 그 재주와 인격(人格)! 포부(抱負)는 컸었다. 무슨 큰 일을 해 보려고 애를 쓰셨다. 그런 분으로서 뜻을 이루지 못한 채 세상을 떠나신 것이다. 꽃으로 비긴다면 열매가 맺을 때라고 할만큼 한창 일할 나이에 돌아가시고 만 것이다. 그러니, 오빠는 한겨운 눈물을 황천(黃泉)에 뿌릴 게 아니냐. 오빠는 참 사람이었다, 큰 그릇을 타고 나시었던 것이다. 나만을 위하여 하시는 일이란 평생을 두고보아 없었다. 남이 복될 일이라면 수화(水火)를 가리지 않았다. 인생을 너무도 허탄이 보았고, 불쌍히 보시었다. 의(義)와 절(節), 그리고 고결한 생각과 청렴한 생활로 이상을 삼으셨던 것이다. 또 철학자며 시인이었다. 웅변으로 뛰어 났었고, 도덕가(道德家)로도 자타(自他)가 공인(共認)하던 바다. 교육으로 일생을 마친 오빠시다. 인류의 복을 위하여 그리도 애쓰던 오빠다. 그 일을 마치지 못하고 돌아가신 것이 그리도 원통하구나.

재주와 그 人格이 그리도 아깝구려
　　큰일을 하겠다고 애도굳게 태우더니
　　아까운 포부를안고 어이저승 가셨노.

슬픈 노래

　사람이 살아 간다는 게 도무지 눈물 뿐인 것 같다. 어려운 살림을 하려니 그렇고, 자손을 거두노라니 그렇다. 꼭 나만을 위할 남편이 그럴 듯 안 그럴 제 더욱 그렇다.
　그러나, 살아 가노라면, 웃을 때도 있다. 즐거운 감을 느끼는 순간이 없는 게 아니다. 그러나, 곰곰이 생각하면 생각 할쑤록 하연한 생각만 드는 게 인생인 것 같다. 무상(無常)한 감이 든다. 허망한 것만 같다. 구름 같이 일었다가 구름같이 스는 것만 같다. 인생백년(人生百年)이 길다하나, 하루살이와 다를 게 없는 것 같다.
　그런데, 왜 세상사(世上事)는 마음대로 아니되노? 쓰러지려는 조국의 꼴을 볼제나, 썩어져만 가는 도덕심을 바라볼 때, 왜 그런지 서글픈 정만 인다. 초로(草露) 같이 스러질 인생, 순간인 생애를 왜들 저리 찢고, 까불고, 때리고, 맞고, 온통을 떠들기만 하는지 모르겠다.
　이런 꼴을 볼 제 한걸음 선뜩 나서서 껄껄 웃어도 보고 싶으나, 한껏 울고 싶은 게 인생이다. 휘휘 도는 역사 바퀴 위에 가련한 생명이 이슬같이 돌았다 스는 게 인생만 같다.
　그러니, 인생을 울어도 보고, 한탄도 하는 게다.

　　눈물은 새음인양 한숨은 바람인양
　　샘솟고 바람불제 눈물한숨 더욱섧다
　　언제나 이둘없애고 快히 살아 볼는지.
　　　　　　×　　　　×
　　웃으려 애를써도 우울만 더하고나
　　가슴속 서리는것을 情이랄가 恨이랄가
　　다만지 하늘을바라 넋이없어 하노라.

풍자

거리를 바라보니, 복잡하기 짝이 없다. 이 곳에서 수군수군 저곳에서 떠들썩 "내야" 하는 체가 있는가 하면, "나야요" 하는 아양이 있고, 요것봐라 할만큼 귀여운 꼴이 있는가 하면, "아이고 저게 뭐야" 할만큼 추잡이 있다. 이고, 지고, 찢고, 까불고, 별에 별 현상(現像)이 났다 나고, 있다. 천한 것이 있는가 하면, 호화로움이 움지기고 있다. "나다" 하는 듯, 고급 자동차에 비슷이 누운 자가 있고, 달달 떨면서 "한푼 줍소"가 있다. 이고, 지고, 허위적대는 꼴이 있고, 주둥이에 빨간 칠을 한 계집들이 궁둥이를 내 두르는 꼴이 보인다.

계집을 슬슬 쫓는 놈, 놈팽이를 살살 따라가는 계집, 별에 별 꼴들이 한데 뒤섞여 뒤범벅이 되어 움직거리고 있다. 이것이 인간사회며, 문명을 떠드는 도시의 풍경이다.

거리를 바라보니 그리도 수선ㅎ구려
잘난이 못난것들 뒤섞여 와글대오
무어가 옳은것인지 가릴길이 없오다.

이렁 사오

일생을 살아 가노라면, 별(別)에 별일이 다 생긴다. 기쁜 일, 괴로운 일, 안타까운 일, 이런 것들을 합해 놓으면 온통 잡탕이 되고 만다. 그래도 죽기를 싫어하는 게 또 인생이다. 이 놈의 인생을 재 보려면 그저 한 뼘밖에 아니되는 듯도 하건만, "요거다" 하고, 들고 보려면 끝이 없이 되기도하다. 요렇게 살아야지 하고 초를 잡아 놓으면 의례이 다른 게 돼 지고야 만다. 정한 규칙이 없는 게 생애랄 수밖에 없는 듯 하다. 어떻게 사느냐고 물으면 그렁저렁 산다는 게 보편적인 대답이다. 사는 게 즐거우냐고 물으면, 의례이 괴롭다는 게 대답이다. 인생락(人生樂)이라는 말을 듣기가 드물다. 인생고라고 부르는 게 인생이요, 탄식 속에도 무엔지 모르는 애착심이 도는 게 또 인생이다. 가리를 잡기 어려우니, 모호할 수밖에, 그래서 인생은 그렁저렁 산다고들 한다.
 도를 통하면 세상을 다 안다고 한다. 그래서 도를 통하려고 애들을 쓴다.
 말만은 많이 들을 수 있는 일이나, 도통(道通) 해본 사람은 없는 듯 하다. 공자, 예수, 석가 이 분들은 도를 통한 듯한 감을 우리 후예들에게 주고 있다. 그러나, 자세히 생각해 보면, 그런 것도 아닌 것 같다. 그 어른들도 그저 애만 쓰다가 그렁저렁 돌아가신 것 같다. 좀 인생답게 사시려고 허위대 보신 것이 아닌가 하는 감이 든다. 그러니 우리도 죽음이 오는 날까지 그렁저렁 살 수밖에. 탄식도 했다가 웃기도 했다가. 그러나 죽기나 바랄까 하는 게 인생이 아닐까.

 道나 通한다면 人間苦를 잊을는지
 塵世에 쌓인몸이 허위대 보는구나
 오늘도 웃는듯울며 탄식겨워 하노라.

연정

 청춘 남녀간의 연정(戀情)이란 타는 불에다 비김 즉한 것이다. 신비(神秘)한 힘이 눈을 가리어 이성(理性)을 찾지 못하게 하는 것이 청춘의 연정이다. 이 연정은 판단력을 흐리게 하고, 마는 수가 많다. 이런 때 자칫 잘못하면 그것이 평생을 불행(不幸)하게 하는 수가 많다. 그래서, 일생을 불행한 눈물 속에 헤매고 원망으로 생애를 조지고 만다. 얼마나 무시무시한 일이냐. 남자들은 여자를 희롱물로 아는 수가 많다. 우리 나라의 현실이 이를 여실히 증명한다. 보라 한 때 달가운 꼬임에 넘어가서 몸을 버리고, 신세를 망치는 일이 얼마나 많은가? 그래서 한껏 행복되어야 할 청춘을 불행한 눈물로 새우게 되는 일이 얼마나 많은가. 결혼은 사랑의 믿음이오, 연정의 합치는 결과여야 할 것이다. 그러면 그 결과는 극히 행복되어야 할 것이 원칙이다. 그런데, 우리 나라의 예를 들면 결혼식이 끝나면 남편은 폭군으로 변한다. 지극히 부드러움이 흘러야 할 곳에 지극히 거센 엉겅퀴만이 우거지는 게 우리의 실정인 것 같다. 개탄할 일이다.
 한 남편에게 한 안해가 적절함은 하늘이 정하신 천리이고, 인간만이 자랑할 수 있는 도덕이며, 권리여야 할 것이다. 그런데, 간혹 보면 이 여자를 희롱했다가, 저

여자로 옮기고 하는 일이 많고, 또 이것을 도락(道樂)으로 아는 불량(不良) 남아(男兒)들이 혼이 보인다. 이런 사람에게 잡히는 날이면, 그 날이 평생을 망치는 날이 되고 마는 것이다. 도덕심이 강한 남자가 없는 게 아니다. 그러나, 극히 드물다는 것을 여자들은 잘 알아야 한다. 고인의 말이 "대인의 사랑은 바다 같고, 소인의 사랑은 시냇물같다" 한다. 바다는 아무리 풍파와 억센 비에도 항상 푸르고 맑되, 시내는 비가 조곰와도 흙탕으로 변하기 때문이다. 깊이 알아 사귈 필요가 있다. 꿀같이 단 맛이 있는 뒤에는 쓴 맛이 기다리는 법이고, 무미(無味)심심한 듯한 곳에는 평화가 흐른다는 것을 알아 두어야 한다.

청춘남자의 사랑! 이것은 인류의 행(幸), 불행(不幸)을 좌우하는 것이매, 삼가고 또 삼가야 한다. 모름지기 이성을 잃지 말고, 한 때 단 꿈에 혹하지 말아야 한다. 아름다운 빛이 있는 곳에 독한 사갈이 숨어 있다는 것을 잘 알아야 한다. 부디부디 이성을 잃지 말고 명확한 판단이 있기를 바라는 바이다.

　　연모란 靑春만이 애가슴 태움일네
　　웃고또 우는것이 꿈깨운 뒤일찌라
　　理性을 굳게안고서 후회없게 하소서.
　　　　　×　　　　×
　　꽃이란 피면지고 달이차면 기울듯이
　　男女의 情이란게 타는듯 스는것을
　　깬뒤에 한탄을말고 굳이삼가 하소서.

어머니의 病

어머니는 기관지 천식으로 사년간(四年間)을 앓다가 돌아가셨다. 아무렇지도 않다가도 갑자기 숨이 막히는 것이 이 병이다. 그 발작 시에 괴로워하는 양은 인정으로는 볼 수 없으리만큼 안타깝다. 하물며 인자(人子)의 정으로 이 꼴을 볼 때 가슴이, 아니 무여질 도리(道理)가 없었다.

나는 이런 때에 의사(醫師)를 부르기가 바빴고, 내 목을 졸라서 어머니의 괴로움을 당해 보려고도 했었다. 어머니는 이 병으로 살이 여위고, 뼈만 남으셨다. 밥상을 받았다가도 이 병이 발작하면 술을 놓으시고, 가빠하시다가 까무러치신다. 못 당할 일이고, 못 뵈올 일이다. 피눈물이 날 지경이다.

　사년간(四年間)에 걸친 이 모진 병은 그리도 어머니를 괴롭히다가 급기야 그 생명을 뺐고 말았다. 얼마나 가슴 쓰라린 일이냐. 또 돌아가시는 어머니는 얼마나 괴로우셨을까. 어머니는 마르시다 못하여 가죽이 미어져 피가 흘렸다. 얼마나 아프실까. 일어나시지 못하니, 미음을 떠 넣어드렸다. 배가 몹시 고프시다고 한다. 마음껏 드리고 싶으나, 과식만 하시면 이 병이 발작한다. 이리도 못하고, 저리도 못했다. 방바닥에 떨어진 띠끌을 주어 잡수시는 일이 있었다. 이것을 보는 자식의 가슴은 뻐개지는 것 같았다. 내 목숨을 대신해서 어머니를 건질도리는 없을까?

　그렇게도 건강하시고 부즈런 하시던 어머니, 그러시던 어머니는 오늘에 어쩌다가 이런 병에 걸리시었나. 그렇게도 인자하신 어머니, 또 세상에서 남을 도우려 하시고 일만할 줄 아시던 어머니는 무슨 죄가 있어서 저렇게 되시단 말이냐. 인생이 한 번은 죽을 것. 그런데, 우리 어머니는 왜 저리도 고생을 하시다가 돌아가실 운명이었을까. 그 마른 얼굴, 뼈만 남은 팔과 다리. 우리를 기르시느라고 일에 시달려 손에 박힌 못! 이것은 모두 자식들의 가슴을 쥐어 뜯었다. 다시 회춘(回春)하실 길은 없을까, 그리도 정성을 말아서 살리려고 했건만 어머니는 그대로 돌아가시고 말았다. 기구한 운명을 타고 나신 어머니, 우리의 불효(不孝)를 그대로 두고 가신 어머니, 아니 계신 오늘날 한탄해도 쓸데가 없다.

　나무가 고요하고자 하나, 바람이 멎지 않고, 자식이 봉양하랴 하나, 어버이가 돌아가신데야 어쩌랴. 불쌍한 어머니, 회춘ㅎ지 못하는 병마, 이것은 그리도 자식의 애를 태워 주는구나. 병들어 계실 제 애태던 심정을 무어라 그리랴.

　　　　피골이 상접하니 기운을 차리시리
　　　　닿은살 무여지고 피진물 흐릅네다
　　　　그얼굴 바라볼적에 가슴무여 집네다.
　　　　　　　×　　　　×
　　　　미음을 드리렬제 힘없이 벌리시는입
　　　　창백한 그얼굴에 줄음만 더욱굵다.
　　　　불상ㅎ고 애닲은마음 어일길이 없고나.

수치

　동족(同族)끼리 싸우고 죽인다. 인류역사에 드문 일이다. 싸우고, 죽이고, 쫓고, 쫓기고, 피비린내가 바람에 풍기는 시산한 광경(光景)이다.
　울며, 불며, 보따리를 싸 지고, 이고, 어린 것들을 업고, 끌고, 산을 넘고, 물을 건너서 지친 다리를 터덜거리고 걷는다. 가여운 운명을 그대로 타고난 민족! 우리는 왜 이 땅에 났고, 이 땅에 길리웠는가? 하는 한탄(恨嘆)이 저절로 나온다. 죽일 놈들, 동족이 싸우다니, 그래서 형제가 서로 죽이고, 부자가 갈리다니, 욕이 아니 나올 도리가 없다. 그나 그뿐이냐. 싸움을 피하여, 간신히 목숨을 건진 동포들에게 따뜻한 물 한 모금을 아니 주려한다. 피란 보따리를 떨려는 놈이 있다.
　제 땅이고, 또 동족인데. 따지면 멀지 않은 형제다. 그런데, 이리도 이악하게들 구는구나. 자손이 부끄럽고, 후세가 노할 일이다. 천추에 남을 수치를 어쩌자는 셈인지 모르겠다.

　　죽일놈 들이로다 同族이 싸우다니
　　피란온 兄弟들을 또이용 하는구나
　　千秋에 부끄러움을 굳이남게 하느뇨.

戱作

　인세(人世)를 가만히 들여다 보면, 하잘것 없는 것만 같다. 아귀다귀 볶는 겪이다. 찢고, 까붙고, 젠체, 난체하는 것들이 모두 합하면 오작(烏鵲)의 무리나 다를 게 없다. 만물(萬物)의 영장(靈長)을 자처(自處)하기에는 너무나 거리가 먼 것 같다.
　그래도 새 중에는 공작이 나듯이, 영장(靈長)이라고 부를 인물이 없는 것은 아니었다. 공자, 예수, 석가, 또 누구누구 그저 그런 몇몇 분을 떠나서는 똥뒷간 구데기 떼들이다.
　심하게 비기는 것 같으나, 오줌 독에 꽁지벌레 탈을 쓴 것이 인생의 이면(裏面)이다.

지조가 있는체, 순결한체 하는 자들의 이면을 들여다 보면, 두엄 밑에 맹꽁이 씨름판이다. 구역이 아니 날 수 없는 게 인생의 이면이다. 그래서, 어떤 시인이 인생을 요강에 비긴 일이 있다. 겉은 번지르르 하나, 속을 들여다 보면, 오줌에 똥이 풀어져 있는 게 인생인 것 같지 않을까?
선(善)을 자처하고 덕(德)이 있는체 한다. 이 "체" 하는데 더욱 비위가 뒤집힌다.

人世를 바라보니 烏鵲떼 분명하다
黑白을 가린다고 네오내오 떠드는구려
十年前 먹은송편이 올라옴즉 하외다.

望遠

초가을 저녁 달이 구름 사이로 보일 제, 경치란 말할 수 없이, 기이(奇異)한 감을 느끼게 된다.
뭉글뭉글 피어 오르는 구름은 달빛을 받아 황홀한 색채를 띄운다. 이리 보면 천봉만학도 같고, 저리 보면, 피어 놓은 솜도 같다. 북실북실한 느낌을 주다가 어마어마한 광경(光景)을 일으킨다. 그 사이로 으젓한 달이 맑은 빛을 뿜는 듯 내다보는 것은 선인의 조화(調和)를 상상(想像)ㅎ게 된다. 우주(宇宙)의 한없는 변화와 자연의 신비(神秘)를 한껏 신비롭게 볼 수 밖에 없다.
운예의 변하는 것과 명월의 으젓한 모습은 기경(奇景)에 기경을 이루어진다. 이런 때 인생은 띠끌만도 못한 감이 도는 게 인생으로서 적은 탓이라고나 할까.

하늘가 구름보니 千峯이요 萬萬峯을
그위에 달이솟아 雲霄에 걸렸고나
白雲이 일었다스니 奇景인가 하노라.

진관사

　진관사를 찾다. 들은지 오랬으나, 와 보기가 처음이다. 전화(戰火)에 절은 타고 부숴진 개와ㅅ장이 흩어져 있을 뿐이다. 뒷 산에서 흐르는 시내만이 예와 다름이 없는 듯 싶다.
　인적(人跡)이 그친 곳에 물만이 잔잔히 흐른다. 옷을 벗고 몸을 씻었다. 상쾌한 감이 몸을 스친다. 양편 언덕에는 바위에 쪼들리며 자라는 방석솔들이 바람을 맞아 한들거리고, 절터에 으둥그린 느티나무에 매미가 한가로이 울고 있다. 절은 타고 인적이 끊겼으니, 맑은 시내에 몸을 잠글 수 있고나.
　반석 위에 올라 앉았노라니, 싱그러운 풀 향취가 코에 들며, 바람이 선뜻 몸을 스친다.

　　진관사 터뿐이라 내(川)만이 좋을씨고
　　반석이 널린곳에 몸씻고 있노라니
　　淸風이 몸을또스쳐 춘듯서늘 하더라.

人類를 보며 百年 後를 생각한다

　현세(現世)를 바라보며, 백년 뒤를 행각해 보자. 지금 살아서 떠들고, 울고, 웃고 하는 것이 그 때면 다 없어지고 하얀 뼉따귀만이 앙상할 것이 아니냐.
　생존경쟁(生存競爭)에 한 목 들어 이리 달리고, 저리 달리는 인류는 백년이 못다가서 백골(白骨)만 남을 겐데, 그 사이를 잘 살려고 들고, 못 살아 헤매는 것이다. 무엔지 모르는 인생! 그러나, 꼭 죽는 인생! 죽은 뒤 뼈를 들여다 보면 잘 살고 못산 것이 마찬가지다. 앙상한 꼴이 들어날 뿐이다. 그런데, 살려고 든다. 백년이 못되는 짧은 시간을 길다고 야단들이다. 하루 간다. 그만큼 죽음이 다가오는 게다. 사람은 어머니 배에서 튀어 나오며, 으아! 한다. 이 "으아"는 살았다는 뜻도 되지마는, 죽는다 하는 고함으로도 들리는 게다. 나도 백년을 고생하러 나왔다는 뜻인 것 같기도 하다. 무한(無限)한 시간으로 볼 때, 이 백년이란 얼마나 짧은 순간이냐. 그러나, 생애란 곤란으로 보아 길기도한 것 같다. 인간은 모든 것을 안다한다. 우주와 진리를 떠든다. 그러면서 제 운명을 제가 모르고 허위대는 게 인간자체(人間自體)인 것이다.
　이런 인간들이 만물의 영장(靈長)을 자처(自處)하면서 물욕(物慾)과 애욕(愛慾)에 눈이 어두워 서로 죽이고, 죽고, 야단들이다. 선한체 하는 곳에 악(惡)이 와글와글 끓는다. 왜들 저럴까. 모를 일이다. 백년 후면 모주리 백골이 될 것들이 아닌가. 한심한 운명이고, 한심한 짓들만 같다.

　　　現世를 바라보며 百年後 생각하니
　　　億萬 人類들이 모두다 白骨이라
　　　그래도 살려고들제 寒心하여 지노라.

夢裏想

　야산(野山)은 야산이고, 태산(泰山)은 태산이다. 야산을 가지고 태산을 만들 수 없다. 이에는 인간의 힘으로 도리가 없는 게다. 이것은 자연의 힘만이 가능한 것 같다. 이 자연의 힘을 운명이라고 하리라. 운명을 하느님의 하시는 일이라고 한다면, 세상 물정(物情)은 하느님이 맘의 정해 놓으신 것만 같다. 인간이 어쩌지 못하는 것이 인간의 힘이다.
　사람의 인격이란 것도 이런 것 같다. 크고 적은 것이 날 때 이미 정해 진 것만 같다. 도덕심의 유무(有無)도 그런 것 같다. 왜냐 하면, 나는 누구를 그리도 인격자를 만들려고 했다. 웃어서 권해 보고, 울어서 권해 봤다. 그래도 안된다. 아무리해도 아니 된다. "개 꼬리 삼년 두어도 황모(黃毛) 못 된다"는 말이 진리인데는 도리가 없었다. 하다하다 안될 때 남는 게 낙망(落望)뿐이다. 귀결지를 데가 할 수 없다로 돌아 갈 제 모든 품었던 이상(理想)이 몽상(夢想)밖에 될게 없었다.
　이상이 몽상이 되고, 희망이 절망(絶望)될 때 남는 게 한숨 뿐이다. 한탄 뿐인 것 같다.

野山은 이리낮고 泰山은 저리높소
높고또 낮은것이 本來의 運數리까
애꿎이 높이려해도 野山인걸 어쩌오.
×　　×
애굿이 바라온게 夢裏想 되단말이
권해도 소용없고 일러도 안되구려
그래도 버려두고서 한탄만을 합네다.

山水

　산이 높고, 골이 깊은 곳에 맑은 시내가 흐른다. 또 늙은 소나무들이 바람을 맞아 후유우하고 우는 곳에 산새들이 지저귄다. 산 마루에 백운이 떠 돈다. 이런 곳에 있노라면 마음이 적막(寂寞)해 진다. 인세(人世)를 떠난 심정이 떠 오른다. 자연 그대로의 유유한 경치는 태고(太古)를 연상시키는 듯, 비감(悲感)한 정이 솟는다. 생의 쩌름을 한탄하게 되고, 산수(山水)의 무궁함이 부러워진다. 인간이란 일생이 무에냐. 적기 짝이 없고, 의지할 곳이 없는 듯 하다. 적막한 심정이 가슴을 누른다.

靑山이 솟은곳에 白雲이 떠오르고
계곡이 깊은곳에 물이또 흐르구려
老松이 어휘어울제 寂寞景을 이루오.

生涯의 길

　인생이 살아간다는 것이 괴롭고 힘든 일이다. 먹고 입노라니, 그렇고, 돈을 벌려니 애를 쓰게 되고, 좀더 잘 살려니 날치게 된다.

心影　99

마음 먹은대로 일이 안되니, 답답할 수 밖에 없다. 그래도 해 보려고 드니, 욕도 먹고, 매도 맞고, 경멸을 당하고, 천대도 받는다. 이렇게 갖은 고초(苦焦)를 받게 되니, 마음이 괴로울 수 밖에 없다. 죽도록 일을 해도, 배불리 못 먹고, 의복을 제대로 입을 수 없다. 가족이 추위에 떠니, 그 꼴이 불쌍하고, 가슴이 저리다.
　살아간다는 게 지옥인양, 괴로움 뿐이요. 낙(樂)될 게 없다. 혹 낙이 있다면 무엇에 있달까? 돈일까, 음식일까, 의복에 있다고 할까, 사람이 살아 가는데 의식주(衣食住)가 절대적인 것만 사실이다. 그러나, 이것만으로 인생이 낙이라고는 볼 수 없는양 싶다. 부부간 뜻이 맞고, 서로 사랑하고, 존경하는 가정으로 자식들이 효도하고, 건강하고, 똑똑하고, 없던 살림이 늘어가는 살림! 그 곳에 도의를 지키고 남을 사랑할 줄 알고, 이웃의 존경을 받는 생활은 낙이라고 부를 것 같다.
　이런 사람을 일러 대복지인(大福之人)이라고들 한다. 나만을 사랑하는 남편에 나만을 공경하는 안해, 이런 부부가 모여 자녀를 잘 가르치는 가정, 이런 가정을 이룩하여 군색을 모르고 지낸다면 인생으로서 행복되다고 하리라.

　　　사람이 산다는게 짐지고 山넘기요
　　　心身의 괴로움이 그리도 가쁘구려
　　　半百年 지내온길이 지리키도 합네다.
　　　　　×　　　　×
　　　人生의 樂이라면 그무에 되오리까
　　　子息나 孝道하고 가난이 피어갈제
　　　夫婦의 情이깊으면 樂이라고 하리라.

코쓰모쓰

　가을이 되면 사람의 심정이 쓸쓸해진다. 어딘지 모르는 구석이 빈 감을 느끼게 한다. 무엇을 잃은 듯 함을 느껴지는 게 가을을 당한 때에 일어나는 정서(情緒)임에는 틀림이 없다.
　이런 때 쓸쓸한 바람이 부는 곳에 코쓰모쓰가 아련하게 피어 있는 것을 볼 때, 마음이 맑아짐을 느끼게 된다. 고운 미, 깨끗한 모습, 이것을 바라볼 때 나를 잊어버리게 된다. 무엔지 형용ㅎ지 못할 쾌한 심경에 도취하게 된다. 더구나 아침 이슬을 머금고 환한 빛깔이 눈에 띄울 때면 고상한 심경이 그대로 가슴에 부듯이 차 오른다. 이 세상 모든 맑고 고음을 빛으로, 모양으로, 자아내는 감을 느낀다.

　　가을날 아침해에 피어난 코쓰모쓰
　　곱고 찬모습이 비할데 어데메냐
　　無我境 맑은精神에 취한듯도 합네다.

夏雲(여름)

　더운 날 땀을 흘리며, 일하는 농부들의 모양은 몹시도 무거워 보인다. 장마가 갠 뒤면 나무그림자가 몹시 두터운 감을 느끼게 한다. 이런 때 정자(亭子)나무 아래에 거적을 깔고 돌을 벼개하여 비슷이 누웠노라면 산머리의 뭉글뭉글 피어 오르는 구름이 산봉우리 같이 보인다. 그 형용이 아주 기묘하면서「스마아트」해 보인다.
　무어라 형언(形言)할 수 없는 장쾌한 경치를 이루는 것이다. 그것을 가만히 쳐다보노라면 심신이 상쾌함을 느낀다. 마치 진세를 떠나서 선경(仙境)에 노는 감이 돈다.

　　石枕을 돋우베고 亭子밑 누웠으니
　　夏雲이 多奇峯에 峯峯이 絶景이라
　　人間의 홍진고열을 이만잊어 보노라.

시시하다

　살아간다는 게 하잘 것 없는 짓이다. 뜬 구름같이 왔다 스러질 인생이 아니냐. 하루살이 같은 인생이 아니냐. 잠시 왔다 가는 인생! 이런 인생인데 무엇하러 애들을 쓰고 깊이 생각하면 할쑤록 서겁은 감이 돈다.
　생이라는 게 우습기 짝이 없다. 부귀, 공명, 희노애락 다 무에냐. 무슨 스러질 안 개냐. 죽기가 싫어서 불사약(不死藥)을 구하던 진시황도 이 약을 구하러 갔다는 동남동녀(童男童女) 오백인도 다 죽고 만 게 아니냐. 부귀와 권력을 독찾이 하던 제왕(帝王)들도 안락(安樂)한 가정에 오래 살려고 보재를 먹던 그에도 때가 가니, 지하에 스러져 흙더미나 보탤 뿐이 아니냐. 그리도 살려고 애를 쓰다가도, 백년을 못 다 가서 백골만 남을 게 아니냐. 이렇게 본다면 인간사란 게 모두 시시해 보인다.

　　　부귀가 무엇이며 공명이 그무에요
　　　가정도 그러하니 生涯란 그렇구려
　　　세사가 하시시해서 버려둘까 하노라.

山中의 밤(여름)

　여름에 산중이란 적막(寂寞)이 더한 것 같다. 숲이 우거지고 인적(人跡)이 고요할 제 산길을 걸으며는 적막이라기보다, 무서운 감과 추군한 느낌을 금할 수 없다.
　이슬이 깊은 곳에 버러지 소리가 젖은 듯이 들려 오고, 시원히 스치는 바람이 나뭇가지를 흔들 때가 많다. 이런 때 가지에 새가 앉아 잠이 들었다면 반듯이 깨우리란 추칙이 아니 들 수 없다.

　　　靑山에 밤이드니 寂寞이 들었는데
　　　풀속에 우는벌레 왜저리 젖어우나
　　　나무에 바람이부니 새꿈깰가 하노라.

女性들

　나도 여성(女性)이지만, 여성들이란 게 한심하기 짝이 없다. 하는 짓들이 참아 볼 수 없다.
　남성들의 압제와 희롱을 안 당할 수 없다. 조소, 농락을 받아 싸게들 군다. 그네들은 주권(主權)이 없다. 주권이 돌아가게 굴지들 않는다. 의복을 찬란하게 입고, 패물을 지니고, 얼굴을 다듬고, 입술을 칠하는 짓이라든지, 말하는 솜씨와 몸가짐이 남성들의 존경(尊敬)을 받게끔 하지를 못한다. 허영만 뭉쳐 놓은 것이 여성들인양 싶다. 지위(地位)와 돈을 따라 헤매는 여성들을 볼 때, 남성들의 희롱거리가 안될 수 없다. 그런 여성들이 희롱을 받음은 원칙이 아닐까. 희롱당하는 것을 자긍하여 아양을 떤다. 얼마나 보기 싫은 꼴이며, 구역나는 짓이냐. 기막히는 사정이다. 여성들이어, 우리는 반성해야 한다.
　남녀동등(男女同等)이란 게 이런 추태에서 생기는 게 아니다. 여성의 권위를 지켜야 한다는 것을 알아야 한다. 여성을 꽃에 비긴다. 아름답다는 뜻이리라. 그런데 꽃과 같이 아름다우려면, 먼저 마음을 곱게 먹고, 행동을 옳게 해야 하고, 점잖은 위엄을 보여야 한다.
　백절불굴(百折不屈)하는 정신을 가져야 하고, 몸을 함부로 굴리지 말아야 한다. 여성은 자녀들에게 어머니다. 어머니는 자녀들의 모범이어야 하고, 행동으로 존경을 받도록 해야 한다. 어머니로서 자신이 낳은 딸을 갈보가 되라, 기생이 되라, 남의 첩 노릇을 해라 할 리가 없다. 우리가 딸을 기를 때 가지는 심정을 우리 어머니도 가지셨으리라. 깨끗하게, 행복스럽게, 그리고 도고한 생활을 우리에게 하도록 희구(希求)했을 것이 어머니들의 공통(共通)된 마음인 것을 알아야 한다.
　여성들이시여, 우리는 참다운 생활을 합시다. 굳굳하고, 검소하고, 단정하고, 그러면서 순후한 생활, 그러나, 용기있는 생활로 돌아가서 우리의 권위를 찾도록 합시다. 유두분면에 의복 치장이나하고 핸드백을 드는 것이 장기가 아니며, 남자를 줄줄 따라 다니는 것이 남녀동등이 아니외다.
　우리의 권위를 찾는 길을 가려야 합니다. 우리 여성이 먼저 굳굳해야 자녀가 본을 받는 법이며, 우리 민족이 강한 민족이 되고, 백년대계(百年大計)가 이룩해질 겝니다.
　이런 점을 여성들은 깨닫는 동시에, 실천(實踐)에 옮겨야 합니다. 남성을 원망하기 전에 우리의 닦을 길을 먼저 닦읍시다.

女性을 바라보라 칭찬할게 무에더냐
몸치장 곱게하고 갸웃대 보이건만
理性과 권위잃으니 기막히어 하노라.
　　　　　×　　　×

女性이 꽃이라면 마음도 꽃이되오
진리에 살아가고 돌같이 맘을먹소
거룩한 어머니되어 이름길게 남기소.

겨울

　겨울이 되면 제일 곤난을 당하는 것이 어려운 사람들의 신세며, 우리 민족이 당하는 팔자가 아닌가 싶다. 산이 헐벗으니, 나무가 없다. 나무가 없으니, 불을 땔 길이 아득하다. 거기다가 전화(戰火)는 온통 인가를 망가뜨리고 만 것이 더욱 이 민족을 고달픈 길로 끌어 넣고 말았다. 집도 절도 없는 무리들이 담 밑에서, 토굴 속에서 지내지 아니하면 안되는 데는 동절(冬節)이 되어 얼어 죽는 사람들이 많을 게 정칙(定則)이다. 설상가상(雪上加霜)에 추위가 더할 때 헐벗고 못 먹고 한 우리 동포들은 바들바들 떨다가 죽고 말 운명이 다가오고 있는 것이다.
　어쩌면 좋을까? 생각하면 할수록 가슴이 답답함을 느낀다. 안타까운 신세, 운명은 애꿎이 이 불상한 민족에게 이런 비참한 일을 가져오고야 말았는가. 유황불에 타 죽는다는 말이 있다. 이것을 저승에서 받는 벌이라 하여, 이것은 상상만으로도 소름을 끼치게 하는 말인데, 얼음 속에서 꼬둘꼬둘 얼어서 죽는 것은 이에서 더할 것이 아니냐. 뜨겁고 찬 것이 동일한 감각을 주는 것이매 타죽을 놈이란 욕이나, 얼어 죽을 놈이란 욕은 마찬가지가 될 것인데, 이 얼어죽으란 욕이 현실로 우리가 실천할 운수임이 얼마나 기막힌 사실인가. 한탄(恨嘆)겨운 일이다.

雪上에 서리치고 皮骨이 얼어올제
집없는 이民族들 갈데가 어데메요

기한을 부둥켜안고 얼어죽지 않겠소.

구하면 되리

천자(千字)의 첫줄 '천지현황(天地玄黃)'을 삼년 읽었다. 그래도 못 깨달았다 한다. 하루는 기막히는 나머지 한탄겨운 글을 짓는데, '천지현황(天地玄黃)을 삼년 독하니 언재호야(焉哉乎也)를 하시필(何時畢)'하여 온통 천자 전문을 다 통하고도 남을 문장(文章)이 되었다는 이야기가 있다. 천지현황만을 삼년 읽노라니 그 성의(誠意)가 얼마나 갸륵했으며, 또 노력이 얼마나 컸었을 것은 묻지 아니하여 알 일이다.

세상 일이란 하면 된다. 아니하니 안되는 게다. Z기가 뜬다, 수소탄(水素彈)이 터진다, 거저 된 것이 아니다. 끊임 없는 노력의 결과다. 앞으로 인류의 노력은 무엇을 더 만들지 모른다. 무슨 무서운 진리를 깨우쳐서 무슨 무서운 일을 이 세상에 남길지 모른다. 아무리 모를 글이라도 읽고 또 읽고 읽으면 결국에는 알아지고 마는 것이 또 진리이다. 그러나 안하면 안된다.

이 세상 문명은 노력의 결과다. 세상에는 간혹 천재를 운운한다. 그러나 천재(天才)가 문명(文明)을 좌우한 것이 아님은 발명왕(發明王)이라는 「에듸슨」이 전등(電燈)을 발명하노라고 육십여 종을 실험한 결과로서 성공했다는 것이 여실(如實)이 증명(證明)하고 있다. 그러니 모든 문명이며, 문화, 예술은 노력의 결실이며, 결과다. 그러니 해야하고 꾸준히 노력할 수 밖에 없다. 이것이 성공의 비결이며, 깨닫는데 첩경인 것이다. 그러니 이렇게 해서 한번 잘 살아보지 않으시랴는지.

읽고 다시읽고 쓰고또 쓰게되면
모르올 글이없고 못깨달을 진리없네
그런뒤 낙원만들어 함께살아 봄세다.

이슬

여름 날 이른 아침에 풀잎에 맺힌 이슬은 아름다워 보인다. 파아란 풀잎이 생기를 되운 곳에 맑은 이슬이 조랑조랑 달린 양은 마치 진주를 늘어 놓은 듯한 감을 준다. 새롭고도 산듯한 기분이 저절로 인다.

그러나 해가 높아 오면 언제 없어졌는지 스러지고 말았다. 흔적조차 찾을 길이 없는 것이 이 풀 끝에 맺혔던 이슬의 운명이다. 뒤가 없다. 자쵀조차 찾을 길이 없는 게 이 풀 끝에 맺혔던 이슬인양 싶다.

그래서 자고(自古)로 시인, 문사들이 인생을 이 풀 끝에 맺힌 이슬에 비겼던 것이다. 살았다는 이름이 높다고 떠들다가도 백년이 못다 가서 죽어지는 것이고, 이렇게 없어진 뒤에는 아무 것도 남는 것이 없이 북망산(北邙山) 무덤 위에 잔디 만이 푸를 뿐이라는 것을 덧없는데 비긴 것이다. 그래서 에라 짜른 인생이니 이렁성 놀다가 늙고 늙으면 죽고 말자꾸나 하는 게 풀잎에 이슬을 두고 비기며, 인생을 한탄(恨嘆)한 것인가 한다.

  풀끝에 맺힌이슬 구슬인양 슬어진다
  인생의 일평생이 저와같다 하는구나
  덧없는 이내生涯를 이렁놀다 갑세다.

고향에 우는 새

고향을 떠난지 이십여년 만에 다시 찾아 갔다. 고향에 있을 때는 어렸을 때다. 부모 슬하(膝下)에서 뽀오야 보이는 장래를 그리면서 극히 행복된 한 때를 보냈던 것이다. 우리 동리 축동에는 큰 나무들이 우거져 있고, 그 밑에는 이름 모를 넝쿨들이 엉키어 그 속이 어린 눈에 무시무시해 보였다. 무슨 짐승이 들어 있는 것 같고, 또 무슨 무서운 귀신이 나올 것만 같았다. 나는 항상 어머니를 따라 이 축동을 지나던 것이 추억에 떠 올라서는 그리운 심정을 돕는다. 또 우리를 이웃한 동리를 가는 길에 「쇠고드락」이란 야릇한 이름을 가진 골짜기가 있었다. 이 곳에 우리가 붙이는 밭이 있었고, 나는 어머니를 따라 이 「쇠고드락」 밭에서 강낭이를 따느라면 이웃 동리 축동에서 무슨 샌지 이름도 모르고 보이지도 않는 새가 "비이비" 하고 우는 것이었다. 그 새 소리가 어린 마음에 이상한 감을 주었다. 무슨 다른 세상에서 울려 나오는 것만 같았다.

나는 이따금 강낭이 따던 손을 멈추고 멍하니 그 새 소리를 듣고 섰던 일이 기억난다. 그 때 옆에 계시던 어머니가 그리도 미더웠던 것이다. 이 세상에는 오직 어머니만이 미더운 존재였다. 또 아버지였다. 봄이 되어 나비가 날고 꽃이 필 때면 나는 아버지를 따라서 이 축동에 "비이비" 하는 새소리를 들으며, 무릇을 캐고, 할미꽃을 따서 쪽도리를 만들어 가지고 각시놀음을 한 일이 있다. 무릇 대가리에 쪽을 찌어 놓고 그 머리에 할미꽃 쪽도리를 씌워 놓으면 그리도 예쁘던 것이다. 그 때는 그것만이 기뻤다.

그리고 내 앞 날은 하늘에 있는 달님의 나라를 찾아가 옥토끼를 껴안고 놀것만 같았다. 그렇던 옛날은 이제에 없다. 그 때 그리도 미덥던 아버지 어머니도 저 세상 길을 떠나신지 오라시다. 이렇게 인정이 변한 오늘날 고향을 찾아 오노라니 축동에 선 나무들도 예와 같고, 밭과 논이며, 시내까지도 예나 다름이 없을 뿐 아니라, 그 때 울던 "비이비" 하는 새가 그 때 그 소리로 울고 있다. 불현 듯 옛 일이 그리워지고 아버지와 어머니가 새롭게 그립다.

  고향길 돌아드니 비비새 우짓는다
  동구축동 예같건만 人情이 다르고나
  어버이 그리는맘에 눈물겨워 하노라.
     ×   ×
  비비새 울음속에 추억이 새로운데
  그립다 어버이가 이제에 없으시니
  다만지 하늘을보며 한숨겨워 하노라.

家庭

　머리에 손을 얹고 아무리 생각해 봐도 모를 것이 가정이란 것이며, 이 가정이란 곳에서 나타나는 형형색색(形形色色)의 현상(現像)인 것 같다. 꼭 이래야 할 것이 저렇게 되고, 또 저래야 할 것이 이렇게 되고 만 것이 가정이다. 결혼을 하고 가정을 가지면 행복되리라고 했다. 그랬던 것이 급기야(及其也) 가정이란 것을 가져 보니 영 아니다. 곧 그럴 듯한 가정인가 하여 행복됩니까 하고 물으면, 아니오. 행복이란 '행(幸)' 자 대가리 흙 '토(土)' 자도 못된다고 하는 게 상례(常例)다. 맛이 어떠냐고 물으면 쓰다고 한다. 심지어(甚至於)는 이에서 신 물이 난다고도 한다. 어떤 시인이 가정을 찬탄한 글이 있다. 시로는 그럴 듯 했다. 그러나 그것은 가정을 가져보지 못했던 시적 동경을 그렸던 것이다. 나더러 굳이 물으면 예수께서 십자가(十字架)에 달리시던 때 받던 고통에다나 비길즉 하리라고 대답하고 싶다. 보라 시집을 가면 아무 인연도 없던 시부모의 꾸중을 공으로 들어야 하고, 남편의 잘못을 참고 견디어야 하고, 자녀의 병에 애를 태워야 하고, 또 죽는다면 피눈물을 흘려야 하고, 말을 아니들을 때 속을 태워야 하고, 남편이 구박을 한다면 말없이 받아야 하고, 돈이 없다, 의식(衣食)이 어렵다. 있는 애를 태워야 하고, 자녀들 못 입히고 못 먹이는 안타까운 설움을 받아야 하고, 마음대로 안되는 형편을 불평 한번 시원히 못하는 것이 오늘날 우리 나라의 가정을 가진 주부들의 심정임이 분명하다. 한 가지 희망이 있다면 인격적인 남편을 만나 이런 사정을 이해해 주는 심리(心理)를 바랄 것밖에 없는 듯 싶다. 그러나 이것이 하늘의 별 따기 같이 어려운데야 아니 가련ㅎ다 할 수 없는 것이 우리들의 가정이다. 그저 좀 나아질까, 살림이 필까, 남편이 마음을 돌릴까, 자녀들이 철이 들까, 이런 아득한 희망이라기보다 안타까운 심점 가운데서 헤매다가 마는 게 가정살이 같기도 하다.

　　사는맛이 무에냐고 구태어 묻지마오
　　쓰달까 달다리까 그맛아직 모릅네다
　　苦樂이 함께오나니 당해보소 하노라.

結婚

　천도교회당(天道敎會堂)에서 결혼식이 있었다. 신부는 내가 가르친 제자며, 그 중 나를 따르던 귀여운, 그리고 내가 제일 사랑하던 처녀였다. 그런만큼 그의 앞날이 걱정되었다. 마음으로 장래의 행복을 빌었다. 축사(祝詞)가 있을 때마다 행복을 운운하고, 인간(人間) 삼락(三樂) 중에 부부(夫婦)의 낙(樂)이 제일이라고들 하여 오늘에 신랑신부(新郞新婦)는 앞으로 끝 없는 행복이 올 것만 같이들 여기는 듯 싶었다. 나 역 그럴 것으로 믿고 싶었다. 또 빌 수 밖에 없었다. 사람마다 웃는 낯으로 오늘의 젊은 부부의 화려한 자태를 부러워들 하는 것이었다.

　과연(果然) 저 신랑 신부의 앞 날이 행복스러울까, 아니면 얼마나 불행한 운명이 저들 두 청춘 남녀의 앞을 가로 막을 것인가하는 두 가지 생각에 깊은 관심을 아니 가질 길이 없었다.

　여자편으로 생각해 볼 때 결혼과 가정생활의 행, 불행(幸, 不幸)은 온전히 남자의 인격(人格) 여하(如何)에 달린 것만 같이 생각되는 것이었다.

　남편의 인격이 높고 도의심(道義心)이 굳으며, 참고 양보하는 점이 큰 가정은 평화로운 웃음이 찰 것이어니와 이 반대라면 슬픔과 억울한 한탄만이 앞을 가릴 것이 아닌가, 생각해 보면 세상에 여자 치고 남편을 위하지 않을 리 없고, 또 존중하지 아닐 이 없으리라고 믿어진다. 그러면 가정의 행, 불행은 그 책임이 남편되는 편에 중점(重點)이 아니 돌아갈 길이 없는 듯 하다.

　비근한 예를 들어 볼 때, 모씨(某氏) 가정은 그 남편이 모든 것을 안해에게 맡기고 안해의 잘못을 용서하며 지극히 사랑할 뿐 아니라, 남편으로서의 절(節)을 지키고, 집에 들면 독서와 온후(溫厚)한 말로 자녀를 대한다 한다. 구지람이 없고, 짜증내는 일이 없것만 가도(家道)가 정연(整然)할 뿐 아니라, 그 부인의 얼굴에는 언제나 웃음이 떠돌고 자녀들은 생기가 싱싱해 보였다.

　이와 반대로 모씨(某氏) 가정은 그 남편이 술을 먹고 오입을 할 뿐 아니라, 안해와 자녀들을 가르킨다고 언제나 큰 소리로, 짜증으로 지냄을 보았다. 자신은 사치를 극히 차리고 이기적(利己的)인 행락(幸樂)에 도취하면서도 생활비(生活費)를 쓰는데는 인색하기가 짝이 없었다. 급기야(及其也) 부인은 눈물로 세월이요, 자녀는 풀이 죽어 보였다. 하루는 참다 못한 나머지 그 부인이 독약을 마시고 신음하는 양을 보았다. 의사의 응급치료로 생명은 건졌으나, 앞날이 더욱 암담해 보였다.

나는 오늘 이 화려한 결혼식을 보면서 먼저 말한 두 가정을 연상하고 있었던 것이다. 다같이 부모 앞에서 재롱을 부리며 곱게 자란 딸이며, 천국(天國)을 그리며, 아름다운 마음만을 길러온 처녀(處女)들이 아니었던가. 그네들의 결혼생활과 가정의 낙이란 극히 순결하고 평화스러워야 할 것이 아닌가. 그런데 운명은 이상하게도 두 다른 남편으로 말미암아 하나는 평화롭게, 하나는 비참(悲慘)하게 처지(處地)를 바꾸고 만 것이었다. 이를 밀우어 볼 때 세상 남편된 분, 또 남편이 될 분들은 깊이 생각할 여지가 있으며, 처녀의 가릴 남성은 인격과 도의심(道義心)과 절(節)을 지킴직한 남성을 아니 가릴 길이 없는 듯 싶다. 오늘 보는 이 결혼식이야말로 진정 평화스러운 가정을 이룰 그런 부부가 되어지기를 바라마지 않는 바이다.

男便은 泰山인양 높고또 무거우며
부인은 꽃이인양 사랑의 神이되어
平和론 家庭을이뤄 快히삶을 보과저.

잠

잠자는 것도 병인지 나는 이 큰 고질에 걸린 것 같다. 책을 읽다가도 문득 잠이 든다. 그래서 한 줄을 읽으면 열 줄 읽을 동안을 잔다. 이것이 좋고 그름은 제삼자의 판단에 맡기기로 하자.

잠이 깬다. 일을 시작한다. 집안을 거둬치고 빨래를 하고 밥을 짓는다. 이런 때에 내 심혼(心魂)은 어딘지 모를 곳을 헤매는 수가 많다. 공중을 둥둥 떠 돌다가 어느 산정(山頂)에 올라앉아 안하(眼下)를 굽어보는가 하면, 안개 낀 저녁 가을 들판을 헤매기도 한다. 월색(月色) 어린 산 길을 거닐기도 한다. 백설이 쌓인 산중에 들어 발발 떨어도 본다. 누더기에 쌓인 내 육신(肉身)은 달아나는 내 넋을 잡으려고 두 팔을 버리고 달려도 본다. 그럴 때면 내 넋은 미끄럽게도 잡히지 않고 달아나며, 온갖 인간의 실현을 바라본다. 에! 더럽다 하고, 구역도 하고, 또 빙그레 웃어도 본다. 가난에 떠는 인생을 눈물로 바라보는가 하면, 밥을 꺼위꺼위 먹는 인생들이 불쌍하게도 해 보인다.

인생의 이 모 저 모 다른 꼴들이 "내요 나야" 하는 듯 갸웃대는 것들이 보인다. 점잖은 척 하는 꼴, 까들대는 교활한 꼴, 음탕한 개기름 얼굴, 갈보, 기생, 주정쟁이, 난봉꾼, 볼쑤록 눈살이 찡겨진다. 이것이 인생인가 할 제 기막힌 환멸을 느낀다. 이렇게 심혼(心魂)이 떠도는 동안에 빨래도, 밥짓는 일도 잊는 일이 많다. 그러다가 깜짝 깨서 아이쿠 이거 큰 일이다 하는 때가 많다. 다시 책을 들고 드러눕는다. 잠이 든다. 또 잠이 깬다. 심혼은 다시 공중에 떠서 먼저 일을 거듭한다. 낙(樂)이랄까, 괴롬이라고 할까.

생명이 없어지는 날까지 이 심혼의 방랑은 그칠 줄을 모를 것 같다.

  잠들면 잊어지랴 世事가 하괴롭다
  눈뜨고 다시보니 보이느니 추태로다
  홍진에 몸을두고서 마음만이 떠도네.
     ×   ×
  잠을 잔다하고 사람아 말을마오
  오욕을 잊으려고 눈감아 보건만은
  꿈에도 못잊을뉘는 버릴길이 없구려.

山 위에서

높은 산에 올라 안하(眼下)를 굽어보량이면 산 또 산, 들 또 들, 장강(長江)이 가로 놓인 곳에 천애(天涯)가 아득해 보인다. 푸르고 아득함이 유구(悠久)의 극을 이루어 있다. 자연의 무궁함이 안계(眼界)에 널릴 제 오생(吾生)의 일생이 그리도 짧아 보인다.

들에서 풀을 뽑는 농부들이 개미인양 수유의 생애를 괴로워함이 가엾이 느끼어지고, 촌항(村巷)의 계딱지 같은 인가(人家)가 그리도 우수워 보인다.

자연! 그리고 유구한 기상(氣像)! 이 모든 것은 길고 긴 경을 영구(永久)히 그리고 있는가 할 제, 인생이 서글퍼 짐을 새롭게 느끼어 진다.

靑山이 널렸고나 百里인양 千里인듯
푸르고 아득함을 景으로 바라볼제
人生이 제하연하여 마음설워 하노라.

南漢山城

　장마비는 언제나 갤는지 오늘도 시름 없이 나린다. 애꿎이 작정해 놓았던 날이라, 비를 무릅쓰고 남한산성(南漢山城)을 찾았다. 오기는 왔건만은 안개가 자옥하여 촌척(寸尺)을 분간하기 어렵다. 지내는 길에 성을 쌓고 문을 낸 것을 보건대 옛날 어느 때 피비린내 나는 전쟁을 말하는 듯 하고 왕의 발아래 간교를 다하며, 죄없는 백성들의 피땀을 잡아 뽑던 것이 얄밉게도 마음 속에 떠 오른다. 원한과 증오, 호사와 간교, 이 모든 것이 우구르르 떠 돌다가 스러진 차취는 이다지도 적막만 남는 것인가.
　서장대가 보고 싶건만 안개가 가리어 굳이 못 가 보고 돌아가노라.

南漢山 옛城터의 장맛비 가져올제
지낸날 슬픈뜻을 草石에 적시매라
서장대 안개끼이니 마음아득 하노라.

신비

　남녀간(男女間)에 사모(思慕)하는 정이란 신비하면서 그 힘이 크다. 피차의 처지가 결혼까지 이룰 수 있다면 별 문제이지마는 이까지 이루어질 처지가 못될 때 그 그리워지는 정의 도(度)는 큰 것이어서 이를 참는 다는 것은 참아 견디기 어려운 번민과 고통으로서 심(心)과 신(身)을 이글이글 태우는 것이다.

이럴 때 도덕과 윤리(倫理)는 한테 뭉치어 인격이란 고상한 이념이 되어 사모하는 정! 그리워하는 욕망을 억누른다. 그러면 그럴쑤록 애정은 성난 짐승처럼 날뛰는 것이 마치 거친 파도에 몸을 가눌 수 없을 때와 같이 괴로운 것이다. 이럴 때 인격이 이기면 군자요, 애정이 이기면 소인이며, 탕자(湯子), 탕녀(湯女)가 되고 마는 것이다. 군자라든가, 인격이 있다는 것은 얼른 보기에 쉬운양 싶으면서 어렵기 태산을 움직임 같고 북해를 건너 뜀과도 같다.

이런 인격은 보면 볼쑤록 큰 것이며, 그리워하면 할쑤록 그리워지는 것이다. 이럴 때 애정은 얄밉게도 아른거리며, 야비한 곳으로 밀어 넣으려고 꾀는 것이다. 이에 밀리지 아니하려고 버티는 것은 견디기 어려운 고통인 것이다. 이 고통을 이기고난 나머지의 빛은 맑게 빛나며, 그 상처는 일생을 두고 가시지 못하는 커다란 이념이 되어 가슴속 깊이 남는 것이다.

군자도 사람이면 소인도 사람이다. 보기에 다름이 없고, 걷는데 빠르고, 더딤이 아니다. 위에와 같은 괴로운 애정을 이기어 참는데서 하늘과 땅과도 같은 차이가 나는 것이다. 이 참는다는 것이 곧 도덕이며, 윤리며 인격이다. 양심이 옳다고 보는 바를 실행한다는 것이 인격일 게다. 세속(世俗)에서 흔히 보는 남에게 자랑하기 위한 미행(美行)은 인격이 아니다. 자랑이라고 볼찌니 자랑이란 비천한 것이기 때문이다. 인격은 보이지 아니하는 곳에서 빛이 발하는 법이요, 인류를 지도하는 법이다.

그러나 군자도 인간이며, 움지기며 행동하는 동물임에 틀림이 없다. 그런만큼 이성(異性)에게 끌리우는 정은 마찬가지리라. 이것을 굳이 참는데서 그는 인격을 도야하는 것이니 세속 탕자배(湯子輩)의 비길 배 아니리라. 그러나 그에게도 한 때 아틋하던, 그립던 정만은 가슴속 사라질 길이 없음이 인간인 때문이라고 하겠다.

    그대가 그리워라 찾아볼맘 간절하다
    道德이 길막으니 마음만이 타는구려
    가슴을 부여안고서 생각깊어 하노라.
        ×   ×

    人格의 으젓한모양 가슴속 그리노라
    참으려 애를쓰나 쓸쑤록 더키운다
    그리워 타는불길은 꺼볼길이 없고나.
        ×   ×

心影

참으니 君子랄까 아니면 小人이냐
君子가 못된다면 小人밖에 더될소냐
그래도 굳이참을제 가슴아파 하노라.

死

　세상에서 가장 무서웁게, 싫은게, 슬픈게, 흉한게, 죽엄이란 게다. 그런데 야릇하게도 사는 게 있는 곳에는 반듯이 죽엄이란 게 따르는 게다. 그래서 살아간다는 것은 죽엄으로 향해 걸어가는 길이 되고만다.
　사람이 사라가노라면 파란(波瀾)이 많다. 비애, 고민, 고통, 고독, 우울에 쌓여 피지게 눈물질 때가 많다. 그러면서도 죽는 것은 싫어 한다. 이것이 인생 행로(行路)라는데 대한 애착심(愛着心)일 게다. 이 검쯞인 애착심을 부여(負與)한 것이 조물주(造物主)라면 원망스러울 때가 많다. 사람들이 괴로울 때면 의례(依例)히 죽고 싶다를 찾는다. 그러다가도 급기야 죽는다면 펄쩍 뛴다. 좀더 살아보려고 무더니 애를 쓴다. 오즉 좀더 살랴는 심정 밖에 남는 게 없다. 괴로워 하고 슲어 한다. 쓴 약(藥)도 앞은 주사도 달갑게 받는다. 그래서 좀 더 살랴고, 또 살려보랴고 애들을 쓴다. 이것이 인정이다. 가족으로서 솟는 정이고 친함으로서 생기는 심성(心誠)이다. 안타까움을 가슴버겁게 안고 애틋한 눈물을 흘려가며, 살랴고 들고, 살려보려고 애를 쓴다. 좀더 살면 무엇하며, 좀더 살린들 무엇하랴마는 인정은 이것을 허락(許諾)치 않는다. 죽을 것을 왜 태웠을까. 기어이 죽고 만다고 할제 생애가 한탄(恨嘆)겨워지고 만다. 하로를 사나, 백년을 사나 죽는다는데는 마찬가지다. 죽은 뒤는 모두가 순간사이었고, 짧은 꿈이었고, 연기슨 뒤인양 싶은 게 인생이 떠나고 난 뒤다. 그런데도 인생은 어리석게 억(億)에, 또 만년이나 살 듯이 날치고들 있다.
　서로 시기하고, 미워하고, 속이고, 빼앗고, 따리고, 죽이기까지 한다. 온갖 물욕(物慾), 애욕(愛慾), 명예욕(名譽慾)에 혈안(血眼)이 되어 날친다. 이 무슨 추를 극한 사회상(社會相)인지? 꼭 떠나고야 말 세상인데 두 번 거듭 못을 인생인데! 그렇다면 마지막 숨이 질제 '아아! 이랫더라면 하는 후회나 없도록 깨끗이 살다가 갈

것이 아닐까? 선(善)이 진리(眞理)라면 악(惡)도 진리인양 싶다. 그러나 양심이란 것은 선을 가리고자 하는 것이 또한 진리다. 그러니 인생은 양심의 진리를 찾는 게 옳은 진리일 게다.

 공포(恐怖)의 고민(苦悶)! 그리고 서겁흔 정이 없이 마지막 길을 뜨는 자 누구이며, 눈물 없이 시신을 묻을 친지가족이 누구랴. 한 무데기 흙무덤 위에 잔듸가 시들고 밤깊게 달빛이 고요히 빛일 때 인생의 마지막이 이게다 하고 보니 생로(生路)를 것는 자의 가슴을 어이고 남을 뿐이다.

  生涯가 苦海라면 이즘이 옳것마는
  무엇이 애닯기에 그리도 애를끊노
  슲흐다 마지막情을 못내이저 하노라.
    ×   ×

  울면서 떠날人生 구타여 태웠든가
  생각을 거듭해도 그뜻을 모르노라
  말없이 눈을감으며 생각깊어 하노라.
    ×   ×

  애닯다 가는人生 울어서 하직노라
  우리도 그餘生이 얼마나 되랴마는
  섭섭다 눈물흐르니 人情인가 하노라.
    ×   ×

  及其也 죽을것을 죽으면 그만인걸
  옳은길 구지것다 身心껏 가고지고
  마지막 숨이자질제 우서보면 하노라.

우리의 맹세

一. 우리는 대한민국의 아들 딸
　　죽엄으로써 나라를 지키자
二. 우리는 강철같이 단결하여
　　공산 침략자를 처부시자
三. 우리는 백두산 영봉에 태국기 날리고
　　남북통일 완수하자

金 午 男 詩 調 集

心　影

4289. 2. 25 인쇄
4289. 3. 1 발행

同 人 文 化 社

登錄番號　105號

값 300환

金午男 詩歌選

旅　情

文苑社版

金午男 詩調選

旅情

文苑社版

目　次

〈春水之章〉
朝起・124
不遇嘆・124
晋州에서・125
포곡・125
野遊・126
櫻花・126
靜思・127
뜰 앞・127
봄이 늦어지니・128
西將台・128
春庭・129
딸의 婚日을 정하고・129
딸의 婚姻・130
春懷・130
서글픈 일・131
有感・131
國態・132
忽聞・132

〈夏雲之章〉
香泉寺 기도・134
香泉寺에서・135
漫想・135
蒼空・136
病中偶作・136
無常 (一)・137

無常(二)·137
歸路·137
夢念·138
世波(一)·139
世波(二)·140
追憶을 안고·141
雲霞·141
溺死·141
失題·142

〈秋菊之章〉
閑日雜感·144
片景·145
꼴들·145
愚感·145
禮佛·145
가을 들판·146
悲景·146
逍遙山·147
과꽃·147
忘憂里·148
어느날 아침·148
深感·148
道中·149
點景·150
夕景·150
閑·151
落葉·151

水面 · 151
心空 · 151
野菊 · 152
달 밤 · 152
心懷 · 153
險路 · 153
落花 · 153
비는 마음 · 154
귀뚜리 · 154
淸道를 지나며 · 155
希朗台 · 156
崔孤雲先生 · 156
海印寺 · 157
晋州 · 157
晩秋 · 158
義岩石 · 158
동생 · 159
片感 · 160

〈落穗之章〉
某日 · 162
閨怨 · 162
꿈 · 163
時調를 쓰며 · 163
世苦 · 164
生涯란 무엇이뇨 · 164
빗달련 · 164
平凡 · 165

찾아 봐도·165
될대로 되라하고·165
盟誓·166
마음·166
怪·166
祝(徐元出校長華甲)·167
祝 講堂新築(進明高)·167
頌祝 五十週年(淑明高)·168
寄 文校長·168
雜感·169
旅情·170

〈冬宿之章〉
超然·172
十一月·172
모를 일·172
幻形·173
感·173
내 집·174
살림사리·174
눈(雪)·175
雪夜·175
豪氣·176
雪山·176
움집·177
靈感·178
새벽·178
農村·179

春水之章

朝起

마음이 무거우니 몸이따라 무겁구려
눈은떠서 깨였건만 일기조차 실소이다
머리를 쉬어보랴도 천사만념 괴롭소

쓸데없는 망상임을 번연히 알것만은
그래도 해보는게 인간의 짓이랄가
용기를 다시낸것이 한나절이 지났오.

不遇嘆

선악을 도모지가 춘몽에 비길것이
지나간 뒤이면은 일다스는 거품이라
추억만 마음속남아 한탄겨워 지노라

애닯흔 인생살이 꿈에비겨 깨고지고
과거나 오늘이나 다름없이 괴롭구나
이것을 팔자에비겨 불우탄을 하노라.

晋州에서

무심무심하니 내가 요새 무심이다
선도악도 모르도록 신경전혀 없노매라
숨쉬고 밥을먹으니 살아있나 하노라

어미의 정이랄까 아해들이 보고십다
어델가나 허수하고 맘이한곳 빈듯하이
문앞에 방문객들도 오지말라 하노라

뜰앞선 영산홍이 울밑선 석류꽃이
가득피여 느러지니 극히고흔 자태엿만
모든게 시원치안하 볼맘안나 하노라

자식의 편지읽다 목이막혀 눈물진다
어미없는 그몇날을 千年인양 오래라고
만일에 죽어간다면 어이눈을 감을꼬.

포곡

　　　신록이 덮은 곳에 빛과 향취가 함께 싱그럽다.
　　　냇물이 졸졸대고 그늘이 한가로운데 뻑꾹새 우는 소리가 은은히 들려온다.
　　　그 우는양이 몹시도 보고싶다. 앞뒤를 둘러보니 山들만 높고낮게 솟아있다.

뻑꾹새 우는구나 뻑꾹 뻑꾹 뻑꾹 뻑꾹
산넘고 골을거쳐 끄니락 다시우네
앞뒤에 산들이 솟아 높고낮고 하더라

그울음 은은하니 우는새가 그립구나
이리기웃 저리넘석 행여그새 보고지고
심서는 애수에 얽혀 마음 혼곤하더라.

野遊

꾀꼴이 산복에울고 뻑꾹성 산정에먼데
애틋한 그울음이 산에가득 소리또운다
하늘도 乳色을띤듯 천지혼곤 하더라.

櫻花

앵화라 늙은나무 영구부린 가지위에
꽃피니 송이 송이 그자태 고웁구나
그꽃에 벌이 찾아와 날고앉고 하더라

보자 보자 다시보자 꽃그늘에 앉어보자
바람부니 가지휘며 덧느니 꽃이로다
심서를 靜에다 비겨 고요한가 하노라

졸린듯 노곤한듯 고달픈듯 애수인듯
사람들 오락까락 앵화에 미첫고나
화변은 바람에날려 분분이도 덧는다.

靜思

인세를 초월하자 거듭거듭 맹세해도
세고가 길을막고 마음더욱 괴롭히네
춘색만 때를찾아와 꽃이피어 웃더라.

뜰 앞

뜰앞에 벚꽃이 피어 한창이다. 한참 바라보랴하니 눈에 보이는 게 모두 꽃만같다. 구름같으면서 생명이 이글이글 살아나는 것 같다. 한참 보노라면 나를 잊고 꽃과 화하고 만다. 벌들이 날며 운다. 우는 그 벌의 노래마저 꽃의 神秘로운 美로 化하야 꽃도 노래같고 노래도 꽃과 같다. 탐스러움을 優雅한 形容詞로 表現하나 마음에 흡족함을 느낄 길이 없다.

뜰앞에 앵화가지 꽃이한창 피어나니
우아한 그송이가 가지가지 미태로다
벌들이 그속에나니 꽃도따라 웃더라

방긋이 피인 송이 눈앞에 가득하니
봐도봐도 기쁜마음 꽃과함께 화하노라
바람이 가지를치니 구름과도 같구려.

봄이 늦어지니

봄이 늦어지니 田園이 욱어졌네
밀보리 한창인데 꾀꼴이 노래로다
아침에 이슬방울도 흥을돋아 주는듯

西將台

남한산성에 있는 서장대에 올랐다. 안하가 넓고 바라보는 경이 그럴 듯 하다. 가는 봄 흐리는 아지랑이 멀리 들리는 뻑꾹새 소리, 부는 바람 나불대는 나무잎, 파란풀 지다 남은 꽃들 훈훈한 大氣 굽은 소나무를 의지해 앉았노라니, 마음이 노곤해 진다. 정서가 가슴벅차게 일어 공중에 뜨는 듯 싶다. 희비무상감이 일어 인생의 앞길이 아득해 지는 것 같다. 성을 쌓든 옛 일이 아득한 추억에 떠 오르고 뻑꾹새 우는 소리가 끊쳤다 잇는다.

서장대 올라서니 안하가 넓었는데
아지랑이 포곡성에 山이자욱 아련하다
마음은 희비를몰라 어리둥절 하더라

봄가고 하늘은먼데 잎이피고 뻑꾹새운다
정서에 얼킨몸이 노곤한 심사로다
마음은 허공에떠서 나를 잊고 있노라.

春庭

봄은 예런듯이 고궁에 꽃이핀다
자연은 유구하여 아랑곳 없는겐지
봉접이 꽃위에 많아 한가함을 돕는다.

딸의 婚日을 정하고

빚달련 벗어볼까 정신잃고 싸매노라
집일을 바렸으니 살림은 엉망인데
혼일을 당한 딸의일 근심 더욱큽니다

쓸일은 하많은데 돈은돌지 않는구나
헐벗고 못먹이니 어미마음 아프구려
뼈저린 마음만 더해 진정할길 없고나

딸자식 여일일을 밤낮없이 생각노라
불현듯 이는근심 바릴길은 없단말이
그얼골 바라보면서 눈물겨워 합니다.

딸의 婚姻(三月廿三日)

오늘이 딸의혼인 기어코 닥처왔오
얼떨김에 치룬것이 오늘하루 였섯는데
밤들어 자리에드니 섭섭함이 크구려

어미품 영영떠나 못볼것만 같은마음
아물대는 그얼골이 새롭게 그리웁소
애틋한 심사를안고 잠못들어 하노라

하나만 됬게망정 둘은애어 두지마소
친구들게 권하랴오 섭섭한 이내情恨
알뜰이 서운한정을 어일길이 없구려.

春懷

햇볕은 따뜻하고 바람마저 훈풍인데
아지랑이 아른대고 버들가지 푸르고나
진달래 피어날제면 어릴적이 그립고

불안한 이심정은 무엔지 그립구나
심신은 노곤한데 새소리만 새롭구려
혼자서 괴롭힌밤은 자취마저 없는데.

서글픈 일

강산에 봄경치를 마음껏 보았노라
때만난 꽃은피여 고운 태를 자랑컨만
벗은산 초가움집은 빈곤만이 극했네

일하는 농부들은 논밭에 드문드문
가래질과 김매노라 비지땀을 흘리구려
어찌도 불쌍해뵌지 가슴뭉클 하더라

못사는 꼴을보니 불쌍하고 칙은하나
줄것이 없고보니 마음만이 무겁구려
천리를 지나는 손이탄식만이 크노라.

有感

마음이 산란하다 녹음을 찾았노라
가지에 꽃이피고 봉접이 노니는데
신세를 도라다보며 호젓깊어 하노라.

國態

붉은산 파동된하천 오막사리에 남누한모습
눈앞에 보이는게 빈곤과 참경뿐을
이래도 黨爭席奪로 일을 삼고있느냐

농군의 주린얼골 부녀의 처량한꼴
오늘도 어제인양 불행만을 헤집는데
外遊를 자랑들말고 농민살길 생각소

識者가 모른다면 농사발전 누라하오
學博士 자랑말고 실속있게 일을하오
알거든 눈을뜨고서 국태다시살피소.

忽聞

새벽눈 뜨기전에 뻑꾹새 소리로다
신기를 반기면서 문을열고 듯노매라
기우려 다시듣노라 마음고요 하고나.

夏雲之章

香泉寺 기도

세파에 쪼들리는 심신이 편한 뉘를 받을까 하여 향천사 찾어 가서 칠일간 기도를 올렸다. 법사를 따라 염불을 오이며 잠념을 잊으랴했다. 그러나 잊으랴 애를 쓰면 쓸수록 더욱 잠념이 인다. 법사의 부르는 염불소리가 밤이 깊을수록 더욱 애틋하고 처량해 들린다. 인생이 허무해지고 법사 역시 불상하기 짝이 없어 보인다. 이것이 옳은 일인지 세파에 부닥쳐 싸워 나가는 게 옳은 일인지 분간이 나서지 않는다. 시간은 인간으로 할 일을 다함이 인간이고, 또 覺인 것만 같다. 목탁을 두드림이 覺한 인생은 아닌 것도 같다. 관세음보살을 평생을 부른들 소용이 무에냐하는 감이 돌아 더욱 무상을 느끼게 된다.

신라적 금오산은 수목이 우겄기에
향천사 절을 짓고 염불을 했으렷만
千年이 지난 오늘엔 赤山만이 짙었네

향천사 천여년이 네본것을 일러다오
관음상의 어엿한 態 오날도 새로워라
寺庭에 봄빛이차니 마음한가 하구나

불전에 기도하면 정심될줄 알았더니
관세음보살 천번을 불러봐도
어쩐지 슬픈마음에 눈물만이 흐르네

해는 저물어가고 초막엔 연기인데
염불소리 목탁소리 노송우에 바람소리
淨土라 허탄함만이 탄식만을 돋우네

세속이 진리이냐 탈속이 覺이러냐
각여속세가 이또한 인간사ㄴ데
목탁을 밤새두드려 그무었을 찾는고.

香泉寺에서(음七月一五日) 이날 밤은 月食이었다

금오산 달이뜨고 절밤이 늦었는데
두견성 처량하고 반디불이 반갑구나
산골은 더욱무거워 적막함이 더하오

월식을 바라보며 자연을 살피랴니
인생사 부운같아 마음더욱 구슬프다
밤늦어 잘줄모르고 허무경을 헤맨다.

漫想

뜻없이 고개돌려 구름보고 산도본다
인생을 돌아보니 꼴들이 말아닐세
잡념을 제대로돌려 되는대로 살겠오

이것이 세사이지 될대로 되라하네
두눈을 끔벅이며 코웃음을 치고싶소
이것이 바보냥하여 한숨지워 집니다.

蒼空(비행기를 타다)

천공에 높이올라 아래를 나려보니
산하와 시가들이 기반처럼 적을시고
세상사 한줌만같해 빙긋웃고 가노라

우에는 창공이요 아래는 운무인데
고봉준령이 追想같이 가물댄다
쾌한듯 슬픔을 안고 눈을감아 보노라.

病中偶作

육신고 괴롭것만 정신고란 더욱섧다
忍으로 뜻을높혀 성스럽게 살고지고
참아서 비애를막고 웃고갈까 하노라

병으로 누어보면 건강만이 행복인데
마음속 괴로움은 건강도 못푸노라
至善을 生路로삼아 길이참아 보노라.

無常 (一)

오늘이 七월말일 귀또리가 우는고나
세월이 흘러가니 인생은 늙어간다
무상을 한탄하면서 저녁뜰을 거닌다.

無常 (二)

늙는다 죽는것이 내게는 없을듯이
백년도 젊어있어 늙도죽도 않을마음
오십이 넘은 오늘에 과거 과연 짧구려.

歸路

찌는듯 더운날에 고된길을 걷노라니
주린배 지친몸에 땀이흘러 옷이젓네
무거운 다리를옮겨 집을찾아 듭니다

남은게 백사십환 이것이 모두인데
쓸곳을 생각하니 가슴이 답답하다
행인건 건강이랄까 약이라고 보란다

생각에 잠기노라 언젠듯 걸었고나
마음은 혼미한데 뜻없이 앞을본다
무엔지 심신을눌러 몸이더욱 무겁다

영혼은 어데두고 등신만 움직이노
이것이 꿈이라면 현실로 깨워주소
애써도 생계못되니 허덕허덕 합니다.

夢念

평생을지닌 마음 공상이냐 몽상이냐
천애(天涯)가 그리워서 방랑길 가리노라
주위가 하도미워서 명산대천 찾노라

시비로 일을삼고 흑백가려 무엇하노
모르는체 덮어두니 바보로만 돌리운다
눈감아 두고보자니 해로움만 끼친다

현실을 떠나고자 성질을 내오봐도
또다시 속으면서 태연이 웃는고나
이것이 복이라면서 탄식만은 탄식이고

자식들 길러놓고 떠나고자 결심이다
산천으로 벗을삼아 평생을 살고지고
회포가 일어날제면 눈물흘려 보라네.

世波 (一)

돈과 세력다없으니 살기진정 어렵구나
구지애써 성사없고 달래느니 빚뿐일세
한숨을 짓게쉬면서 신세타령 합니다

빚진날 다가오고 돈은돌지 않소그려
삼복더위 다잊고서 이리저리 쏘다녀도
헛되이 땀만흘리고 빈손들고 애태네

질기긴 목숨인듯 왜이리 죽지않소
빚쨍이 앞에앉어 사정사정 이유ㄹ드네
독오른 찡긴얼골은 진성보기 어렵소

팔자를 한탄하며 분개해도 소용없오
신명께서 도와주사 죽술간 먹고지고
빚이나 갚아논다면 한숨놓고 살겠오

노래를 지어서나 이마음 위로할가
산란한 이심정을 고초라고 부르리다
살기가 이리힘드니 세상원망 크구려.

世波 (二)

할말이 하많은데 말마다 독설이며
호언찬사 하많은데 음담패설 판을짜오
진정코 참기어렵다 팔자다시 찾노라

앉어도 서서봐도 참기가 어렵구나
어리등절 기막히고 어쩔줄을 모르외다
흐터진 이내정신을 모을수가 있겠오

세고냐 세난이냐 어느것이 참이라랴
걱정이 산같은데 외환내우 무삼일이
이런데 웃짐을치니 입만캐캐 씁니다

기가막혀 질이이니 아모말도 못하노라
현기중에 질린몸이 별이앞을 가리구려
가슴이 하도답답해 다시쾅쾅 지찟노라

근심도 팔자이며 불운이 운명이냐
잘잘못 참자해도 참기가 어렵구려
비운을 심정에걸고 어절줄을 모르오.

追憶을 안고

인생을 꿈에비겨 깨기를 기다릴까
고로가 하심하니 울어서도 풀길없다
지나간 추억을 안고 시름겨워 하노라.

雲霞

山腹에 이는구름 구름이 경이로다
운하에 잠긴경을 선인만 보단말가
연봉에 자진안개는 슬다일다 하더라.

溺死

익사한 아들안고 간장끊어 우는구려
생때같던 내아들아 네가정말 죽단말이
가슴을 두드리면서 통곡통곡 합니다

생각을 할사록에 가슴이 무여진다
나무래든 그기억이 눈물더욱 새로워라
그꼴을 참아못보아 나도함께 웁니다

어미속여 물에간것 꾸짓고 뉘우쳐서
위로의 길떠난게 죽게만든 탓이였네
시신을 만저보면서 끝모르게 웁니다.

〈주〉 친한 동무의 아들이 물에 빠져 죽었다. 전날 어미 모르게 물에 간 것을 몹시 꾸짓고나서 어머니의 칙은한 정을 금치 못하여 광나루로 다리고 갔다는 것이다.
　　그것이 잘못 되여 그 곳에서 익사하고 만 것이다. 물에 간 것을 꾸짓은 것도 모정이요, 다시 물에 다리고 가서 죽게 만든 것도 모정이다. 그 하소연과 우는양이 참아 볼 수 없었다.

失題

심서가 엉크러저 생각마저 아득하다
무심히 볕을보며 무엔가 더듬노라
화초잎 느러져있고 몸엔땀이 흐르오

무엇이 생애이냐 그럭저럭 사는게지
시장하니 먹는게고 잠이오니 자는겐지
이렁성 사라가는게 세상사리 아닐까

될대로 되라하소 악을가려 무엇하노
욕먹고 매마저도 제탓이라 버려두자
잠깨여 호젓해질제 이것만은 복이고

멋없이 앉었으니 말벗그려 찾어보네
밥얼어 한술먹고 묵어온게 오십사세
귀밑에 백발이느니 알배없다 둡시다.

秋菊之章

閑日㪫感

감나무 느러진가지 뜰앞에 무거운데
채송화 한나절이 벌이두엇 아른댄다
바람도더운 오늘은 종일 땀만흐르고

뜰앞에 감나무가 부럽기도 하엿것다
올해새로 여는열매 신비도 스럽고나
멀거니 바라보면서 모든일을 잊노라

마음이 울적하니 심정마저 답답하다
앉어봐도 거니러도 시원치를 않소구려
수림에 우는매미도 실증만이 납니다

살마음 없것만은 죽자니 실소구려
아모일도 잡히지않고 먹는것도 뜻이없오
양심을 다시찾아서 꾸짖어도 봅니다

오늘도 어제인듯 뜻없이 사는구려
아무것도 아니엇만 공연히 애만태오
두눈을 껌벅여봐도 별도리가 없구려.

片景

가을이 다가오니 초목들도 늙어진듯
덧는잎 시드는풀이 바람스쳐 한숨이라
무상을 낙엽에부쳐 허무함을 느끼오.

꼴들

더럽고 누추한꼴 어렵고 가난한꼴
못나고 젠척하고 교만코 간사한꼴은
보다가 구역이나서 갈안칠길 없구려.

愚感

선이라 또 악이란걸 구지가려 무엇하노
유무가 별것없고 空과實이 허사인데
그래도 선악을가려 마음아파 하노라.

禮佛

법당을 들어서니 관음상 어엿한데
염불소리 목탁소리 신도들 절을하네
이만이 正心되는지 靈만 空에 뜹니라

극낙이 있고없고 복이야 받든말든
석존의 대자대비 각한마음 갖고지고
눈감고 고요히 앉어 무아경을 걷노라

관세음보살 부를제면 비감이 어리운다
약한생애 덧없는꿈을 빌어보는 그심경이
자비의 정을도와서 가슴가득 흐리네

애닯은 인생사리 비러서 일워지랴
불전엔 향이피고 촛불이 깜박인다
더듬어 찾지못하고 염불만을 오인다.

가을 들판

벼익어 황색인데 야국이 외롭구나
쓸쓸한 추풍이 불어 갈대를 흔드는데
석양이 산을넘노라 노을만이 짙었네.

悲景(十月九日)

저녁이 닥아오고 황엽이 산에짙은데
바람은 풀잎에차고 동구는 연기로다
들가에 짐진노옹은 농촌고를 띄였네.

逍遙山(十月 十四日)

소요산유곡에도 풍엽은 가을인데
이끼낀 반석아래 샘물만 졸졸댄다
봉상에 백운이떠서 경을 더욱돕누나

절벽은 병풍인양 사면을 둘러있고
시드는 풀속에는 버레마저 짧게운다
수목이 우수수울제 마음 호젓하더라.

과꽃

    뒤뜰에 과꽃들이 한창이다. 퍽도 탐스럽고 곱다. 어머님이 그리도 좋아하시든 꽃이다. 병석에 누워계실 때 나는 이 꽃(과꽃)을 꺾어다 드리며, "어머님, 이 꽃 보서오 좋지요, 어머니가 좋아 하시길래 가저 왔서요." 했다. "꽃은 봐무엇하니." 하시든 어머님의 창백한 모습이 어찌도 불쌍 했든지—.
    도라가신지 十五년 되는 가을 과꽃은 또 피었다. 어머니의 그때 모습이 떠오른다.

뒤뜰에 심은 과꽃 곱게도 피었고나
포기포기 탐스럽고 송이마다 산듯하니
어머님 즐기시든꽃 옛생각이 새롭네

병석에 계실때에 이꽃따다 드렸더니
"꽃은 봐무엇하니" 그말슴이 새로워라
황천길 떠나시온날 더욱 그려집니다.

旅情 147

忘憂里

비인손 태여났고 빈손으로 떠났고나
평생에 시달리다 울며감이 자연이냐
마음을 천애에 띄워 허무경을 밟노라

죽노라 애들썼오 울멍줄멍 저무덤아
한많든 그심경을 뉘맡기고 갔단말요
찾아도 자최없으니 허공만이 남구려.

어느날 아침

맥없이 앉었노라 눈만은 떳것만은
아득한 이내마음 산도들도 넘고있다
아시시 찬기운도라 두어깨를 옴추린다

속비여 헛헛하니 먹을것만 생각이다
국끓고 밥짓는냄새 식욕을 돋구는지
입에선 군침이도라 입맛다시 다신다.

深感 (일에 실패하니 빚만남다)

돈냥간 모아놓고 자녀길러 사잦더니
사사이 실패되니 빚만이 산같고나
밤잠을 이루지 못해 근심으로 샙니다

살아날 길이없어 곰곰이 생각노라
떠오르는 궁리없고 살길이 아득하다
가슴을 쾅쾅울려도 시원치가 않고나

멸시도 심하고나 이것이 세정이냐
어제에 받든 대우 찾을길 아득하다
고단한 발길 옮기며 한숨겨워 합니다

없는게 역적이냐 한탄하여 무엇하노
신명이 도우실땐 다시 한번 바라노라
난경을 면할길없어 궁리궁리 괴롭다

자식들 위로말에 "차차되지 근심마라"
어미의 치근한정 가슴을 어이는듯
눈물에 벅찬가슴을 어일길이 없고나.

道中

남한산성 가는길은 골골이 풍엽인데
곱고 또 아름다움 그림에다 비길네라
바람이 갈때에 불어 쓸쓸한감 돕더라

산은 첩첩하고 하늘이 아득한데
마음을 둘곳없어 적요만을 안았노라
노변에 노화야국이 한가롭게 피였네.

點景

떠도는 구름우에 하늘이 더욱높고
추풍은 목엽을 떨어 땅우에 훗는구나
자연도 때가늦는듯 만시탄을 도웁고

풍엽을 바라보며 덧없이 걷노라니
할머니가 낙엽모아 한끼땔걸 아끼는데
아해들 무에좋은지 이리저리 뛰놀고.

夕景

산중에 드는석양 들까지 무거운데
봉은우뚝 골은깊어 토하느니 적요로다
심서도 깊이잠기어 끝간곳을 모르네

산곡이 있는곳에 골골이 애수인듯
침울이 울음맡아 출렁출렁 넘치누나
내맘도 그속에빠져 허덕이고 있고나.

閑

달빛은 푸른듯밝고 바람은 자는듯분다
수풀은 무겁게섰고 버레들 끄닐듯운다
무엔지 모르는정에 마음흐려 지노라.

落葉

추풍에 덧는잎이 그리도 처량코나
인생의 마지막을 저에다 비기노라
쏜이냐 허무이랄까 애수에만 잠기네.

水面

바다가 잔잔하니 맑고 또 푸르른데
김포반도를 거울인양 빛첫고나
물속에 倒立한 경은 꿈속같이 보이네.

心空

먼산을 바라보니 심정이 적요로다
저산이 토한적막 한아름 안앗노라
허물을 인생에비겨 울다웃다 하노라.

野菊

    늦은 가을 교외는 양지가 쓸쓸하고 물이 맑다. 초목은 마르고 전답엔 빈 그루만이 남았다. 흰구름이 떠도는 사이에 하늘이 푸르고, 산이 멀리 어둡게 보인다. 어린 놈들이 四·五명 들가를 뛰어 다닌다.
    마른풀 사이에 야국이 한 송이 피어 솔솔부는 바람에 한들거리고 있다. 앞날이 얼마나 되리 무엇을 바라고 저러히 피어 외로히 섰을까.

갈대사이 흔들리는 야국 한송이
바람이 불제마다 의지없는 자태로다
날잇고 호젓한마음 가슴스처 지리라.

달밤

전전타 몸을일어 창을여니 월색인데
수목이 깊은곳에 그림자가 무겁고나
夜氣는 바람을안고 가슴속을 스친다

푸르고 둥근달이 저리도 조용한데
별사이 지튼하늘 볼사록 아득하다
마음도 저와같아서 아득하고 깊고나.

心懷

심서가 가냘푼데 애수가 또깊구나
생애를 더듬어보니 거품슨 뒤이로다
그리운 옛날애정이 마음속을 허맨다

또한번 맛날길을 더듬어 찾어본다
영겁에 스러진자최 차즐길 아득하다
다만 저 秋雲을보며 허무함을 느낀다.

險路

사람의 사는길이 그리도 험하고나
산넘어 또산이요 물건너 바다로다
산같은 피로를안고 한탄한탄 하노라

오늘도 어제런듯 날이 또저무는데
내일을 바라고서 또한밤을 새우노라
일생이 이와같이도 오십년을 넘겻네.

落花

피엿다 스는꽃이 분분히 덧는곳에
그모양이 애처러워 발길을 멈추노라
지나간 한때청춘을 낙화에다 비기네.

비는 마음

벼이삭 우거지니 농촌은 기름진듯
피뽑는 농부들의 여윈꼴이 가엽고나
다같이 타고난 저네 복을 주소빕니다.

귀뚜리

가을이 되면 마음이 자연 심란해 진다. 만물이 감추어지려는 순간의 슳음인 듯 하다. 밤이 들어 쓸쓸한 바람이 불고 귀뚜라미가 뜰 밑에서 울제면 마음을 어쩔 길이 없다. 비가 오는날이라든가 달이 어리는 날에 더욱 더 하다. 인생의 무상을 한없이 깊이 늣께게 된다.

귀뚜리 뜰에우니 쓸쓸한 감이깊다
비가오나 달이뜨나 밤이면 돌돌돌돌
자릿속 누어드를제 심회깊어 하노라

그소리 애련하니 심부를 녹이는듯
이런근심 저런비회 머리가 수선쿠려
마음은 바위만같애 천근인듯 하고나

인생이 허퇴것만 살랴니 애를쓰오
초조하고 당황하여 피곤하고 괴롭구려
실솔도 무에슯은지 밤새도록—

清道를 지나며

저멀리 뵈는준령 낮볕에 어리우니
자욱한 그원경이 적요한 심사로세
나그네 혼곤한 정을 구지도와 주더라

감나무 집집이섯고 골짝이엔 소가많다
나무가 산에즐비 들판도 비옥한양
평생에 그리든곳이 여기런가 하노라

농부가 논을간다 부인네 쑥을뜯고
헐벗은 애놈들은 기차보고 뛰는구려
우리의 살림살이가 이다지도 어렵소

인생의 생로난은 농부보고 이룬말이
주린배 졸라매고 땅위에업뎌 풀을뜯소
힛죽이 웃는 얼골이 더욱 불상하구려

밀기울 나물죽도 배를챌길 바이없다
어린것들 철을몰라 더달라 조르구려
저러다 죽고 본다면 그서름이 어떨고.

希朗台

희랑대 올라서니 안하가 수목인데
연봉산 허리엔 석양이 깊어간다
바람이 노송에부니 송뢰큰가 하노라

산들은 위위하야 죽은듯 적요한데
삼림속 포곡우니 골가득 哀呼로다
암상에 천년노송은 감회돋아 주더라.

崔孤雲先生

최고운선생은 신라 말에 유명한 학자시다. 국운이 쇠퇴함을 보고 비분강개하야 처자를 거느리고 가야산에 입산하야 다시 나지 않았다 한다. 지금도 해인사 들어가는 도중 紅流洞이란 곳에 선생이 계시든 籠山亭이란 누각이 잇서 지나는 손의 비회를 도둔다. 또 절 근방에는 선생이 손수 심고 노섯다는 늙은 전나무가 선 學士臺라는 터가 잇다. 고목 밑엔 떡장수 마누라와 아이스크림 파는 아해놈들이 두던두던 할 뿐이다.

일입청산 갱불환은 선생의 悲念인데
학사대 나무늙고 농산정엔 물만예네
만고에 우국단심야 가실줄이 있으랴.

海印寺

해인사 말만듯고 오날에 찾아드니
십리송림 길에 물소리가 요란하다
수석이 장히좋으니 쉬여갈까 하노라

팔만대장경을 처음보고 놀라노라
열성이 한데어려 만고보물 되었구려
장경각 나오는손이 각성깊어 하노라.

晋州

진주라 이름듣고 이제서 찾았노라
남강 언덕우에 田地가 넓엇구나
둘러선 붉은산만이 유감으로 보이네

벌판이 기름지니 오곡이 풍등하다
의식이 족하거니 인심이 순후하데
공기가 또한 맑으니 살아봄즉 하더라

남강변 봄이늦고 옥야가 널렸는데
훈풍이 麥波에스처 안계더욱 쾌할시구
들판에 농군이 모여손들 바뻐 하더라.

晩秋

노화가 날이는데 야국이 쓸쓸하다
석양이 넘을적에 백운만 호젓하고
인생의 마즉막날을 비김즉도 하노라.

義岩石

남강수 굽이치고 의암석이 여기섯다
논개의 가든일을 바위마저 말없으니
회고의 정만을 안고 생각깊어 하노라

암석아 물어보자 논개의 애국단심
적장안고 빠질적에 그참경이 어떻터뇨
돌밑에 물결만도니 마음아득 하더라.

동생

구타여 善을배워 모질지 못한네가
고생을 달게받아 오히려 웃는고나
불운에 쌓인동생아 누의 맘이 괴롭다

잘살아 보렴으나 성공을 네게빈다
너머도 안타까워 가슴이 저리고나
생각을 다시해봐도 안단 수가 없고나

벌려도 애쓴뒤가 욕만이 남단말이
그래도 말없으나 마음오즉 괴로우랴
칙은한 동기의정이 가슴만을 무인다.

片感

하늘은 푸르르고 힌구름 펴졌는데
초목들 시들었고 산야가 적막하다
뜰앞에 감이 익어서 곱다랗게 달렸고

해는저 서천인데 그늘더욱 길게눕네
바람은 가지를 휘고 그림자가 어른댄다
깨끗이 맑은공기가 쓸쓸함을 돕는다

해빛보며 앉았스니 마음이 혼곤하다
더위가 어제인데 벌서 또 가을인가
고개를 기우리면서 입맛만을 다시네.

落穗之章

某日

잘못을 제모르니 어이가 없다할까
천만사에 무간섭을 꾸짓고 야단이니
성내는 영감 심사엔 코가 맥맥하노라

선하면 바보라고 악하면 독부라고
괴롭다 이런 살림 살랴니 괴롭구려
누웠다 다시앉지며 신세한탄 합니다

아모리 참자해도 괴로운 이 심정을
돌이려 애를쓰니 애가 더욱 커지구려
이것이 내생활이면 고칠길은 없는지

성내고 도사리며 제란듯 하는꼴은
눈으로 볼수없어 한숨짓고 도라안네
관세음 다시부르며 고처주소 빕니다.

閨怨

남편이 방탕하니 마음이 괴롭구나
가정을 지옥으로 한밤을 울어새오
理性을 구지 돌려도 괴로운걸 어쩌오

인격의 고상함을 꿀어서 비오마는
갈사록 비열함을 팔자에 비기리까
그래도 바라는 정은 알길없어 하노라

하로에 세끼밥을 탈없이 먹고지고
남편을 바린몸이 자식만을 바랍니다
밤중에 잠을깨어서 다시 생각하노라.

꿈

가정을 갓고보면 낙만 올줄 알앗더니
현실로 살아보니 노심의 극이로다
憧憬을 꿈에다 비겨 쓴웃음을 웃노라.

時調를 쓰며

想이야 되든말든 한마듸 쓰고싶다
한줄써서 이 심정을 가다듬어 보잔게지
그래서 마음풀리면 낙이라고 즐긴다

고서를 읽어보고 나도한줄 그려본다
우서보고 울어봐도 마음안정 어렵고나
이렁성 지내노라니 평생사ㄴ가 하노라.

世苦

새라면 날라보고 구슬이면 구를렷만
이도 저도 다아닌게 생활난 험한길이
어쩔수 없이된것이 오늘날의 신세요

빗달련 고된것을 참기가 어렵고나
천사만려 다짜내도 별도리가 없읍니다
문전을 찾는소리에 마음답답 하구려.

生涯란 무엇이뇨

생애란 무었이며 인생이 또 무에냐
희비애노 가려봐도 참인것을 몰으노라
종일을 묵념해봐도 알길없어 하노라.

빗달련

빗달련 한고비도 때가가니 찾는구나
악의찬 그꼴들이 진정당키 어려웠다
기억도 새롭구려 몸서리가 칩니다.

平凡

바람잔 바다인양 마음이 고요하다
잘먹고 잠잘자니 아무회포 없오구려
평생을 이쯤 지내면 행복하다 하리라.

찾아 봐도

악함을 듯고보면 마음이 괴롭구려
무엇을 가려해야 심정이 쾌할난지
오날껏 찾아보아도 알길없어 하노라.

될대로 되라하고

될대로 되라하고 사는대로 살아보지
세월이 지나가면 죽는날이 고만인데
그사이 참지못해서 울다웃다 하느냐

웃고만 살자하니 웃는다고 시비구려
업는심정 괴로운데 왜없느냐 욕을하니
말없이 듯고만서서 부처님을 배우오

흑백을 가리자니 가릴게 없지안소
줄것만 준다면은 이것저것 없을것을
그것을 못하는신세 마음 괴뤄 합니다.

盟誓

애욕을 끈차함이 천번이고 만번인데
이뜻을 못일우니 한탄만이 크고클사
마음속 성현을그려 도를 따라 가고저.

마음

마음이 그무에냐 천성을 이름인데
무형코 모진마음 철석보다 더굳고나
천만이 떠든다해도 고칠길이 없고나

고처서 善할진대 당초부터 선할찌니
개꼬리 묻어둔다 黃毛됨을 못듣나니
원래에 타고난 악은 고칠길이 없구려.

怪

부부의 정이란 야릇한 것인지 정이 큰 것도 아니것만 급기야 헤여지랴니 섭
섭하고, 또 못견듸리만큼 칙은한 생각이 돈다.
무엔지 무거운 심정이 가슴을 누를 뿐이다.

부부란게 무에인지 좋은새도 아니것만
헤지는날 섭섭함은 정만으론 아님갔오
무었이 잘못같아서 뉘웃침만 같구려.

祝(徐元出校長華甲)

인생의 일생사가 敎人濟世 으뜸인데
三十一년 바친몸이 교육에 있으시니
오늘에 공이크시다 普成學校 빛이나고

오남매 거느리시고 친지모여 잔을드니
夫婦偕老 복된품을 부럽다 하오리다
觀喜를 길이보소서 두손모아 비옵네다

오늘이 六十一壽 오는화갑 다시마저
평생의 쌓신덕을 길이길이 전하소서
천추에 모범이되어 이민족에 흐르오리.

祝 講堂新築(進明高)

北岳을 견줄듯이 드높게 솟은집은
교장님 삼십성상 고심의 결정일세
날날이 久遠하도록 길이길이 빛나소서

시작한지 삼년이라 지리턴 그고초를
말로다 못하려던 붓이또한 못그리네
일워진 오늘기쁨을 크게 축하합니다

이곳에 모인딸들 겨레의 근원이라
효녀의 본이되고 현모양처 덕을닦아
進明의 우리교육이 천하제일 되소서.

頌祝 五十週年(淑明高)

백두산 높을뜻과 천지같이 깊은理想
기른게 數數萬에 오늘이 오십주년
이름도 아름다움다 우리淑明 으뜸이고

현모와 양처되어 子與孫 길러내니
국가의 기간되고 인류의 모범이라
그공이 크기도클사 만만대에 빛나리.

寄 文校長(淑明高)

서양에 헬렌케라 중원에 孟母인듯
淑明에 文교장님 그어름이 계시도다
우러러 그큰공적을 다시존경 합네다

半百 한평생을 교육에 바치시니
거룩한 그노력이 자손에 빛이되리
億萬代 긴긴앞날에 덕이크다 하리라

십년간 쌓은것이 노심과 焦思로다
강산도 변한이제 淑明만 더욱높다
선생의 애태운공이 오늘맺어 집네다.

雜感

이몸이 무거움은 바위를 안음인듯
오십을 넘었것만 시원함을 못봤노라
앞날엔 무에올는지 몸서리만 치외다

회상하면 눈물인데 말로어찌 다하리까
심정의 괴로움은 입맛조차 일켓노라
이것이 세정이랄까 가슴답답 하고나

거슬인꼴 싫은말을 평생을 듯고보오
참다가도 기막히면 껄껄한번 웃고보오
이것이 인간사인지 울고 웃고 합니다.

旅情

그동안 사노라니 고생도 많앗고나
다행이 있나하고 격어격어 왔것만은
오늘도 어제같으니 한탄적어 책이다

늙으면 죽는것이 天理의 常道인데
무에그리 안타까와 가난신고 격는거냐
지옥이 있다하면은 이곳인가 하노라

五慾에 허덕이며 眞知心을 이졋으니
고난에 타는마음 이글이글 탈수밧게
엄청난 한탄을안ㅅ고 어일줄을 모른다

五十五 살아온게 백발만 지텃는데
격어오든 고난사를 꿈에다 비기노라
생애를 旅程에비겨 갈곳까지 것는다.

冬宿之章

超然

俗輩들의 떠드는 꼴이 하도 시끄럽다. 맹꽁이 우름과도 같다. 남모를 소리들을 함부로 떠든다. 왈가왈부 시비를 저만이 제일이라고 한다. 꼴불견이 격인 것 같다. 기리기리 살것인 듯이 알고 잘난품이 성인군자 연한다. 슬픈 일이다. 눈을 모으로 뜰 지경이다. 구역이 날 것만 같다.

세사가 그무에냐 분명한 꿈이로다
시야또 비야는 속배의 군소리다
오작들 지즘에비겨 귓똥으로 듯노라.

十一月 (하순 작)

막막한 이심서를 위로할 길이없다
이마에 손을얹고 생각에 잠기랴니
그생각 방향을 잃고 오락가락 하더라

무엇을 해야할까 주저주저 망서린다
나이를 헤여보니 오늘이 오십사세
귀밑에 흰털만늘어 한심겨워 집니다.

모를 일

생이란 그애착을 끝모를사 인생이요
세고가 버거우니 사는게 욕이었만
그래도 살랴고듦이 인생인가 하노라

마음속 이는번민 끊차하니 더하구려
내마음 내뜻인데 누를길 바이없다
이것이 생이란겐지 알듯몰라 하노라.

幻形

> 인생이 낫다 꼭 죽는다. 그 도정을 백년이라고 보아도 지난 뒤가 없다. 남는 다는 게 뒷사람들에게 끼치는 희미한 회상뿐이다. 헛깨비가 놀다 사라진 뒤 나 다름이 없다.

사랏다 죽는것이 알고도 모를일이
먹고자고 웃고울고 도라보니 늙었구나
생명을 가젓단그들 헛깨비만 같구려.

感

악몽은 깨면헛것 살기가 이리되네
고신 비애가 넘어나 버겁구려
죽음이 오는그때가 생을깨는 날인지

괴롭고 즐거움이 맘먹을 탓이인데
알고도 달성못해 가슴만이 안타깝다
우스며 살자하면서 눈물짓는 신세요.

내 집(빚이 많아 팔까하다)

팔랴는 뜻을두고 내뜰을 돌아본다
땀흘려 가꾼화초 다시한층 정답구나
월색은 무심하것만 비감더욱 큽니다

떠나자 하고보니 애착 더욱 깊어진다
섭섭한 이심경을 무엇에다 비기느냐
서겁허 헤매는 맘을 멈출길이 없고나.

살림사리

어려운 살림사리 끄러오기 어렵구나
내일이면 풀려질까 조춤병이 날죽인다
이렇게 살아온것이 평생사로 살아갔고

빈궁을 피워보랴니 그리도 애가탄다
방향없이 헤매이며 돈벌이를 찾노매라
그래도 잡히지않아 기가막혀 집니다

근심으로 밤을새도 근심만이 남앗는데
막막하야 길을잃고 이리저리 헤매인다
속는걸 구지알면서 살것만은 갓구려.

눈(雪)

눈나린 아침 설경이 상쾌하다. 미친 듯이 郊外로 나섯다. 산과 들에 덮힌 눈은 깨끗한 기운을 토한다. 물동이를 인 아낙네가 눈길을 것고 있고, 초가들은 눈을 담북 이고들 있다. 뫼등에 덥힌 눈은 고혼을 괴롭히는 듯 하고, 까치들의 나는양도 景을 돕는 듯 하고, 아해들 노는 꼴도 집모퉁이에 쭈그리고 선 노옹도 경을 돕는 듯 심다.

설경이 조홀시고 미친듯 찾아보니
산야가 은세계ㄴ데 마음더욱 시원코나
동구를 바라보며 콧노래를 하노라

송백에 눈이쌓여 송이 송이 꽃이로세
휘여저 느러진가지 더욱더욱 탐스럽다
은반에 정을 담아서 세정뜬다 하노라.

雪夜

뒷산에 눈이휜데 달이또한 희였고나
차고또 깨끗한품 시경을 이뤗고나
이런때 객의 수심이 더욱깊다 하리라.

〈주〉 달이 밝은데 눈이 쌓인 산은 너무나 차고 깨끗하다. 이런 경치는 무어라 그리기가 어렵다.

豪氣

인생이 초연타고 맘을한번 높이노라
그래도 늦가을제 눈쌀을 찌푸린다
비애가 머리를들면 마음아파 하노라

탄식도 안타까움도 제대로 맡겨두오
낙도 고도 생활이고 사는데 보람이니
고락을 한데묶어서 안고웃어 보노라.

雪山

   산을 바라보니 틔끌없이 눈이 쌓이어 은반인양 깨끗한데 울묵울묵한 무덤
   들은 무거운 침묵을 토하고, 송림의 쓸쓸한 울음소리가 가슴을 스치며 적요
   한 심정을 돕는다.

만산에 쌓인눈이 깨끗하기 끝없는데
아득한 적요감은 무덤우에 무겁구나
송림의 슬피우름을 함께울다 가노라.

움집

추운날 움집 옆을 지났다. 때마침 지게를 진 초라한 남자가 그 앞을 찾아 웃둑 선다. 힘없는 모양이다. 어린 것을 업은 부인이 반가히 맞다가 서로보는 순간 말이 없이 근심스러운 빛갈이 두 얼굴에 떠 오른다. 아무 버리도 못하고 도라온 남편이고, 이를 아라채린 아내인상 싶다. 오늘 저녁을 찾이든 남편이며, 오늘 저녁을 못끄리는 아낸가 보다. 답답한 두 심정을 살필 때 가슴이 무에는 것 같다.

움속이 그집이고 여윈게 그몸인데
지게진 남편맞는 그아내 가엽고나
어린것 등에업고서 행혀이때 기다리네

늣도록 빈지게에 오날도 허행이라
끼니없이 이저녁을 또어찌 지난다나
말없이 얼골만보고 방문만을 열더라.

靈感

멀고나 산을보면 내넉도 멀어진다
생애에 괴로움을 그곳에 말합니다
마음을 비이려해도 천근인듯 하고나

산을보면 반갑고나 기뻐도 애수인데
바라보는 그동안은 생각을 말럈더니
그래도 覺을못하니 마음아파 집니다

어데서 내왔으며 어데로 가는게냐
사는게 고생인데 그래도 살랴하니
생애를 다시못노라 먼산만을 바라네.

새벽

잠깨어 새벽인양 종소리만 들려온다
천사만념 엉키는데 그중큰게 걱정이라
빗걱정 커단뭉치가 무겁게도 누른다.

農村

농민들의 일하는 것을 보면 예나 이제나 다를 것이 없다. 손으로 땅을 파고 씨를 뿌리며, 매고 거두는 양은 고금이 마찬가지양 싶다. 뼈가 휘도록 일을 해도 못산다. 헐벗고, 주리고 집이라는 게 쓰러저 가는 모옥삼간도 못되는 게 우리 농촌의 현실이다. 문명이란 게 아랑곳 없고, 호화란 아득한 꿈이다. 가련한 꼴이란 보는 사람의 가슴을 아프게 하고도 남는다. 그러나 그들에게 순후한 정이 있다. 순박한 태도는 그들의 인격이여서 법이 필요치 않다. 이 얼마나 고결한 생애냐.

반만년 역사문명 자랑해 무엇하오
매고심어 거두기는 고금이 땀이구려
밤들게 귀로를 찾는 그모습이 괴롭소

짐지고 임을여서 뼈휘게 일한보답
주리고 헐버슴이 마주막 보수런가
쓰러진 삼간모옥은 그들사는 집이요

빈곤에 온갖고초 그네들만 받단말이
호화를 이곳주어 다같이 살고지고
순박한 그의심정엔 고결만이 풍기오.

旅 情

著者의 著書
"心影"

4293. 12. 1 印刷
4293. 12. 15 發行

(700환)

著 者 金 午 男
發行處 文 苑 社

등 록 4293. 10. 28
번 호 396

評說 및 論文

新女性의 虛無意識과 觀照的 詩心을 조명하며
― 김오남의 시세계

金　敬　植
(시인, 평론가)

1. 들어가며

　문자가 없는 시절에도 언어가 있었고, 언어의 진화 속에 새로운 의미가 부여되어 가슴을 헤집는 문학작품 속에 남겨진 영감과 흔히 말하는 '끼'가 동반되어 전해 내려온다고 한다.
　김오남 시인은 1906(광무 2년) 4월 14일 경기도 연천군 군남면 왕림리에서, 한의사로 약종상을 경영하며 1만여 평의 농지를 소유한 지주 김기환 씨의 2남 2녀 중 차녀로 태어났다. 그곳 유년의 고향 정경과 삶의 정서를 안고 1927년 서울에서 진명여고를 거쳐 1930년 동경 일본여자대학 영문과를 졸업, 그해 8월 조선일보사에 입사, 다음해(1931)에 모교인 진명여고에서 교편을 잡는다. 그러나 해방 전 1944년에 교편을 사임하고 5년의 공백, 그 후 1948년부터 수도여고에서 1950년까지 20여 년 간 교직 생활을 그만두고 47세에 가정으로 돌아갔으나 전통적 억압을 풀어내지 못한 신여성 한계를 반증한다.
　화자가 처음 시조를 쓰기 시작한 것은 정확하지는 않으나 문단에 등장한 것이 문인들이 1930년경 당시 한글로 된 글로서 민족의 자주성을 알리려 시조 부흥의 기치 아래 모여든 최남선·이광수·

정인보·이병기·이은상 등의 대열 속에 참여한 유일한 신여성이
며, 최초의 여류시인으로 유일하게 가담했다. 그 후 1931년 동아
일보 자매지인 「조선문단」에 데뷔하고 일제에 의해 카프(1차 검거 사
건) 이후 침체된 계급주의 문학과 프로문학운동에 대응해서 등장
한 국민문학파에 참여, 1932년 2월 「新東亞」에 시조 13수와 「조선
문단」에 시조 6수, 「신가정」 14호 등에 1938년 1월까지 많은 작품
을 발표하면서 문단에 주목을 끌었다.

  그 상황을 황의돈 평론가는 "작품이 향기롭고 꽃다움이 허난설
헌이나 이옥봉의 뒤를 이어서 자랑할 만한 재질을 가졌다"고 거론
한 바 있지만, 해방 후 문단에서 해방 기념 시집을 발행하는 등 활
발한 데 비해 김오남은 1945년 12월 이후 활동이 저조했다.

  당시의 시조가 거의 그러했듯이, 작품들 거개가 사람에게 고통
으로 다가오는 운명을 순응하며, 사사로운 주변 감정이나 배신이
주는 정신적 괴리와 상식적인 관념세계(觀念世界)를 벗어나지 못하
고 전통시조인 연시조와 단시조만을 고집한 반면, 화자는 자기 신
변에 사건을 솔직하고 담백한 시심(詩心)을 과감히 작품에 담아 고
백해 신여성의 기백을 보여 줌으로써 허세를 부리는 자칭 신여성
과 사회에 일침을 가했다.

2. 삶 풀어내기와 해체하기

  그의 작품은 유교사상(儒敎思想)에 바탕을 두고 기성윤리(旣成倫理)
에 입각하며 자연을 노래하였지만, 때로는 불교와 생(生)의 무상(無
常)함과 자연의 교감과 기쁨의 애찬에 노래 뒤에 영탄(詠嘆)하기도
하였다. 그때마다 이를 자기 철학으로 처리하기에 앞서 체념적이
고 담담한 태도의 시상은 현실을 도피하는 여성 특유의 사고가 남

다르게 보여짐은 오랜 교직생활과 가풍이 엄한 부도(婦道) 생활에서 연유한 것 같다. 그리고 여류시인의 작품에서 흔히 대할 수 있는 사랑에 대한 그림자나 그리움의 섬세한 서정성(抒情性)을 발견할 수 없는 반면, 여성의 소박한 꿈의 좌절에서 연유되는 시상 속엔 우울증 정도가 심한 환자의 내면세계에서 포착되는 허탈한 이미지로서 미학적인 언어를 즐겨 쓰지 않고 전통적 시조율에 얽매인 것을 많이 볼 수 있다.

최남선이 연시조(聯時調) 작법을 제창한 후 많은 시조시인들이 교과서같이 이 형식을 즐겨 쓴 데 반해 김오남은 문단 선배이고 오빠인 월파의 초기 작품의 시조와 민요조의 고시가의 정형률과도 깊이 연관되었으면서도 월파는 현대시로 흘렸는데 화자는 전통적인 단시조(短時調)를 고집하며 썼다.

앞서 말한 것처럼 옛사람들과 같은 안이한 발상법(發想法)이나 또는 상식적인 이미지의 처리 방법으로부터 방외자도 아니면서 멀리 벗어나지 못하고 해방 후 군정과 동란으로 정부나 가정에 다가오는 혼돈 반상이 사라졌다고 해도 향반과 토반의 텃새에 이념 갈등에 생활 패턴이 흔들리는 관점에서 과도기 갈등이 엿보인다.

1931년 등단 이후 1953년 5월 25일 첫 시조집인 김오남 시조집, 1956년 3월 1일 심영, 1957~60년 4년에 걸쳐 발행된 한국 최초 문학전집 34권에 7편 수록되었고, 1960년 6월 1일 시조문학 창간호에 집필위원으로 참여하며, 1960년 12월 15일 문원사에 발행한 여정(旅情)을 발간 후에는 1969년 9월 월간문학에 〈인생〉을 발표하고, 1970년 3월 20일 시조문학 23집 〈방〉 외 3편 발표하고 난 후 1981년 노산문학상을 수상하고, 1982년 월하 이태극 선생 고희문집에 〈옛터〉 외 2편과 1984년 현존 55시조선집에 〈낙화암〉이 발표되지만, 그 시조는 오래전 작품으로 보여지며, 그 이후 절필을 했는지 1992년 11월 4일 서울 상도동에서 영면하기까지 문단에 활동한 흔적과 작품을 보기가 쉽지 않다.

3. 혼돈 시대의 신여성의 영가(靈歌)

화자의 시조 평설을 쓰게 된 동기는 현대문학에 있어 새로운 의미란 없듯이, 명문가인 네 살 위인 오빠 월파 김상용과 언니의 아들 소설가 곽하신 선생과 화자는 사회의 불안함 속에서도 1957년 문학부흥운동에 힘입어 민중서관에서 4년에 걸쳐 발행한 한국 최초 문학전집에 수록되는 명문장가의 변화를 추적하여 문학사에서 깨닫지 못하거나 잊어진 것을 발굴할 몫에서 비롯되었다.

> 兄의 집 가는 길을 바라다 보노라니
> 生時인양 그 모습이 마음속 떠올라서
> 가슴이 미어지는 듯 눈물만이 날네다.
> ─〈兄의 집에 가는 길〉전문

출생은 죽음의 시작이고 삶은 실로 고해요 살아있는 시간까지 세상의 사회와 전쟁을 해 살아 남아야 색채가 뚜렷하다고 했지만, 모르고 잊어지면 좋으련만 문득문득 떠오르는 兄의 생각, 방공호를 드나들며 죽음을 피하기 위해 부산까지 난을 피해 와서 환도하지 못하고 게를 잘못 먹은 식중독인데, 처방 약을 잘못 써서 1951년 6월 20일 세상을 버린 오빠, 화자는 시작메모에서 '어느새 再昨年이 되어 2년이란 세월이 지났고' 2년 넘게 피난생활을 하다 돌아와 왕림리 山아래 집에 가는 길은 생시인 것 같은데, 그 옛 집터 바라다보니 폭격에 맞아 허물어 빈터이고, 잡초가 우거져 춤을 추고 비 맞은 주춧돌과 무너진 벽돌만 보아도 반가운 것은 옛정과 유년을 생각하며 쓴 민요조 단시조에서 애수(哀愁)에 깃든 오누이의 정이 샘솟는다. 길은 옛길이나 길목에 핀 정취로서 조화된 시적 주체가 위축된 현실을 환기시키려 시도해 보지만, 생과 사만이 더 뚜렷해져 가슴이 메어져 앞을 가린다.

    오빠여 잔디 밑에 잠 깊이 드셨나요
    보고 저 찾는 누의 숨조차 차오그려
    풀 밑에 벌레가우니 더욱 설워 합네다

    살려고 피난 와서 잔디 밑 눕단 말이
    환도해 가는 길에 더욱더 원통ㅎ구려
    새로이 눈물지우며 발길 안 떠 합네다.
    —〈兄의 墓〉 전문

    경험적 삶속에 죽음, 공포, 빈곤의 전쟁 속에 실종되어진 정서, 타관에서 믿고 의지한 지주이며 친정의 어른이고, 문학과 영문학의 스승인 형의 부재로 다가오는 허무 뒤에 상실감을 구체성의 설음과 정한(情恨)으로 보이는 동기, 온갖 역경을 이겨내고 살아남은 자인 화자의 시상에서 보면, 1953년 7월 27일 휴전협정이 조인되고, 부산 부전동 57번지 세집에서 서울로 오기 전 오빠의 가족과 함께 오빠의 묘에 와서 이별을 고하는 풍경이 동반되어 뼈를 저리게 하는 가족의 울음소리에 여류의 감수성에 비치어 넋두리 같은 영탄조 심영(心影)의 의미, 산자와 죽은 자가 넘을 수 없는 단절의 질서, 땅속과 땅위에 독백, 더 살려고 피난 와서 잔디 밑에 누웠자니 원통하고, 유골 또한 고향으로 모시고 가지 못하고 고혼(孤魂)을 외로이 두고 떠나자니 설음이 동반되어 피어나는 원망이 서술되었다.

비인 손 태여났고 빈손으로 떠났고나
평생에 시달리다 울며 감이 자연이냐
마음을 천애에 띄워 허무경을 밟노라

죽노라 애들 썼오 올멍줄멍 저 무덤아
한 많든 그 심경을 뉘 맡기고 갔단 말요
찾아도 자취 없으니 허공만이 남구려.
— 〈망우리〉 전문

　죽음이란 인생의 매듭짓는 것이며, 윤회는 또 다른 시작이라고 한 선지식 덕담과 윤회사상(輪廻思想)이 우리에게 던지는 망우리, 조선의 시조 이성계인 태조가 묻혀 있는 동구릉의 8부 능선 위에 조선의 맥을 끊기 위해 일제의 총독부가 산을 잘라 길을 내었고, 자유당 정부가 잠재된 복선으로 겉으로 드러나지 않는 의미로 공동묘지로 지정했다고 한다.
　그러나 화자에게 망우리의 이미지는 6·25 때 부산으로 피난 갔다가 모윤숙 씨 집에서 식중독으로 생을 달리한 오빠이며, 문단 선배인 월파 김상용 시인의 유택과 시비(詩碑)가 있는 곳으로 우선 다가온다. 하물며 문학의 스승이자 영문학을 전공한 오라비의 정으로 누구보다 화자를 이해해 주었을 터인즉, 성동역에서 망우리 종점 가는 전차(성동역에서 현 제기동 백화점 자리)를 타고 가서 묘지관리소에서 오른쪽 길로 한참 산을 오르내리며, 올망졸망 사이좋은 친구같이 모여 앉은 봉분을 보며, 인생의 무상함과 공수래공수거의 허탈함으로 허공을 우러르며, 사는 것도 힘들고 저승이 두렵지만 정겨움을 느끼며, 죽기 또한 살기만큼 힘들다며 자탄하는 시심을 어이 다 헤아릴까.

뒤뜰에 과꽃들이 한창이다. 퍽도 탐스럽고 곱다
어머님이 그리도 좋아하시든 꽃이다
병석에 누워계실 때
나는 이 꽃(과꽃)을 꺾어다 드리며
"어머님 이 꽃 보셔요 좋지요
어머니가 좋아 하시 길래 가져왔어요" 했다
"꽃은 봐 무엇하니" 하시든 어머님의 창백한 모습이
어찌도 불쌍했든지.
도라 가신지 十五년 되는 가을 과꽃은 또 피었다
어머니의 그때 모습이 떠오른다.
　　　　—시작 메모

뒤뜰에 심은 과꽃 곱게도 피었고나
포기포기 탐스럽고 송이마다 산듯하니
어머님 즐기시든 꽃 옛 생각이 새롭네

병석에 계실 때에 이 꽃 따다 드렸더니
"꽃은 봐 무엇하니" 그 말슴이 새로워라
황천길 떠나시온 날 더욱 그려집니다.
　　　　—〈과꽃〉 전문

　　자연의 바탕 위에 영위하는 연민과 출가해서 도시에 살면서 목가적으로 피는 고향집 소박한 정경이고 문학의 산실이다. 유년기를 키워 준 왕십리 삼거리 세월은 무상하고 삶이란 덧없이 밀려가는 모양이며, 추억이 서러있던 없던 간에 고향을 미워하며 버려도 조금도 화내지 않는 그 넉넉함의 안태의 집은 출가한 여자에게 외롭고 서러울 때 그려지는 유년과 해방 전의 어머님 품속, 화자가 어미가 되어 가을날 과꽃이 피면 뒤뜰에 핀 꽃을 꺾어 어머님께 드리며 병석에 누워 있던 어머님과 대화가 영상에 떠올라 시조 속에 담으며 잠시나마 마음의 평정을 찾는 시인의 심정 뒤에는 군자산 앞에는 차탄천이 흐르는 삼거리 월파 김상용 시인의 〈남으로 창을 내겠소〉란 명시의 고향이며, 명문장가 배출한 집터 해방 후 38이북으로 전쟁 후 이남인데 전란 중에 불에 타 소실되어 원형은 알 수 없으며, 지금은 슬레이트 지붕 건물이 들어서 을씨년스럽지만 과꽃이 핀 뒤뜰의 풍경과 남으로 창이 있는 정감 있는 시 속에 정겨운 경치가 숨어 있어 이를 필자의 상상으로 그려 본다. 서재에 책이 꽉 찬 목가적인 사랑방 앞마당에서 피어나는 약초 향기에 괴나리 봇짐을 지고 지나는 행인이 그려지는 삼거리가 정겨움이 더해진다.

    고향 길 돌아드니 비비새 우짓는다
    동구축동 예같건만 人情이 다르고나
    어버이 그리는 맘에 눈물겨워 하노라

    비비새 울음 속에 추억이 새로운데
    그립다 어버이가 이제에 없으시니
    다만지 하늘은 보며 한숨 겨워 하노라.
    —〈고향에 우는 새〉 전문

  겨울을 이겨내고 봄을 맞이하고 길손을 반기는 새는 부모님의 혼이 되어 날아 왔는지, 근원적 시공에서 인간은 늘 잠재의식 속 고향 피우개 고래 넘나드는 연천군 군남면 왕림리 804번지 강신봉 남쪽 죽대골을 그리며 산다. 사나운 세월과 풍파가 부모님 밀어낸 자리지만 화자가 나고 자란 유년의 꿈 밭이다. 광복, 분단, 전쟁 혼돈기의 속에 가지 못 하던 고향집, 1954년 11월 17일 임시 행정조치법으로 수복지구로 편입된 후 20년이 지나서 찾아온 고향 남과 북으로 사상의 소용돌이에 몸살을 해 넉넉한 인심과 낭만적 정서가 분열되었고, 어머니 젖과 같은 날 강냉이의 비릿한 맛 도

시의 유학생활 속에 꿈에 부풀어도, 시집살이가 희희낙락해도, 아침 햇살같이 창을 넘어 찾아 들어 얼비치는 고향의 그리움이 사무쳐 찾아보는 동네 어귀 길에 그 옛날에〈쇠고드락〉(왕림리 쇠골 일명 철광이 있던 동네. 쇠는 경기북부 사투리로 牛나 철이다) 밭에서 울던 비비새가 화자를 반기며 노래하고 있는데 부모님이 저 세상으로 가고 없고 인심도 변해 더 서러운 고향, 신화를 피우며 기둥이 되었던 아버지와 어머니의 자리가 존재하지 않는 그림은 게으른 손끝에서 문드러지고 만다. 차탄천 절벽에 우는 바람소리 같이 언어의 존재로 그리움의 미적, 미술적 주술로 노래하며 청산 축동에서 날아온 비비새 소리에 주름잡고 흐르는 흰 구름, 모성적 포용력의 밀도의 언어가 파란 하늘에 한 숨을 실어 보낸다.

> 소요산 유곡에서 풍엽은 가을인데
> 이끼 낀 반석 아래 샘물만 졸졸댄다
> 봉상에 백운이 떠서 경을 더욱 돕누나
>
> 절벽은 병풍인양 사면을 둘러 있고
> 시드는 풀 속에는 버레마저 짧게 운다
> 수목이 우수수울세 마음 호젓하더라.
> ―〈소요산〉(十月 十四日) 전문

낙엽이 능선과 소요산 계곡을 물들이는 가을 10월 14일은 시인에게 필연적으로 의미 깊은 날인지 시 제목 아래 부제로 붙여 놓은 것이 의미심장하다. 평평한 바위에 이끼 푸르름의 싱그러운데 그 깊이를 알 수 없는 샘물에 목젖을 축이고 정상을 보면 흰 구름이 붉은 단풍과 어우러진 수채화로 핀 병풍 같은 바위 계단을 올라 지절되는 폭포를 지나 숲 속에서 울어대는 풀벌레가 지는 낙엽이 구르는 소리에 무심한 채 서럽게 울어 주니 하산하는 화자에게는 고향을 눈앞에 두고 38선으로 자유로이 친정집으로 가는 길이 막혀 백운대 정상에서 연천 고향집을 멀리서나마 바라보고 돌아가는 시인에게 부제인(10월 14일) 존재를 다시 한 번 확인하려 한 강한 이미지로 소리 지르고 있다.

4. 지우지 못한 상념들

뜻 없이 고개 돌려 구름보고 산도 본다
인생을 돌아보니 꼴들이 말 아닐세
잡념을 제대로 돌려 되는대로 살겠오

이것이 세상이지 될 대로 되라하네
두 눈을 끔벅이며 코웃음을 치고 싶소
이것이 바보냥하여 한숨 지워집니다.
　　　　　—〈漫想〉 전문

지난날을 먼 산 위로 뒤돌아보면 변하지 않는 것은 흐르는 구름이 다 소용없다고, 인생은 참 코미디 대본 같다고 한 잡다한 만상을 다 지우려 하여도 되는 건 아니고 마음 편히 살려 해도 현실은 달리는 자동차 바퀴 같아 쉴 틈 없이 돈다. 젖은 눈을 크게 뜨고 세상을 보지만 낯선 행인마저 코웃음 치는 것 같고 푼수인양 감당하려 하나 싹트기 시작한 내면의 반란을 다독이니 한숨이 절로 나오고, 만상이 교차되어 정신적 발전이 정지된 채 허무함만 더해 가지만 꽃이 주는 의미는 여자의 일상에서 삶이고 현실이라 읽는 이로 하여금 내면에 감추어진 이미지를 전하려 한 시작 메모 그 또한 삶의 일부가 아닌가.

인생이 초연타고 맘을 한번 높이노라
그래도 苦가올제 눈살을 찌푸린다
비애가 머리를 들면 마음 아파하노라

탄식도 안타까움도 제대로 밭겨두오
낙도 고도 생활이고 사는데 보람이니
고락을 한데 묶어서 안고 웃어 보노라.
　　―〈豪氣〉전문

　남자들이 세상에 큰소리치는 멋으로 산다고 했지만, 여성은 무엇으로 사는가. 사랑과 행복을 지키는 분담인 현모양처로서가 아닌 신여성의 화두(話頭)가 지천으로 쌓인 직장 여인의 주제적 측면에서 호기를 부려 보지만, 벽이 너무 많은 사회 현실에 대한 규약에 호기와 허세 한번 못 부리고 안팎으로 받는 스트레스로 두통을 아무리 호소해도 알아주는 이 없는 직장 상사와 가정 사이에 책임감만 무겁고 따스한 말 한마디 없는 인색한 봉건사회 가족과 직장이란 쌍두마차를 끌고 가야 하는 여성의 한계, 쾌락도 희망도 미련하게 다람쥐 쳇바퀴 돌듯 하는 일상생활에서 뛰쳐나가려 호기 부려 봐도 돌아서면 항상 그 자리인 여인의 한계를 탄식하며 호기를 부려 본 시상은 전통적 측면에서 한국적인 정감이 돈다.

부귀(富貴)도 잊으리라 영화(榮華) 또한 바리리라
죽장(竹杖) 짚고 망혜(芒鞋) 신고 팔황(八荒)의 객이 되여
부운혜(浮雲兮) 세상사리를 잊어 보면 하노라.
　　―〈所望〉전문

　보이지 않는 실체 속에 던져진 김오남 시조 중에 명시조 〈所望〉은 시조문학에 1966년 9월 환갑 특집으로 실린 4편 중 한 수다. 삼

독을 녹아내려는 사려 깊은 내면의 틀에 박힌 삶을 헤쳐 나와 자유를 갈구하고 있다. 부귀와 유혹과 욕망 때문에 갈등과 배신 등으로 얽혀 있는 생활 범주에서 떨어져 나와서 훨훨 나그네 길에 오르고 싶다는 소박히 존재적 가치를 해체하고 싶은 상념으로 떠가는 구름처럼 세상사 잊어 보면 한다고 애환을 그리고 있어 관심을 집중시킨다.

>   악함을 듯고 보면 마음이 괴롭구려
>   무엇을 가려해야 심정이 쾌할난지
>   오날껏 찾아보아도 알길 없어 하노라.
>   —〈찾아봐도〉 전문

삶에 부딪치며 산다는 것은 운명이라고 하지만 안방에는 시어머니, 문간방엔 시누이, 어디를 찾아가도 해답이 없는 살림살이, 아무리 찾아봐도 알 길 없어 참을 인(忍)자만 되뇌이는 그리움들….

>   악몽은 깨면 헛것 살기가 이리 되네
>   고신 비애가 넘어나 버겁구려
>   죽음이 오는 그때가 생을 깨는 날인지
>
>   괴롭고 즐거움이 맘 먹을 탓이인데
>   알고도 달성 못해 가슴만이 안타깝다
>   우스며 살자하면서 눈물짓는 신세요.
>   —〈感〉 전문

차용 관계의 언어 속에 사랑의 싹이 트고 정이 깊어지며 모든 허구성에서 발생되는 오해와 감정이 풀린다는 것을 부정할 사람

그 누가 있으랴. 일상 속에서 서로가 소중함과 감사와 표시를 전하는 사려 깊은 마음에 희로애락도 삶과 죽음도 운명으로 받아들이며 자위하는 화자 사계(四季)를 보며 자연에 윤회로 부활하는 고진감래에 일체유심조(一體唯心調)로 자찬하며 삶을 지탱해 왔다고 해도 과언은 아닌 것이다. 그래서 다가온 모든 신변잡기나 번뇌망상으로 오는 관점에서 혼돈의 현실도 '感' 자 하나로 덕담을 아끼지 않고 시심의 영역에서 무한한 무게를 준 것이라 여겨진다.

> 생이란 그 애착을 끝 모를사 인생이요
> 세고가 버거우니 사는 게 욕이었만
> 그래도 살랴고 듧이 인생인가 하노라
>
> 마음속 이는 번민 끊차 하니 더하구려
> 내 마음 내 뜻인데 누를 길 바이없다
> 이것이 생이란 겐지 알 듯 몰라 하노라.
> ─〈모를 일〉 전문

배움의 한 물질에 한으로 반상의 한풀이가 공존하는 한 새로운 희망과 가능성이 보장된 풍부한 학식과 직업을 사람들은 부러워한다. 그러나 그 속에는 고뇌와 번민이 있고, 가지면 가질수록 힘든 것이 일상이며 짓궂은 운명은 장난이나 하듯 어느 누구에게나 견디지 못할 고통을 준다. 선지식이 한 치도 알 수 없는 것이 앞일이며, 그래서 살 만하고 도전할 만하다고 했는지 모른다.

지난날을 뒤돌아보고 인과응보(因果應報)를 생각하면 '아!' 소리가 저절로 나올 때가 한두 번이 아니지만 때때로 운명이란 불청객이 방문을 해서 해박한 지식을 비웃고 서성일 때 삶의 오류에 빠져 허우적거리는 것이 인생이며, 아픔을 딛고 일어서려는 정서를 추구하기보다 자포자기의 감정 교류로 슬픔을 토로하는 듯 표현하지만 인생은 수학 공식으로도 해독할 수 없고 삶에 정답이 있는 것이 아니다. 알면 병이고 모르면 약이라는 덕담 아닌 덕담이 설정되어 가슴을 싸하게 한다.

    돌아가자 그時節로 希望어린 옛時節로
    홍안(紅顔)이 册을끼고 앞날 그려 하던 때로
    그때의 追憶을 찾아 놀아볼까 하노라.
        —〈追憶의 노래〉 전문

  고행에 우는 새 시작메모에서 하늘에 떠있는 달에 올라 옥토끼를 껴안고 놀고 싶었던 미래를 꿈꾸던 그림은, 현실 속에선 존재하지 않고 30대를 넘어서 한 결혼생활도 문화적, 정신적 화합하지 못해 버선발과 양구두 꼴이니 잊어 지지 않는 과거에 매달리게 된다. 시적 영감을 거리를 거슬러 올라 지나버린 것은 추억이란 개념 속에 자리 잡고 살고 있지만, 외적인 사건의 그 의미가 크던 작던 간에 유년으로 돌아가고픈 열망이 되살아 나지만 돌아갈 수 없기에 더 간절한 유년, 오빠의 장학금으로 세 자매가 나누어 쓰던 서울의 유학시절, 연천군 왕림리 죽대골에 오가며 식량과 장을 가져다 자취(自炊)를 하던 그 시절 부모의 은혜에 보답하고자 밤에 공부를 더 하려고 무서운 눈꺼풀에 밤새 잠들지 않으려 모기에 물리던 것이 왜 이리 그리운지, 사회에 나와 직업인으로 결혼을 해 일가를 이루었는데, 머리 아픈 일들만 산재해 있고 행복이란 부스러기 한쪽 찾을 길 없고 우울증이 동반되어 모든 것 떨쳐 버리려 추억을 그리며 노래 불러본다.

5. 차탄의 절벽을 걸어 나오며

서울 용산구 후암동 247-5로 30이 넘어 같은 교직에 있는 정봉윤 선생에게 시집가서 해방 전후와 한국전쟁, 4·19의거, 5·16으로 밀려드는 현대 문화의 혼돈에 반영된 권력과 금전만능의 횡포가 도덕적으로 타락을 부추기는 사회에서, 몰락과 부활이 반복되는 불연속인 현실에서 수평적으로 교류하던 집단이나 주변 동료의 변화로 다가오는 괴리가 고백시의 유형의 작품에 개인적인 체험을 억누르지 못해 직설적으로 표현함으로써 무거운 대화를 나눌 수 없는 외침을 원고지에 수놓아서 타인에게 직간접으로 전해지기를 의도한 시상이다.

김오남 시인의 시상은 특히 원만하지 못한 가족사와 개인적인 음영과 절망을 직시하고 되새김질 하여 허공에 띄워 무기력해 지는 중년의 무게에 부활의 힘을 실어서 운용의 미를 형상화해 내려 조형했다.

고향집은 분단된 38선 넘어 북녘이라 가지 못하고 분열된 사상이 정리되지 않는 심화된 화자에게 불어 닥친 고뇌에 부모님과 오빠의 죽음, 동생의 파산, 조카의 죽음, 화자의 성하지 못한 아들과 가정의 번민으로 겹쳐진 잔잔한 여심으로 감당하기 어려워 내적 필연성을 단시조로서 긴 여운을 남기려 시도한 연시조 속에 스치어 지나간 상흔이 떠올라 가슴 저리는 중년이 갖는 허무의 잔상(殘像)이 우리를 슬프게 했던 역사의 한 줄기를 보여 준다.

시대적으로 다가온 지식인이 참여하고 바라보여 문학이 서야 할 자리가 사화나 문단, 가정이 원하지 않으니 혼돈의 연속이며, 방황으로 자기 위기의식을 느낀다. 유년에 꿈꾸던 향수가 떠올라 동반되는 우울증을 시조로 곰삭히며 지식과 공식이 통하지 않는 감정이입이 떠돌이처럼 던져져 알고도 모르고도 속으며 모름지기 걸어야 하는 신여성의 길은 멀고 험했으리라 여겨진다.

　1981년 노산문학상을 수상하고, 1984년 한국시조선 창간호 시작품이 보이고 난 후 활동한 흔적 없어서 그런지 1985년 9월 5일 한국여류문학 창립 20주년 기념 101인 시선에는 작고 문인 편에 〈슬픈 노래〉 외 2편이 실린 해프닝도 있다. 이 필자가 김오남 시인의 평설을 쓰면서 느낀 것은 현대문학의 최초의 여류시인에 대한 평설이 미미한 것에 의아해 했고, 조명되지 않고 잊어진 시인으로 우리에게 멀어지는 것은 인기주의와 친분에 반영하는 문단 풍토가 잊어진 시인에게 냉정하다는 것을 실감했다. 또한 이것이 문체의 영향을 받아서 향토 문학을 사랑하는 자세로 좀 부족한 자료로나마 재조명하는 것을 자랑스럽게 여긴다. 다만 명문장가의 생가 복원과 시비가 고향 땅에 하루 속히 세워지길 바라는 후학으로 시대적 배경과 작품을 탐미하고 탐독하여 독자와 향유하는 개인의 이론적인 견지에서 심리적으로 분석하려 애를 썼으나 시인에게 누가되지 않았으면 하는 바람이다.

　수소문 끝에 강동구 명일동에 살고 계시는 조카이신 월로 소설가 곽하신 선생님께서 1992년 11월 14일 동작구 상도동에서 영면했고, 국어선생이던 아들은 미국으로 이민 갔다고 전해 들었다. 신여성으로 가정과 직장, 문단을 오가며 최고로 장수한 격동시대의 예인의 시상의 밑거름으로 살다 간 시조 100년의 뒤안길을 걸어 나온다.

시조시인 김오남

박 혜 숙
(건국대학교 국문과 교수)

1. 들어가며

2006년 언론에서는 탄생 100주년을 맞이한 우리 문인들을 조명하는 기념문학제가 열린다고 보도했다. 탄생 100주년의 문인 가운데는 유진오나 최정희, 강경애와 같은 소설가, 이주홍과 같은 아동문학가도 있지만, 이 글에서 문학과 삶을 조명하고자 하는 김오남 시인은 이들 가운데서도 그다지 알려지지 않은 인물이다. 그 이유가 무엇이든 탄생 100주년을 맞이하여 자신의 이름 석 자가 오르내리게 된 것을 지하의 시인도 기뻐할 것임에 틀림없다.

  탄생 100주년을 맞은 작가는 소설 '김강사와 T교수' 등을 남긴 유진오, 일제시대 최고 사실주의 작가로 평가받는 강경애, 1930년대 여성소설의 경지를 개척한 최정희, 국내 문단에 번역시를 다수 소개했던 이하윤, 아동문학가 이주홍과 이정호, 농민소설 작가 엄흥섭, 소설가 조정래의 부친인 시조시인 조종현, 여류 시조시인 김오남 등 9인이다.[1]

김오남 시인, 그는 경기도 연천에서 출생한 경기도가 낳은 여성 문인이다. 생전에 세 권의 시조집을 상재했고 400여 편이 넘는 작품을 발표했으며, 시조부흥운동에 여성으로서 첫 번째 이름을 올

---

1) 연합뉴스, 2006년 5월 12일.

린 시인이다. 이 글에서는 생애와 작품을 고찰하면서 김오남 시인을 재조명하고자 한다.

2. 김오남의 생애

김오남은 1906년 한약방을 하던 아버지 김기환과 어머니 정규숙과의 사이에서 2남 2녀 중 차녀로 태어났다. 경기도 연천군 군남면 왕림리가 그의 출생지로 사람들에게 죽터골이라고 불리던 산촌 마을이었다. 30여 호의 집들이 옹기종기 모여 살던 이 마을에서 김오남의 오빠 김상용(시인)이 서울의 경성고보에 진학했으며[2], 다시 일본 릿쿄대학에서 유학을 할 정도였으니 아버지의 경제적 활동을 통해서 그 당시 보편적인 다른 사람들과 비교해 집안 사정은 그다지 어렵지 않았던 것으로 추측한다.

죽터골에 모여 사는 사람들은 대부분 이씨 가문의 사람들이어서 김오남 집의 형제들은 다른 사람들과의 교류가 활발하지 못해 고독하게 어린 시절을 보냈다고 김오남이 어떤 잡지에 술회한 바 있다. 그러나 형제들은 진취적이어서 조그만 산촌 마을을 벗어나 서울로 올라가 공부하며 자신의 미래를 개척할 줄 아는 깨인 인물들이었다. 김오남은 경성에서 공부하고 있는 오라버니 김상용처럼 자신도 서울에 가서 공부를 계속하고 싶었다. 그러나 아버지 김기환은 딸이 외지로 나가 공부하는 것을 용납하지 않았다. 그 당시 대부분의 부모들처럼 여자가 집을 벗어나 사는 것은 정숙하게 살림을 배우다 결혼해야 할 여성으로서 옳지 않다고 생각했기 때문이었다. 그러던 아버지가 돌아가시게 되자 동생의 재주를 눈

---

[2] 김상용은 후에 1919년 3.1운동과 관련하여 보성고보로 전학했다.

여겨보던 오빠 김상용은 김오남에게 상급학교 진학을 권유하게 되었다. 김오남은 열여섯 살이 되던 해인 1917년, 늦었지만 서울의 진명여학교에 진학하게 되었다.

그 당시 남동생 김우영도 서울에서 보성고에 다니고 있었는데 세 남매의 학비가 만만치 않아서 늘 궁색했기 때문에, 오빠 김상용이 교비 장학금을 받아 동생들 학비에 보태주곤 했다. 김오남도 공부를 열심히 하여 진명에서 수석 졸업을 하게 되었고, 후에 모교에 와서 교편을 잡을 수 있는 계기가 되었다.

여학교를 졸업한 후 김오남은 그것만으로 만족할 수 없었다. 이듬해에 다시 학업을 계속하기 위해서 일본으로 건너가 동경의 일본여자대학 영문과에 입학하여 1930년 졸업했다. 김오남은 이처럼 열심히 공부하던 때를 회상하여 그의 시조집 『심영』에 다음과 같이 이 당시를 술회했다.

> 남에게 지지 않으려고 했다. 그래서 우등을 하고 또 첫째를 아니 뺏기려 했다. 필자는 넉넉지 못한 가정에 태어났다.
> 오빠는 교비로 공부했다. 그러면서도 군색한 학비를 떼어 동생과 내 학비를 보태 주셨다. 동생을 데리고 식량을 집에서 가져다 자취를 했다. 나는 진명, 동생은 보성을 다녔다. 많은 고생을 겪었다. 그럴수록 우리는 분발했다. 밤이면 잠을 자지 아니하려고 애를 썼다. …중략…
> 그 후 사회에 나와 직업을 잡고 결혼을 했다. 그리고 행복하리라고만 생각하던 장래가 당도한 오늘날은 아무것도 아니되고 말았다.[3]

열심히 공부하고 노력했지만 뜻한 대로 모든 것이 이루어지지 않아 행복하지만은 않다는 뜻이다. 위의 내용처럼 김오남, 김상용 등 이들 형제들은 정말 열심히 공부하였다. 군색한 집안 살림살이

---

3) 김오남, 『심영』, 동인문화사, 4289, p.33~34.

에도 불구하고 김오남이 일본 유학을 할 수 있었던 것은 배우고자 하는 열망과 끝없는 노력 때문이었을 것이다. 대학을 졸업하고 귀국하여 조선일보 기자 생활로 사회생활을 시작했으나 그리 오래 가지는 못했다. 적성에 맞지 않았지만 그 보다도 그의 모교인 진명여고에서 영어교사로 일할 수 있게 되었기 때문이다.

  1931년부터 모교에서 영어를 가르치던 김오남은 학생들이 수업시간에 떠들거나 숙제를 해오지 않으면 무섭도록 야단을 쳤기 때문에 학생들은 그를 김뚝보라는 별명을 붙여주었다.[4] 이 무렵 김오남은 이미 문단에 데뷔하여 문필활동을 하던 오빠 김상용 시인을 이어 시조 습작을 열심히 하던 시인 지망생이었다. 그리고 1년 후인 1932년엔 『신동아』지를 통해 13수의 시조를 발표하여 본격적으로 시조 창작에 힘을 기울이기 시작했다. 1920년대 최남선과 이광수를 필두로 하여 문단에 일기 시작했던 시조부흥 운동의 불꽃이 아직까지도 남아 있었다. 이병기, 이은상, 정인보와 같은 시조 시인들이 많은 작품들을 발표했으며, 좋은 작품들도 많이 나오던 시절이었다. 그러나 여성 시인들의 활동이 거의 없던 그 시대에 김오남은 개척자처럼 시조부흥운동에 합류하여 민족적 정서를 쏟아내기에 여념이 없었다.

  학업과 대학 졸업 후의 취업, 시조 시인으로서의 문단 활동 등 가파르게 젊은 날의 자기 삶을 개척하기 여념이 없던 김오남은 결혼할 틈도 없었다. 오로지 자기에게 주어진 일들을 처리하기에 최선을 다할 뿐이었다. 내게 주어진 일에 몰두하다 보니 혼기마저 놓쳐버린 것이다. 그러나 이 시인을 기다려 주는 한 남자가 있었다. 김오남처럼 학생들을 가르치던 선생님인 정봉윤이었다. 김오

---

4) 『여성』, 1937, 7, p.72.

남의 나이 31세에 만났지만, 그리고 그 시절로 본다면 노처녀 중에서도 노처녀였지만 천생연분이었기에 다행이었다. 중매로 결혼한 둘 사이에는 딸 학희(鶴姬, 1937년생)와 아들 국진(國鎭, 1939년생)이 태어났다. 이 무렵 김오남은 자신의 교사 생활과 더불어, 두 아이를 키우고 남편의 뒷바라지를 하느라 작품을 쓰지 못해서 한동안 작품 활동을 중단하기도 했다. 일인 다역의 생활이 얼마나 힘들었는가를 그의 시조집에서 우회적으로 표현하고 있다. 김오남은 우리나라 가정부인의 생활은 어려서는 사랑 받는 딸이었지만 출가하면 시집의 종이 되고, 시부모의 심부름꾼으로, 남편의 조롱꺼리로, 자녀의 시종 잡이로 평생을 고해(苦海) 속에서 지내야 한다고 한탄한다. 그러다 보니 맛있는 음식, 따뜻한 옷을 입으며 편안한 잠을 잘 수가 없고 맘 놓고 이야기조차 할 수 없음을 탄식하는 글을 썼다.

> 가사에 시달린 몸 부모 봉양 어려워라
> 子息이 또 딸리니 남편을 어이 섬기리
> 베개를 편히 베고서 단 한 잠을 못자오
>
> 뼈 휘게 일을 해도 칭찬을 못듣구려
> 솥 덮고 불사를 제 한숨 섞어 불을 부오
> 주부의 오늘이 법을 고쳐보면 합데다.[5]

당시의 여성으로서는 많은 공부를 하여, 학생들을 가르치는 교사가 되었고 시를 쓰는 시인이었지만 그도 역시 가족에 대한 희생과 봉사로 허리가 휠 정도였다. 육체적인 고통뿐만 아니었다. 전 식구가 먹다 남은 찌꺼기를 부엌에서 먹어야 하고, 헌 옷가지나

---
5) 『심영』, pp.15~16.

입어야 한다. 잘해도 '예' 못해도 '예'해야 하고 남편이 외도를 하건 잡기를 하건 입이 있어도 말하지 못하며, 시부모의 꾸중과 남편의 구박을 견뎌야 하는 여성—그 자신의 위치도 이렇게 비유한 것 같다—을 집에서 기르는 개나 돼지보다 못하다고 고발하고 있다.[6] 위의 시조는 바로 그러한 여자의 신세를 그린 작품이다. 가부장제의 그늘 아래 신음하던 당대의 여성들과 비교하면 오늘날과 그 시대는 그리 멀지 않지만 오늘날의 여성 지위와 비교해 보았을 때 아득한 원시시대인 양 느껴질 정도이다.

이런 김오남의 글들을 보면 늦은 나이에 연분이 되어 한 남자와 살림을 꾸렸지만 그는 그다지 행복하지 않았던 것 같다. 한 때(1944년) 영어 과목이 없어져서 교사 생활을 그만두어야 했던 김오남은 다시 고등학교 교사로 복귀하여 1948년부터 수도여고에서 영어를 가르치게 되었다. 그러나 결핵성 관절염에 걸린 아들의 병 수발을 위하여 1950년 3월에 다시 학교를 그만두게 된다. 아들의 병 때문에 학교를 그만두게 되었지만 정작 6·25 전쟁이 발발하여 아들의 치료는커녕 피난도 하지 못하고 있다가 그 해 11월에 겨우 부산으로 피난을 갈 수 있었다. 이 때 김오남은 부산에서 오빠 김상용을 만난다. 인생의 스승과 같은 오빠였으며, 문단의 선배 시인이기도 한 오빠였다. 그러나 불행하게도 김상용은 1951년 6월 식중독에 걸렸다가 의사의 잘못된 처방약을 먹고 세상을 떠났다.[7] 김오남은 하늘이 무너지는 것 같은 슬픔이자 충격이었다.

1953년 휴전이 되고 김오남은 서울로 돌아왔다. 서울에 도착하여 자신의 집으로 가는 도중 오빠가 살던 집 옆을 지나게 되었다.

---

6) 『심영』, p.16.
7) 김용성, 『한국문학사 탐방』, 현암사, 1984, pp.320~321.

이미 그 집은 피난 가기 전에 허물어졌던 집이지만 오빠의 추억이 서린 곳이었다. 김상용 시인이 방공호에 몸을 숨기고 살아보겠다고 부산까지 내려가 뜻하지 않았던 사고로 세상을 떠나게 된 사실에 대하여 김오남은 두고두고 한이 맺혔던 것 같았다. 김상용이 죽은 후에 며칠에 한 번씩 오빠가 꿈에 나타나 '누이야 간다' 하고 그 허물어진 집터를 걸어가는 모습이 보였다고 하니 마음 속 깊은 그 괴로움과 슬픔의 정도를 헤아릴 수 있을 것 같다. 후에 김오남은 50세를 일기로 생을 마친 오빠 김상용을 기리면서, 고결하고 청렴한 시인이자 철학자요, 시인이며, 도덕가로 자타가 공인하던 인물이었다고 안타까움을 호소한 바 있다.

　서울로 돌아 온 후 김오남은 아들 국진의 병인 결핵성 관절염을 치료하기 위하여 온 정성을 다 기울였다. 의사가 처방한 이 병의 치료법은 절대적인 안정과 더불어 일광욕 치료법이나 그리고 영양섭취 등이었다. 영양섭취의 방법으로는 쇠꼬리 한 개, 닭 한 마리, 마늘 한 접, 소주 한 되, 설탕 근 반을 섞어 곰국을 끓여 매일 두 공기씩을 먹이는 것이었다. 해쓱한 얼굴로 아들이 '엄마, 이제는 그만두라' 고 하며 안타깝게 굴 때 김오남은 눈물을 흘리지 않을 수 없었다. 만지면 가늘기가 촛대 같았던 아들이 이런 병신 다리를 갖고 어떻게 세상을 살아갈 것인가 걱정했는데 아들이 드디어 병상에서 일어나게 되었다. 어머니의 정성이 아들을 살린 것이다. 이때의 심정을 김오남은 자신의 글에서 다음과 같이 말했다.

　　이 병신 다리를 가지고 어떻게 세상을 살아가나, 또 절룸발이란 듣기도 끔찍한 조롱을 어떻게 받는단 말이냐? 혹 틈이 있을 때면 이 답답한 심경을 적어보고 싶었다. 그러나 쓸 길이 없어 붓을 내 던지고 한숨만 진 것도 한 두 번이 아니었다. 이러는 동안에 십 년이 갔다. 얼마나 지리했던가. 그러고도 일 년이 된 오늘날 완치(完治)가 되어 땅을 디디고 일어서서 지척지척 걷는 것을 보았다.

반갑다고 할까. 너무도 어이없는 기쁨에 어리둥절했다. 눈물이 저절로 흐름을 금할 길이 없었다. 반가와서다. '이놈 국진아 걷는구나' 무두무미(無頭無尾)한 마디가 저절로 나왔다. 이것이 자식의 병을 고치느라고 애쓰던 나머지, 자식의 첫걸음을 떼어 놓는 순간, 어미의 기쁨이며, 즐거운 표정(表情)이었다. 나는 비로소 거울을 들여다 보았다. 십년 후 오늘의 나는 확실히 늙었구나.[8]

아들의 병환을 치료하고자 직장도 버리고, 오로지 십여 년간 병구완만 했던 자신이 정작 아들의 완치와 더불어 거울을 보니 늙었다는 한탄에 고된 세월의 흔적을 그 글의 행간에서 읽어낼 수 있는 것이다. 고된 세월의 흔적은 그의 시 속에서도 많이 드러나고 있는데 그의 생 자체가 그리 여유롭지 못해서였을 것이다. 어린 시절에도 공부를 하기 위해서 어려운 집안 살림에 쪼들려 가며 학비를 마련해야 했고, 결혼 후에도 아들의 병환 때문에 처지는 나아지지 않았다. 더군다나 제자에게 재정 보증을 서 주었으나 잘못되는 바람에 큰 타격을 입기도 했다.

그러나 그 시절 대부분의 사람들은 그렇듯 가난하게 살아가고 있었다. 김오남만이 남들보다 군색하게 살아간 것은 아니리고 본다. 또한 가부장적인 전통 아래 여성으로서의 삶이 고달프다고 그의 시조를 통해서도 말하고 있지만 부부 사이가 그렇게 나빴다는 흔적은 없다. 평생을 교직 생활을 하며 교장선생님으로 정년한 남편과, 비록 어린 시절 긴 병고를 치뤘지만 음악을 전공하여 음악선생님으로 교직 생활을 했던 아들, 이러한 가족의 관계는 결코 궁색하지만은 않은 중산층이었을 것으로 짐작이 간다. 그래서인지 김오남은 그의 시조집 『심영』에서 부부의 정에 대하여 말하고 있다. 그는 이 글에서 부모를 작별하고 형제를 떠나서 서로 믿고

---

8) 『심영』, pp.64~65.

의지하는 게 남편이고 아내라고 정의한다. 때에 아니 오면 기다려지고, 잠시를 떠나도 서운한 것이 부부사이라고 했으니 김오남이 생각하는 부부관은 꽤나 긍정적이었던 것으로 여겨진다. 얼마나 귀중한 사이며, 존경할 존재냐고 했던 김오남은 그 부부의 정을 다음과 같은 시조로 노래하고 있다.

님 따라 내가 오나 내 따라 님이 오나
님 함께 걷는 길이 그리도 미덥구려
그리워 타는 애정이 합하는게 부부리까

솜같이 피는 애정 구름에다 비기리까
생애에 지치도록 안개인양 스는구려
인생에 이런 한 때를 행복이라 하리까.

이렇게 보면 불행했던 우리 현대사의 한 가운데를 지나면서 김오남은 나름대로 여성으로서 시인이라는 이름을 남기고, 가정을 꾸리면서 살아온 선택받은 여성이었다고 그의 삶을 종합할 수 있을 것 같다. 1988년 남편 정봉윤이 먼저 세상을 떠나고 5년 뒤인 1993년 88세에 남편의 뒤를 따랐다.

2. 김오남 시조의 문학사적 의의

김오남이 시조를 쓰기 시작한 것은 시인인 오빠 김상용의 영향도 컸지만, 때마침 우리 문단에 큰 물결을 일으켰던 시조부흥 운동의 여파도 컸다. 1932년 『신동아』를 통해서 작품 발표를 시작했던 김오남은 이 밖에도 『신가정』, 『시원』, 『중앙』 등에 시조를 발표하면서 그의 이름을 문단에 알렸다. 원래 시조부흥운동의 시작은 1925년 프로문학의 전진 기지였던 카프가 결성되자, 이에 맞서 우리 민족정신을 담고 순수한 문학 정신을 고취시킬 문학으로서 시조를 부흥시키자고 시작한 운동이었다. 이미 근대 시조집의 효시라고 할 수 있는 시조집『백팔번뇌』를 냈던 육당 최남선과 이광수, 정인보, 이병기, 이은상 등이 이 운동의 중심에 있었다. 노산 이은상을 비롯한 시조 작품들이 홍난파 등에 의하여 수많은 가곡으로 만들어져 온 국민들의 사랑을 받던 그야말로 시조 부흥의 시대였다. 1920년대 시작했지만 1930년대까지도 시조 사랑은 식지 않아 1930년대 말, 탄생한 문학지인『문장』은 가람 이병기에 의하여 신인 시조 시인들을 추천 배출하기도 했다.[9]

그러나 활동했던 대부분의 시조시인들이 남자들이었음을 상기한다면 김오남의 등장은 여성 시조시인의 새로운 인물이었다는 점에서 흥미로우면서도 문단에 큰 관심을 끌만한 일이라고 본다. 더군다나 일본 유학까지 하고 온 엘리트 신여성 김오남은 자기의 모교인 진명여고에서 영어까지 가르치던 선생님이었으니 당시로 보면 선망의 여성이었음에 틀림없다. 게다가 그의 오빠인 월파 김상용은 김오남보다 앞서 문단에 나온 시인이었다.[10] 이와 같은 사

---

9) 이 잡지에서 정지용은 시를, 이태준은 소설을 심사하여 신인들을 추천했다.
10) 대표작은 잘 알려진 작품〈남으로 창을 내겠소〉이며 그 전문을 소개하면 다음과 같다.
　　남으로 창을 내겠소
　　밭이 한참가리

　　괭이로 파고
　　호미론 풀을 매지오

　　구름이 꼬인다 갈리 있오
　　새 노래는 공으로 드르랴오

　　강냉이가 익걸랑
　　함께 와 자셔도 좋소

　　왜 사냐건
　　웃지요.

실들로 볼 때 김오남이 문단에 시인으로서 뿌리내리는 데 큰 어려움이 없었을 것으로 본다. 또한 그 보다 앞서 등장한 여성 시조시인으로서는 장정심[11]이 있었을 뿐이니 현대 여성 시조문학의 개척자라 할만하다.

　두 여성의 작품 세계는 기독교적인 것과 유교적인 것으로 판이하게 달랐다. 장정심의 작품들이 종교적 색채가 너무 들어나는 찬송가풍의 시조였다면, 김오남의 시조 작품은 종교적이라고 할 수는 없지만 전통적인 가치관을 답습하여 어쩌면 구태를 벗어나지 못했다는 평가를 받을 수도 있을 것이다. 당시 시조부흥 운동에 동참했던 남자 시조시인들이 형식과 내용에서 고시조의 구태를 벗어났던 것과는 대조적인 면을 보여주는 것이다. 그럼에도 불구하고 여성으로서 이 운동에 참가하여 민족문학으로서의 시조 붐에 함께 했다는 것은 그 나름대로의 문학사적 의의가 있다고 본다. 그러면서도 김오남의 시조 작품 가운데는 선이 굵은 사회비판적 내용이나 현실에 대한 풍자, 애국심 등 신변의 문제를 벗어난 작품들도 눈에 많이 띈다. 그만큼 김오남의 문학적 관심사는 다양했다고 본다.

　　　불쌍한 이 백성을 게 어이 살리과저
　　　헐벗고 주린 꼴을 볼 수가 없소그려
　　　어둔데 광명이 되어 비쳐보면 하노라

　　　山은 벗고 물마르니 풀인들 사오리까
　　　江土가 사막되면 어인들 산단말요
　　　한 줄기 꽃비가 되어 뿌려볼까 하노라.

---

11) 장정심은 1898년 경기도 개성에서 출생하여 호수돈여고보와 일본 쿄오세이 여자신학교를 졸업하고 1927년 『청년』에 시조를 발표하면서 등단했다. 그러나 본격적으로 문단에 알려진 것은 1932년 『신생』에 〈山水〉 등의 시조를 발표하면서부터이다.

작품집 『심영』에 실린 '겨레를 생각하며' 라는 글 말미에 실린 시조이다. 1953년 『김오남 시조집』이 발간되고 3년 후인 1956년 이 시조집이 출간된 것이니 이 작품집에 실린 내용은 그 무렵 김오남의 정신세계를 비추는 내면풍경이라고 할 수 있다. 전쟁이 끝나고 폐허화된 이 강산, 헐벗은 백성들, 전쟁의 참화로 정서적 공황을 겪을 수밖에 없었던 비참한 민중……, 김오남의 시조를 통해서 우리 현대사의 일부분을 보는 듯하다. 특히 그의 시조에서 볼 수 있는 1930년대 식민치하에서 겪었던 궁핍함과 민족의 아픔 등을 다룬 작품을 통해서 김오남의 사회적 인식을 추론할 수 있다. 이런 사회적 인식은 인생에 대한 관조나 산수 자연을 노래하는데 그치고 말았던 현대시조에 이색적이고 대담한 수용이었다는 평가를 수긍할 만 하다.[12] 〈빈궁〉, 〈지게꾼의 탄식〉, 〈농촌片感〉, 〈李첨지〉 등의 작품을 통해서 이와 같은 김오남의 문학정신을 알 수 있는데, 이 중 『심영』에 실렸던 〈李첨지〉에 대한 글을 보면 당시를 살아가던 사람들의 곤궁한 자화상을 보는 듯하다. 땅 몇 마지기를 빌려 부지런히 농사를 지어도 줄어들지 않는 궁핍함, "찬 방에 들어와 시커먼 시레기 짠지에 언 조밥을 꺼위꺼위 씹어 삼키는 것이 그의 사는 생애였다" 라고 김오남은 회고하면서 다음과 같은 시조를 지었다.

　　　나무짐 벗어놓고 한숨지는 저 늙은이
　　　씨레기 짠지에다 조밥이 운수런가
　　　이날이 저물어 가니 멍석 밑이 더 차오

　　　한 평생 일한 값이 이것 뿐이었고

---

[12] 정영자, 한국여성문학연구, 동아대학교 박사논문, 1987, p.86.

> 육십 년 늙은 몸에 오는게 이렇구려
> 목숨을 굳이 못버려 이런 짐을 지지요.

생전 이불을 모르고 살았으며, 두루마기를 입은 일이 없었다는 이첨지는 김오남이 어린 시절 살았던 고향 마을의 인물이다. 영혼이 있다면 천당에 가서 배부르고 따뜻한 이불이나 덮여지고 부드러운 두루마기나 입게 되었으면 좋겠다는 김오남의 글에서 인간에 대한 따뜻한 사랑과 연민의 마음을 읽을 수가 있다.

이러한 김오남의 작품과 그의 시적 위상에 대하여 『심영』의 발문을 쓴 황의돈은 "김오남시는 한국에서 새로 난 여류시인으로서 그 작품의 향그럽고 꽃다움이 허난설헌, 이옥봉의 뒤를 이어 자랑할 만한 시인의 재질을 갖고 나선듯하다."고 말했다. 조선조 시인 가운데 최고의 시인인 허난설헌과 이옥봉에 김오남을 비견한 것은 시집 서문을 쓴 이로서 예의상 보내는 칭송일 수도 있다. 여성 문인이 별로 없던 시대에 422수의 작품을 세 권의 시조집에 상재한 사실만으로도 김오남은 그 이름값을 할 만했다고 본다. 그럼에도 불구하고 김오남 시조에 대한 평가는 전통시조의 내용답습 못지않게 한자어의 사용이 많이 나타나 진부하다는 게 중론이다. 다시 말해서 우리말의 멋을 살리지 못한 아쉬움을 남기고 고시조의 틀을 상투적으로 답습하여 현대적 감각이 결여되었다는 점이 단점이다.[13]

김오남은 1960년 시선집 『여정』을 간행한 이후엔 시집 발간을 하지는 않았지만 1983년까지 『시조문학』 등의 잡지를 통해서 간간히 작품을 발표했다. 1981년에는 그간의 공적을 인정받아 노산문학상을 수상했다.

---

13) 정영자, 위 논문, pp.84~85.

비록 김오남 시조에 대한 평가는 시조 문학의 새로운 경지를 이루지는 못했어도, 여성 시조시인으로서 우리 현대문학사에 중요한 의미를 담고 있는 시조부흥운동에 함께 했다는 사실만으로도 중요하다. 또한 여성적인 섬세한 시상과 감성적인 세계도 그의 작품 중 많은 부분을 차지하고 있지만, 폭넓은 사회적 인식과 민족의 절실한 아픔을 담은 작품들을 통해서 김오남의 문학적 위상을 재고할 필요가 있다고 본다. 다만 '어즈버, 아희야, 두어라'와 같은 고시조 종장 첫구에 등장하는 상투적 관용구를 그대로 답습한 작품들, 신선한 우리 언어를 개척하고 살려 쓰고자 한 태도보다는 한 문구를 비판 없이 그대로 받아 쓴 작품들은 현대시조가 나아가야 할 방법과는 거리가 멀다는 평가를 받고 있다.[14] 그러나 김오남 시조 전편을 분석해 보면 반드시 그의 시조가 고시조를 답습하지만은 않았다는 사실을 발견할 수가 있다. 주로 일제 치하에 쓰어졌던 작품을 묶은 『시조집』, 『심영』 등의 작품집에서는 이런 흔적들이 있지만 세 번째 시집인 『여정』엔 구투의 문장을 찾기 어렵다. 현대시조로서의 새 면모를 이 시조집에서는 보여주는 셈이다.

    뻑국새 우는구나 뻑국 뻑국 뻑국 뻑국
    산 넘고 골을 거쳐 끄니락 다시 우네
    앞뒤에 산들이 솟아 높고 낮고 하더라.
        — 〈포곡〉 중에서

    빛단련 벗어볼까 정신 잃고 싸매노라
    집일을 바렸으니 살림은 엉망인데

---

14) 정영자, 위 논문, p.85.
    김오남에 대한 연구가 그리 많지는 않지만 그 밖에도 임은, 이명숙 등의 논문에도 이와 같은 평가를 내리고 있다.

婚日을 당한 딸의 일 근심 더욱 큽니다

쓸 일은 하 많은데 돈은 돌지 않는구나
헐벗고 못먹이니 어미 마음 아프구려
뼈저린 마음만 더해 진정할 길 없구나.
―〈딸의 婚日을 정하고〉 중에서

〈포곡〉이라는 시조는 뻐꾸기의 울음소리를 의성어로 반복하여 시조의 옛스런 맛을 넘어 현대적인 느낌을 주고 있으며, 〈딸의 婚日을 정하고〉는 가정사의 어려움을 리얼하게 그리고 있어 음풍농월류의 시조와는 분명 다른 맛을 준다. 이렇듯이 김오남의 시조가 현대시조의 획기적인 새로움을 열지는 못했어도 나름대로의 특징을 보였다는데 김오남 시조문학의 문학사적 의의를 찾을 수 있다고 본다.

3. 작품세계

김오남이 시조 창작을 활발히 하였던 1930년대는 카프가 해체되면서 표면상으로는 프로문학 운동이 잦아들었던 시기였다. 따라서 1920년대 활발하게 움직였던 민요시 운동이나 시조 부흥운동 같은 민족문학 운동도 상대적으로 수면 밑에 가라앉았던 시기다. 그럼에도 불구하고 신문이나 잡지 등을 통해서 민족문학의 기치를 내걸지는 않았지만 일제 식민치하라는 불행한 시대에 저항할 수 있는 방법은 우리 문학을 통해서 민족정신을 지키는 일이었다. 그 당시 유행했던 조선심(朝鮮心)이라는 말은 그러한 의식을 단적으로 표현하는 말이다. 1930년대에 이르러 이광수, 박종화, 심지어는 김동인 등에 의하여 역사소설이 유행처럼 창작되었던 것도, 『문장』지에 우리 문화를 조명하는 다양한 특집들이 실렸던 것도 모두 동일한 민족의식의 표출 방법이었다고 볼 수 있다.

이러한 시대에 김오남이 선택한 시조 창작은 이 시인이 선택한 민족의식의 일환이었다고 말할 수 있을 것이다. 『시조집』(1953년), 『심영』(1956년), 『여정』(1960) 등의 시조집을 내고 『여정』이 후에도 간간히 시조를 발표했던 이 시인에 대한 평가가 별로 없고, 몇몇의 평가도 그렇게 긍정적이지 않았던 것은 몇 가지 이유가 있는 것 같다.

첫째, 김오남이 문단에 등단한 후에도 당시 문인들처럼 동인 그룹에 참여하여 문인들 간의 인맥을 만들지 않았기 때문에 문학적 화제를 뿌리지 못했다. 신문이나 잡지 등에 그의 작품을 비롯한 문학적 동향이 자주 언급됐다면 김오남 문학에 대한 관심은 더 커졌을 것이다. 둘째, 등단한 후 근 20여년이 지난 1953년에서야 첫 시집을 내었기 때문에 문단에서는 거의 잊혀져갈 무렵이었다. 이것 또한 그의 이름과 작품 세계를 알리는데 크게 기여하지 못했다. 더군다나 이 시기는 전쟁이 끝나던 때였고 한국문학도 새로 등장한 신인들을 비롯하여 새로운 문학이 싹트던 때였으므로 과거의 작품을 모아놓은 시조집으로 관심을 끌기에는 역부족이었을 것이라고 본다. 셋째, 또한 몇 몇 연구자들이 언급했던 것처럼 김오남의 시조가 현대시조로서의 새로운 형식과 내용을 담지 못했던 것도 김오남 시조에 대한 관심을 끌 수 없게 만들었던 중요한 요인 중에 하나였다고 본다.

물론 김오남 시조가 구태의연함에도 불구하고 여성 시조시인으로서 가졌던 사회의식이나, 초기 작품과는 달리 후기 시조에서 보여주는 새로운 면모도 있다는 점을 앞서도 언급한 바 있다. 특히 몇 안 되는 당대의 여성 시인, 그 가운데서도 시조시인으로서의 문단 위치를 평가 않을 수 없을 것이다. 한 연구자는 김오남의 시조를 통해서 허무의식, 전통의식, 서민의식 등 세 가지로 나누어 분석했다.[15] 불운한 시대를 살았던 한 여성으로서 곤궁한 삶과 피폐한 사회 현상을 보면서 느꼈던 감정들을 노래하다 보니 자연스럽게 허무감과 더불어 서민의식이 작품 속에 스며있었던 것 같다. 다만 고어투의 상투적이고 관용적이며, 빈번한 한자의 사용은 현대시조가 현대시로서 새롭게 나아갈 방향과는 거리가 멀었다는 아쉬움이 남는다. 시조의 종결형에서도 '~노라', '~으라', '~더라' 등과 고시조의 어투를 그대로 답습한 종장 첫 구절의 '어이타', '世事야', '花鳥야' 등과 같은 관용투는 김오남 시조의 단점으로 남는다.

> 花香에 陶醉하야 조든 꿈 깨여보니
> 피였든 庭梅花의 二三花葉 덜었고나
> 歲月아 가라 하여라 나도 늙자 하노라.
> —낙화(3)

위의 시조는 김오남 시조의 상투적인 구태의연한 작품성을 그대로 다 갖고 있는 듯하다. 꽃향기라고 쓰면 더 아름다운 우리말이었음에도 불구하고 花香이라고 표현한 것을 비롯하여, '庭梅花의 二三花葉'과 같은 말은 고어체의 표현이기 때문에 현대 교육을 받은 사람들은 구투로만 느껴질 따름이다. 게다가 '~~하여라'라든가 '~하노라' 같은 종장의 관용투 또한 이 작품이 고시조인지 현대시조인지 분간하기 어려울 정도이다. 그만큼 김오남 시인은 시가 언어예술로서 새로운 창조미학임을 관심두지 않았다는 느낌

---

15) 임은, 김오남 연구, 성신여대 교육대학원, 1996, p.21.

이다.

　유교적 이념과 같은 옛것을 숭상하고 옛 질서를 따르는 고지식한 그의 성품처럼 작품 또한 새로운 시대의 현대시조로의 변모를 추구하지 않는다. 평시조의 자구 맞추기에 골몰한 것도 융통성 없는 모습으로 비춰질 수 있을 것이다. 그러나 앞서도 잠깐 언급한 것처럼 김오남은 섬세한 여성성의 작품만을 고집했던 것이 아니다. 일제 강점기의 불행한 사회적 환경과 이를 지나칠 수 없는 작가 의식을 작품 속에 표출하기도 하고 때로는 가부장적 권위와 여성 비하의 세태를 고발하는 모습도 보인다. 그러나 그도 더 이상 앞서 나아가지 못하고 주저앉고 만다. 그 시대는 바로 그럴 수밖에 없던 시대였기 때문일 것이다. 여성을 노리개로 여기는 방탕한 남자들에 대하여 김오남은 다음과 같이 경계한다.

　　　한 남편에게 한 아내가 적절함은 하늘이 정하신 천리이고, 인간만이 자랑할 수 있는 도덕이며, 권리여야 할 것이다. 그런데 간혹 보면 이 여자를 희롱했다가, 저 여자로 옮기고 하는 일이 많고, 또 이것을 도락(道樂)으로 아는 불량(不良) 남아(男兒)들이 흔히 보인다. 이런 사람에게 잡히는 날이면, 그 날이 평생을 망치는 날이 되고 마는 것이다. 도덕심이 강한 남자가 없는 게 아니다. 그러나 극히 드물다는 것을 여자들은 잘 알아야 할 것이다.[16]

　"도덕심이 강한 남자가 없는 게 아니다. 그러나 극히 드물다는 것을 여자들은 잘 알아야 할 것이다"라는 말은 그 시대 남자들의 부도덕성을 고발함과 동시에 여성 시인으로서 여성에 대한 인간 선언이라고 할 수 있을 것이다. 그러나 청춘 남자의 사랑은 인류의 행, 불행을 좌우하는 것이매, 삼가고 또 삼가야 하며, 이성을 잃지 말라고 충언하는 이 시인의 태도는 남성에 대한 준엄한 목소리

---

16) 『심영』, p.110.

를 뒤로 감추는 이중성을 보인다. 그 시대의 여성으로서 더 이상 앞서 나아갈 수 없는 한계일 것이다. 이 내용에 대한 작품 또한 밋 밋한 도덕 교과서의 내용 같은 시조로 마무리 되고 말았다.

　　연모한 靑春만이 애가슴 태움일네
　　웃고 또 우는 것이 꿈깨운 뒤일찌라
　　理性을 굳게 안고서 후회 없게 하소서

　　꽃이란 피면 지고 달이 차면 이울듯이
　　男女의 정이란 게 타는 듯 스는 것을
　　깬 뒤에 한탄을 말고 굳이 삼가 하소서.

　이러한 김오남의 의식은 여성에 대해서도 전통적인 여성관을 그대로 드러내기도 했다. 순종적이고 남편의 뜻에 따르는 여필종부로서의 여성이 아름다운 여성이라고 생각한다. 그래서 〈點景〉이라는 작품에서는 등에는 아이를 업고, 머리에는 밥을 이고 밭가는 남편을 찾아가는 아낙네를 세상에서 아름다운 꽃다운 모습으로 그렸다(世上의 꽃다운 곳을 네게 또한 보았노라). 사실 작가는 이런 아낙네를 아름다운 풍경으로 그렸지만 아이를 업은 채 머리에는 밥을 인, 작품 속의 아낙네는 얼마나 힘든 모습인지 상상해 볼 수 있다. 밭가는 남편을 위해서 찾아가고 있지만 견뎌내는 육체는 얼마나 힘들까? 그럼에도 세상에서 아름다운 꽃으로 비유했다면 그것은 순종적인 여성상에 대한 미화가 아니고 무엇일까?

　　(기자) 여자가 결혼한 후 가정을 위하여 남녀공동으로 일하는 것이 어떨까요?
　　(김오남) 나쁘지는 않으나 생활 안정만 되면 여자는 가정부인으로 잘 노력하고
　　　　　 활동함이 좋겠지요.
　　(기자) 남녀문제에 있어서 평등을 주창함이 어떨까요?

(김오남) 가정원만주의로 나가는 것이 제일이겠지요.[17]

한 잡지사의 기자와 인터뷰한 위의 내용을 보면 김오남의 속내를 어느 정도 짐작할 수가 있을 것 같다. 여자도 사회에 나가 일을 하는 것이 나쁘지는 않지만 가정을 지키는 것이 중요하기 때문에 남녀평등 문제에 대해 교묘하게 비껴나가는 대답을 한 것이다. 이러한 이 시인의 모습은 작품 속에서도 그대로 드러난다. 때로는 남편, 혹은 남자들의 가부장적인 태도에 불만을 갖고 또 그에 대한 글을 쓰기도 했지만, 결국 여성으로서 남편에게 순종하는 유교적인 의식을 떨쳐버리지 못한다. 물론 그 시대는 이러한 모습이 여성의 미덕이었던 것이 사실이다. 그러나 남들과는 다른 교육을 받으며, 일본 유학까지 다녀와 모교에서 영어를 가르치던 시인 김오남의 모습은 소위 말하는 그 당시 신여성의 모습이 아니다. 김오남의 시조 작품들이 현대시조로서의 새로운 변신을 하지 못했던 것도 아마 이 작가의 이와 같은 천성 때문이 아니었을까 생각한다.

4. 나가며

김오남은 탄생 100주년(2006년)을 넘긴 경기도의 연천에서 출생한 여성문인으로서 그동안 문단의 조명을 받아오지 못했다. 그러나 필자는 그의 생애와 문학사적 발자취를 더듬어보면서 김오남을 한 여성시인으로서, 한 집안의 어머니와 아내로서, 그리고 후세를 가르치던 교육자로서 우리 근·현대사의 여성들 가운데 나름

---

14) 『신인문학』, 1936. 8. p.67.

의 족적을 남긴 훌륭한 인물이었다고 평가하고 싶다.

〈남으로 창을 내겠소〉라는 시로 유명해진 시인 김상용을 오빠로 둔 김오남은 여성으로서는 처음으로 시조부흥운동에 가담했던 시조 시인이다. 1932년엔 『신동아』지를 통해 13수의 시조를 발표하여 본격적으로 시조 창작을 시작했던 김오남은 세 권의 시조집 등 400여 편이 넘는 작품들을 남겼다는 사실만으로도 주목을 받을만한 여성이었다. 비록 그 작품들이 현대시조가 고시조로부터 뛰어넘어야 할 형식과 구태의연한 내용을 버리지 못했다는 단점도 있지만 때로는 준엄하게 부조리한 사회상을 꾸짖고, 때로는 민족의 비애를 거침없이 작품 속에 담았던 이 시인의 풍모를 결코 잊어서는 안 될 것이라고 본다. 또한 한국문화원협회 경기지회에서 발행한 경기도의 여성문인 속에 김오남 시인을 독립적인 한 인물로 고찰하는 기회를 얻어 매우 기쁘다. 저 세상의 김오남 시인도 무척 기뻐할 것이라고 본다.

순수 서정과 생명에의 변용(變容)
— 김오남의 시가선 『旅情』의 시학

엄 창 섭
(관동대학교 국문과 교수)

1. 감성과 시적 형상의 유의미

한국의 현대시조문학사에서 최초의 여류시조시인으로 평가된 김오남(金午男, 1906년~1996년)은 경기도 연천군 군남면 태생으로 김상용 시인의 동생이다. 진명여자고등보통학교를 졸업한 뒤, 일본여자대학 영문학과를 졸업하였고, 그 해 8월 조선일보사에 입사, 다음해 5월부터 모교인 진명여고에 재직하면서 20년간을 교직에 몸담았다. 한국현대시문학사에 있어 당시 카프의 계급주의 문학에 맞서 시조부흥의 기치 아래 육당·춘원·가람·노산·위당 등과 뜻을 함께 하고 국민문학파에 참여한 유일한 여성이다. 그는 『조선일보』(1930년 12월)에 〈無題吟四首〉를 발표한데 이어, 1932년 〈시조 13수〉를 발표하며 비로소 문단에 데뷔하였다. 1930년대의 『조선문단』, 『신가정』, 『조선문학』, 『중앙』, 『신인문학』, 『시원』, 『여성』을 비롯하여 『여성문화』(1945년) 등의 문학지에 많은 시조를 발표하였다. 초기의 작품들은 잦은 한문 투의 시어 사용과 관념세계에 너무 집착하였고, 〈幽谷〉, 〈원망〉, 〈죽은 조카 생각〉 등의 작품에는 유교사상을 바탕으로 한 현실도피의 색채가 짙다는 평가를 받아왔다. 인생 전반에 대한 관조적 시선과 삶에 대한 관념적 내용이 다루어졌으며, 그간에 간행된 시조집에는 『金午男 時調集』(1953)을 비롯하여 『心影』(1956)과 『旅情』(1960)이 있다.

렌섬(John Crowe Ransom)이 "시는 자연미의 표현이며, 상상(想像)이라는 훌륭한 기능이 시의 작인(作因)이다"라고 제시하였듯이, 〈순수 서정과 생명에의 변용〉으로 해명되어 행복한 언어의 집짓기로 재해석될 김오남의 시정신은 비교적 식물성 언어로 직조된 전율 같은 가슴 떨림이며, 동시에 그만이 겪는 황홀함에 근거한다. 인생의 여정을 숨 가쁘게 질주하면서 강인한 생명력을 매개로 하여 치유의 시학으로 자리 매김한 그는, 시조에 대한 남다른 열정으로 주의 집중한 실체였다. 먼저 모두(冒頭)에서 평자의 문제의 제기라면, 그간 안일하게 그의 작품해석에 '지나친 한문 투의 시어사용과 관념적이고 현실도피적인 색채가 짙다' 등의 부정적 인식으로 일관한 연구방법은 "바다가 잔잔하니 맑고 또 푸르른데/ 김포반도를 거울인양 빛첫고나/ 물속에 倒立한 경은 꿈속같이 보이네(水面)" 같은 작품을 통해 반드시 재고되어야 할 것이다.

일단, 그의 시 쓰기의 큰 틀은, "산곡이 있는곳에 골골이 애수인듯/ 침울이 울음맡아 출렁출렁 넘치누나/ 내맘도 그속에빠져 허덕이고 있고나(夕景)"에서 공감되는 자연 친화와 지극한 선의 드러남 "선이라 또 악이란걸 구지가려 무엇하노/ 유무가 별것없고 空과 實이 허사인데/ 그래도 선악을가려 마음아파 하노라(우감)"에서 연유한 생명외경의 엄숙성이 수용되어 있기에 조금은 꼼꼼히 손금을 챙겨 보듯이 김오남 시조시인의 작품 해석을 위한 작업은 실로 바람직한 행위다.

특히 그의 시편들은, 삶을 관조하면서 나름대로 체험하고 확인된 교시적인 언어를 내적 충만이라는 과정을 통해 조심스럽게 직조한 산물이기에 생명력이 있다. 실체의 껍질을 벗기고 일순간 깊은 사상에 몰입하는 정신력이 직관적이라면, 사물의 전체를 거시적 입장과 영원한 시간의 관점에서 주시하는 정신력의 한 방법이 관조의 세계이다. 여기서 조금은 심층적으로 비중 있게 검색될 김오남의 세 번째 시조집에 해당하는 시가선(詩歌選) 『旅情』(문원사, 1960)의 얼개는 사계절을 축으로 하여 〈春水之章/18수〉, 〈夏雲之章/15수〉, 〈秋菊之章/35수〉, 〈落穗之章/19수〉, 〈冬宿之章/15수〉로 엮어져 있다. 지극히 아니무스(animus)적인 결과물로 생산된 그의 시조적 특성은 〈禮佛〉, 〈逍遙山〉, 〈忘憂里〉 등에서 확인되는 생의 달관에서 비롯된 여유로움으로도 지적할 수 있기에, 그것은 마치 "개념과/ 창조 사이에/ 감정과/ 반응 사이에/ 그림자는 자리한다"라는 엘리엇(T.S Eliot) 식 발상으로 신비스런 동반자(companion)로서의 시 쓰기와도 결부시킬 수 있다.

  언어의 충돌과 결합인 한편의 시 쓰기란, 삶의 다양한 소재의 선택과 세계의 만남에서 깨어남을 계기로 지속적인 변형을 추구하는 작업이다. 시적 형상화를 위해 낯선 물상과의 접합이나 감내하기 힘겨운 현상과도 때로는 충돌하지만, 질서의 회복을 위한 '감성의 시학과 정신지리지' 란, 김오남에게 있어 자신의 자아인식의 재현(모사)이기에 시적 정조(情調)는 삶의 공간(처소)으로 앙양된 심리상태를 유지하고 있다. 여기서 그의 시적 발현은 삶의 흔적을 통해서 확인되어지는 여적(餘滴)으로, 비틀기가 아니라, 다가서기라는 휴머니즘의 틀 위에서 자신의 생각을 경박하게 표출시키지 않는 겸허한 심성과 잇닿아 있다. 그의 시적 배경과 시대적 여건은 마땅히 고려되어야 할 항목이지만, 설익은 풋과일의 맛이 베어나는 시편에는 지나친 언어의 기교성이 배제되어 담백한 시격이 감동을 회복한 점을 〈미적 주권과 생명에의 변주〉라는 시각에서 유념할 바는 그만의 시적 매력이다.

2. 미적 주권과 생명에의 변주

　자신의 분신과도 같은 언어의 집합에 해당하는 시가선(詩歌選) 『旅情』은, 자연 친화적인 것과 일상적 삶의 느낌을 대상으로 생명을 긍정한 모티프를 정감의 섬세한 형상화는 충직한 독자들에게 새로운 관심의 대상이 된다. 이 같은 존재의 표징은, 언어의 절제된 힘과 인식의 깊이를 통해 충직한 삶의 내면성을 따뜻한 서정성으로 풀어냄으로써 이 땅의 구속과 어둠을 무너뜨리는 징표로 재해석된다. 바로 이 점은 김오남 시조시인의 시적 토양이며, 시정신이 직조(織造)해 놓은 빛나는 의상이만, 이 땅의 우리 민족이 운명처럼 감내해야 할 통한의 노래에 해당된다. 그 같은 구체적 보기로 "뜰앞에선 영산홍이 울밑선 석류꽃이/ 가득피어 느러지니 극히고흔 자태엿만/ 모든게 시원치안하 볼맘안나 하노라(晋州에서)"는 영산홍이든 석류꽃이든 자연의 아름다움도 사랑하는 자녀들과 멀리 떨어져 있는 모성(母性)의 눈에는 결코 미적 대상으로만 수용될 수 없다는 본질적 인연(因緣)의 소중함이 서정감 있게 형상화된 이 시조는 유추하건데 뜨거운 눈물 속에서 쓰여졌을 것이다.
　같은 맥락에서 "어미품 영영떠나 못볼것만 같은마음/ 아물대는 그얼골이 새롭게 그리웁소/ 애틋한 심사를안고 잠못들어 하노라(딸의 혼인)"이나 "딸자식 여일일을 밤낮없이 생각노라/ 불현듯 이는 근심 바랄길은 없단말이/ 그얼골 바라보면서 눈물겨워 합니다(딸의 婚日을 定하고)" 성장한 딸의 축하할 혼사 앞에서도 결별의 애틋함과 초조로 밤잠을 설치는 모정은 눈물겹다. 사상과 정서의 자유로운 교감을 거쳐 자각 속에 생명체로 존재하는 시는 깨달음의 미학이지만, "꾀꼴이 산복에울고 뻑꾹성 산정에먼데/ 애틋한 그울음이 산에가득 소리또운다/ 하늘도 乳色을띤듯 천지혼곤 하더라(野

遊"에서 확인되는 그의 시적 인식은 지상적인 것에서 확산, 우주와 통하는 적극성이 혼재되어 있다.

>서장대 올라서니 안하가 넓었는데
>아지랑이 포곡성에 山이자욱 아련하다
>마음은 희비를몰라 어리둥절 하더라.
>　　　　―〈西將臺〉에서

한편, 삶의 처소에서 확인되는 질료를 따뜻한 감성에 접목시켜, 재생적, 미학적인 면보다 생산적 요소가 짙은 상상력을 가라앉은 가락 속에 이미지를 제시하며 입체적인 구조와 점층적 효과를 조화시켜 전통적인 맥락에 담아내려는 진지함은 소중한 정신작업에 해당한다. "강산에 봄경치를 마음껏 보았노라/ 때만난 꽃은피여 고운 태를 자랑컨만/ 벗은산 초가움집은 빈곤만이 극했네〈서글픈 일〉" 여기서 김오남 시조시인에 의해 존재의 현현(顯現)을 위한 언어의 집짓기로 해석되는 실례를 통해 다행스럽게도 깨달음과 자리매김이 확인된다. 재삼 논의되어도 지나침이 없는 것은 "생명외경이 생성된 순수서정의 시학"을 조심스럽게 형상화 한 그 자신이 지나친 수사적 기교나 화려한 언어유희(pun)에 이끌리지 아니하면서 자기만의 독자적인 육성, 냄새, 느낌 그리고 색깔이 있는 시적 영토의 확장은 그 나름의 가치를 내포하고 있다.

>五十五 살아온게 백발만 지텃는데
>겪어오든 고난사를 꿈에다 비기노라
>생애를 旅程에비겨 갈곳까지 젓는다.
>　　　　―〈旅情〉에서

표제시에 해당하는 〈旅情〉의 형식은 4수로 평시조에 속한다.

삶의 여정이란, 항해(航海)와 같아서 누구나 언젠가는 이름모를 낯선 작은 항구에 닻을 내려야 할 존재이기에, 김오남 시조시인은 작품을 통해 '늙으면 죽는 이치가 天理의 常道라는 것과 삶의 처소(공간)가 지옥이라'는 의식을 나름대로 반증하듯 강하게 재인시켜주었다. 여기서 이 점은 단순한 자신만의 자연적 감정의 발현(發顯)이 아닌, 이 땅의 모두가 운명적으로 수긍할 수밖에 없는 물질적인 궁핍에서 비롯된 민족적으로 겪는 사회적 불행을 고난사로 항변하여 준 보편적 우울함이다. 그나마 다행스러운 것은 시조의 종장에서 '갈곳까지 젓는다'라는 삶에 대한 강한 긍지와 신념을 일깨워줌으로써 결코 포기할 수 없는 예감된 삶의 존엄성을 확장시켜준 인자(因子)이다. 이 같은 시적 정황은 "탄식도 안타까움도 제대로 맡겨두오/ 낙도 고도 생활이고 사는데 보람이니/ 고락을 한데묶어서 안고웃어 보노라(豪氣)"에서 다시금 긍정적으로 이행되고 있다.

 더욱이 그의 시적 분위기는 사물을 따뜻한 시선으로 응시하며 비록 조국의 산하에 생명의 봄이 다가왔지만, 가난이 서럽도록 자리한 삶의 현장에서 땀 흘리는 농부들을 향해 가슴 뭉클한 정감으로 품격 있게 형사(形似)한 점이다. 지극히 선한 심성의 소유자인 김오남 시조시인의 성숙한 양상의 드러남은 다소 뒤늦은 감이 있으나 새롭게 조명되어야 할 타당성을 지닌다. "뼈가 휘도록 일을 해도 못산다. 헐벗고 주리고 집이라는 게 쓰러져가는 모옥삼간도 못되는 게 우리 농촌의 현실이다." 한국전쟁 이후의 폐허 속에서 피멍든 손으로 삶의 현장에서 목숨을 연명해가는 그 참담함에 이토록 울분을 토하면서도 "순후한 정이 있다. 순박한 태도는 그들의 인격이어서 법이 필요치 않다. 이 얼마나 고결한 생애냐." 민족이 겪는 좌절과 격랑의 세기에서도 나약하게 현실에 안주하지 아니할 신념은 밝은 미래를 열어가는 역사의 정체성을 지닌 그만의 빛나는 지성이기에 우리 현대시문학사에서 그의 위상은 재조명을 받아야 마땅하다.

> 반만년 역사문명 자랑해 무엇하오
> 매고심어 거두기는 고금이 땀이구려
> 밤들게 귀로를 찾는 그모습이 괴롭소
> …생략…
> 빈곤에 온갓고초 그네들만 받단말이
> 호화를 이곳주어 다같이 살고지고
> 순박한 그의심정엔 고결만이 풍기오.
> ―〈農村〉에서

　전통적인 정서와 때로는 전형적인 풍물을 다루되 전통적인 소재를 새로운 방법과 언어로 구사하며 언어의 조합, 이미지의 연결, 어조의 복합성, 운율의 변화 등을 통하여 자신의 독자성을 구축하려고 노력한 그의 애씀에 대하여는 뜨거운 격려를 보내는데 인색하여서는 아니 될 것이다. 이제 우리는 한 사람의 충직한 독자로서 그의 작품 〈꼴들〉 "더럽고 누추한꼴 어렵고 가난한꼴/ 못나고 젠척하고 교만코 간사한꼴은/ 보다가 구역이나서 갈안칠길 없구려"를 통해 칼날(刀)처럼 시조시인다운 품격의 섬찍하고도 강직한 성격을 유추할 수 있다. 관점을 달리하여 김오남 시조시인의 작품을 분리·통합할 때, 인간성의 회복으로 추구한 시적 인식이 지상에 속하는 여성 상징인 '櫻花, 과꽃, 영산홍, 석류꽃, 진달래(꽃), 노화, 野菊, 落花' 등의 꽃이 시적 질료로 제시되고 있어, 본질적으로 그의 따뜻한 감성에서 비롯된 인간존재에 대한 물음이, 생명외경의 편린(片鱗)으로 지적된다.

한편, 절망의 끝이 보이지 않는 삶의 현장에서 우직하게도 우리의 전통적인 가락과 시혼으로 이 땅의 여류문인에 견주어 400여 수의 많은 량의 시조작품을 모름지기 생산하여 서정성의 형상화로 미적주권을 확립하여 일상의 감동을 회복시켜준 순수한 영혼의 소유자인 김오남 시조시인을 푸른 생명의 계절이 총총히 오는 길목에서 만날 수 있음은 더 없는 행운이다. 어떤 면에서는 싸르트르가 〈작가의 책임〉에서 "작가의 책임은 명백하다. 바로 그것은 자유와 해방의 이론을 구축하는 것이라"고 기술한 것처럼 구속으로부터의 자유로운 이탈의 여유로움에 의한 한순간의 정신적 위안에 해당한다. 까닭에 소중한 일상에서 특정한 사람과의 만남이 운명적이듯, 영혼의 피폐함으로 미래가 불투명한 일상에서 파상되는 세상살이의 갈등과 전율처럼 엄습해 오는 절박한 고뇌를 때 묻지 않은 자연의 숨결로 장식하여 감동을 회복시켜준 눈부신 행위는 그저 감사할 항목이다.

시 창작의 주체는 시인이지만, 폭넓은 시각에서 조망할 때 충직한 독자 또한 시인 자신일 수도 있다. 따라서 시조작품은 비판적, 즉물적, 전체적, 정의(情意)와 지성의 종합, 유물적, 구성적, 객관적 특성을 지니는 것이 바람직할 것이다. 차지에 그만의 시적 매력은, 따뜻한 서정성과 순수한 영혼의 기도 같은 떨림을 매개로 생산되고 작용한 점에 기인한다. 종교적으로 제단(祭壇)을 쌓을 때는 정(釘:쇠붙이)으로 쪼아 만든 돌이 아닌 토담이나 자연석을 사용하여 쌓는다. 바로 이 점에 있어 스키마, 곧 배경지식이라면, 자연은 사랑과 평화를 의미하지만 인위적인 작업에 의한 금속(칼, 도끼, 정)은 곧 파괴나 살해의 도구로 변형되는 점을 경계하고 있다. 특히 한국의 자연과 연계된 생명외경의 소중함을 상실한 현대인들에게 삶의 일상을 영혼의 정화를 위한 주의집중은 바로, '김오남 시조

시인과 같은 정직하고 좋은 품격의 시인들이 얼마만큼 고뇌하고 있는가? 라는 반문에 고정된 인식의 통로가 열려야 할 뿐 아니라, 마땅히 우리 현대시의 밝은 미래의 문제와도 결부되어야 한다.

한편, 자명한 것은 이 땅의 시인들이 미적주권을 상실했을 때, 그것은 우리 사회의 갈등구조를 얽어매는 시대적인 불행으로 정신 공해를 유발시키는 인자가 된다. 비록 김오남 시조시인이 '물속에 놓여 있는 돌도 함부로 치우면 물의 울음소리를 들을 수 없음'을 격앙된 어조나 잠언(箴言)으로 역설하지는 않았어도, 전통적으로 민족의 혼이 담긴 평시조를 통해 시적 감응(感應)으로 형상화시킨 점은 "햇볕은 따뜻하고 바람마저 훈풍인데/ 아지랑이 아른대고 버들가지 푸르고나/ 진달래 피어날제면 어릴적이 그립고(春懷)"나 "풍엽을 바라보며 덧없이 걷노라니/ 할머니가 낙엽모아 한 끼땔걸 아끼는데/ 아해들 무에좋은지 이리저리 뛰놀고(點景)"처럼 푸른 색채감과 밝은 시상, 그리고 산촌 풍경을 격조 있고, 또 구태(舊態)를 벗겨 읊어낸 작품들은 높이 평가해도 결코 지나침이 없다.

3. 시적 감응과 시인의 소임

시적 상상력은 수동적인 사물과 능동적인 정신을 결합하는 매개적 정신능력(the intermediate)의 범주로 해석되어진다. 비록 사물의 재해석을 위한 발상으로 사물의 은유적 재구성이라는 그의 시적 포즈는 직면한 대상에 몰입한 결과물로서 형태, 색깔, 감각 등의 속성들을 상반균형의 시적 형상화로 풀이된다. "뒤뜰에 심은 과꽃 곱게도 피었고나/ 포기포기 탐스럽고 송이마다 산듯하니/ 어머님 즐기시든꽃 옛생각이 새롭네(과꽃)" 자신의 어머니를 여읜 지 15년이 되는 가을, 뒤뜰에 만개한 과꽃을 보며 모친에 대한 감회를 눈물 속에서 담담하게 읊조리고 있는, 김오남 시조시인의 정신풍경에서 감지되는 매력은, '조금은 천천히' 라는 느림의 미학에서 비롯된 여유로움이다. 우리는 절박한 상황에서도 당시의 어떤 시인에 견주어도 독자적으로 주지적인 세계를 갈마들면서도 미적주권이 확립된 서정성으로 독자적으로 확보하여, 구속으로부터의 정신적 자유로움을 발아시킨 투명한 시의식의 연결고리는 삶의 성찰을 통한 고뇌의 정수(core)로 이해할 수 있을 것이다. 자연을 대상으로 이미지를 형상화한 시각에서 접근하면 그의 시조, 곧 정치(精緻)한 언어의 떨기는 1수로 정리된 평시조 〈설산〉에서 놀랍게도 '은반인 양 깨끗한' 물아일체(物我一體)의 자연 친화로 먼 산의 풍광마저 성큼 다가서는 정조를 자아내고 있다.

> 만산에 쌓인눈이 깨끗하기 끝없는데
> 아득한 적요감은 무덤우에 무겁구나
> 송림의 슬피우름을 함께울다 가노라.
> ―〈雪山〉 전문

특히 물상에 대한 섬세한 정감은, "피엿다 스는꽃이 분분히 덧는곳에/ 그모양이 애처러워 발길을 멈추노라/ 지나간 한때청춘을 낙화에다 비기네(落花)"로 형상화 된 '낙화'는 피었다 한 순간 스스럼없이 이울고 떨어지는 꽃의 생리를 인간의 눈부신 아름다움의 정수(精髓)인 청춘에 빗대어 읊은 단형의 평시조다. 꽃의 피어남과 꽃잎의 떨어짐이나 인간의 나고 죽음의 반복에서 기인한 순환 원리는 동일하다. 그간에 시어(詩語)의 사용에 한문 구어를 구사함으로써 의고적 분위기를 시도한 점이 고시조의 모방과 답습이란 관용적 어투를 탈피하지 못했다는 지적이 제기되기도 하였으나, 작품의 문학성은 시대와 사회적 환경에서 생성된 정신적 산물임을 긍정할 때, 마땅히 그 시대의 잣대로 평가하고 그물망으로 건져

올려야 할 것이다. 따라서 그간에 그의 작품에 대한 평자들의 "현대적 감각의 분위기는 결여된 채 단조롭고 무미건조한 특성을 보이고 있을 뿐이다"라는 고정된 견해는 후기시조집에 해당하는 『心影』,『旅情』에서 인생 문제에 초점이 맞춰진 점은 충분히 고려되어야 한다.

비교적 초기의 시조에서 작중 화자(persona)는 보편적으로 부귀영화를 버리고 세상일을 잊으려는 관념적인 어휘가 빈도수 높게 차용되었고, 작중 화자의 태도 또한 도가적 관념세계와 자연의 감흥이 안일한 발상법과 상식적 틀로 일관된 점이 작품의 저질성으로 지적되기도 한다. 그나마 후기에 그의 시 의식은 초기작품에 수용된 작중 화자의 태도는 인생문제에 대한 패턴으로 이행되고 자연순응주의적인 도피적·소극적 자세는 점차 변형의 조짐을 보여주고 있다. 일제강점기의 절대적 빈곤을 중심으로 소외된 자의 고통분담에 아픔에 대한 공동체 의식은, 김오남 시조에 수용된 폭넓은 사회인식의 보편성이다. 이 같은 사회인식에 대한 천착(穿鑿)은, 자연과 인생관조에 짙게 드려진 결과로 우리 현대시조의 양상에 비추어 특이성과 대담성으로 평가되기에 족하다. 까닭에 시조의 내용, 범주를 보다 확장하고 또 그에 의해 창작된 시조의 양적인 공과는 재론될 충분한 의의를 지닌다.

특히 정영자의 〈김오남의 시조연구〉의 다음과 같은 주장은 그의 시조를 이해하는 키 워드에 해당한다. "대부분 낮은 톤으로 우울함과 비탄을 노래하고 자연을 읊은 그 밑바닥에는 인생의 무상함을 짙게 깔고 있다. 김오남은 우리 문학사상 시조문학의 저변확대에 한 몫을 담당한 시조시인이다. 이러한 사실에는 400여 수나 되는 많은 작품 수에 비해 한계성 또한 지적되지만, 전통계승의 입장을 지향한 작가라는 점은 긍정적으로 평가되어야 한다." 물론 그의 시조 세계는 소통의 통로가 자연과의 합일, 교감을 통하여 자신의 심경을 토로하고 무한한 자연의 영속성과 유한적인 인생의 허무감을 형상화 하면서 동양적 정조의 분위기와 순응주의를 접목시킨 경향은 간과치 말아야 할 것이다. "추풍에 덧는잎이 그리도 처량코나/ 인생의 마지막을 저에다 비기노라/ 쑛이냐 허무이랄까 애수에만 잠기네(낙엽)"에서 생의 무상함을 노래하고 영탄조로 처리한 것은 그것을 초극하려는 의지보다 숙명으로 간주하려는 무상과 체념조의 분위기에서 비롯된 조짐으로 해석된다. 형식면이 다소 의고적이며 한문 투의 사용과 고시조의 답습이 진부함과 함께 우리 말의 숨결을 살리지 못한 한계점의 노출은 부정할 수 없지만, 긍정적 관점에서 전체적으로 통합의 타당성 또한 배제할 수는 없다.

일단, 임은이 「김오남 연구」에서 "형식과 내용 면에 있어서 개성적인 시조를 쓰지는 못하였다. 하지만, 그는 1930년대 우리 민족의 비참했던 삶을 사실적으로 표출함으로써, 사회의식(社會意識)과 서민의식(庶民意識)을 진솔하게 나타냈다는 점에 있어, 여류시조문학사상에 선구적 역할을 담당한 여류시조시인으로 평가된다"고 반증하였듯이 다시금 기억 흔적에 지식 배경(스키마)으로 남겨 김오남 시조시인의 존재와 의미성을 간과치 말아야 한다. 그 같은 연유는 격앙된 어조나 냉소의 미소를 머금지 않으면서도 항시 혈흔(血痕)같은 자신만의 시적 상상력을 통해 작품의 형상화에 열중한 따뜻한 시혼의 소유자이기 때문이다. 이제 서정적 미감에 의한 미적주권의 확립에서 확인되는 시적 수사와 기교의 단순성은 담백한 까닭에 친화력을 안겨준다. 이처럼 내면인식의 심화 속에 유추되는 그만의 정신세계는 시적 흥취와 순수한 시혼을 위해 눈부시게 빚어내고 투망으로 건져 올린 담백한 생산물로서 그만의 특유한 개성, 냄새, 집념으로 채색한 자연의 숨결에 해당한다.

  문제의 제기로 독자적이되 차별화된 시적 토양을 조성하기 위해 몰두하며 지속적으로 정진한 김오남 시조시인의 빛난 시학은 뒤늦은 감이 있지만 재평가되어야 한다. 비정한 지식·정보화 사회에 몸담은 우리는 흘러버린 시간에 지나치게 집착하지 말아야 함은 물론이지만, 인식의 오류에 관해 생산적으로 비판하되 홀로 있기(思惟)의 시간을 가져야 한다. 따라서 김오남 시조시인의 창의적인 결과물을 통해 자의식에서 비롯된 즉물적, 전체적, 정의(情意)와 지성의 종합, 객관적 특성을 분할·통합하도록 따뜻한 시선으로 응시하며 모색하여야 한다. 아울러 그간의 낡고 고루한 고정의 인식에 끈을 놓고 다시금 변형에 몰두할 때, 비로소 그에 대한 시사(詩史)는 새롭게 정리될 것이다.

金午男論

채 수 영
(시인·문학비평가)

1. 들어가면서

월파 김상용의 누이동생인 김오남¹⁾의 시조는 일제 치하와 현대를 살아온 굴곡의 긴 호흡이 담겨져 있다. 그러나 그 표정은 유교의 공고한 성벽(城壁)에서 벗어나오지 못한 삶의 고통(苦痛)과 비애(悲哀)를 담고 있지만 이를 겉으로 표출하지 못하는 가락이 주조를 이루고 있다. 제1시조집은 전통적인 시절가조(時節歌調)의 약자인 시조집(時調集)으로 명명했고, 제2시집은 이른바 한 편의 시조에 첨가하는 시인의 말 혹은 자작시 해설 같은 형태로 산문을 부기하는

---

1) 1906년 4월 14일 연천군 군남면 왕림리 죽대골(축동) 출생. 1992년 11월 14일 서울 동작구 상도동에서 영면. 진명여고를 거쳐 일본 니혼여대 영문과 졸업. 그러나 〈문장〉 2권 1호의 부록 〈조선 문예가총람〉에 129명의 문인 중 김오남의 주소를 '진명여학교. 시인. 奈良高師卒. 진명여학교 교원'으로 설명. 오빠 김상용의 주소는 경성부 행촌정 210의 2로 되었고 이종 4촌 조카 곽하신도 이 주소로 기록되었다. 1930년 조선일보 입사. 이어 다음해 5월부터 모교인 진명여고 교사, 수도여고 등 20여년 교직생활. 남편은 경상도 남해군의 丁鳳允으로 그가 성동공고 교장 시에 부인의 첫 시집을 1953년 5월 『時調集』을 '성동공업인쇄부'에서 발간, 이어 1956년 3월 두 번째 詩調集 『心影』(同人文化社), 세 번째 시집은 1960년 12월 김오남 詩歌集 『旅情』(文苑社)을 상재한다. 첫 시집에 53편, 두 번째 시집에 82편, 제3시집에 102편 도합 237편. 1959년 《현대문학》에 〈청도를 지나며〉 외 1편이 제3시집에 소재한 작품들이다. 본고에서는 세 권의 시집에 소재한 작품만을 연구대상으로 한다. 이후 영면(永眠)까지의 작품목록은 '연천문학' 4집과 5집을 참고하기 바람.

형식을 취했고, 이후 특기할 것은 시조집(詩調集)에 때 시(時)가 아닌 글 시(詩)라는 용어를 붙였다. 제3시집 金午男詩歌選 『여정』에도 글 시(詩)를 사용하고 있으면서 연시조의 모습이 번다(煩多)해진다. 때 시(時)가 두 번째 시집부터 글 시(詩)로 변한 것은 역시 시조라는 이름도 서구적인 개념의 시(詩)라는 점에서 가락위주의 시절가조라는 정통적인 이름에 연연할 필요가 없을 것이란 유추가 가능해진다. 시조나 시나 형식만 다를 뿐이지 내용은 시에서 벗어난 의미가 아니기 때문이다.

주지하는 바 시조는 대략 700여년의 긴 여정을 갖고 오늘에까지 그 명맥을 유지하고 있는 우리의 전통적인 문학양식이다. 문학도 생로병사의 도정(道程)을 거치면서 변하고 또 새로운 형태로 등장하지만 시조는 오랫동안 외형적인 형태를 유지하는 이유—인간의 심장박동과 시조의 3음—우리말은 거의 3음 중심— '학교'에 조사나 어미를 첨가하여 3음이 중심을 이루면서 일상생활을 진행하고 있는 바 이는 자연의 리듬이 3음이라는 가정(假定)에서 인간의 심장박동과 일치하는 점으로 시조의 긴 생명의 이유를 말할 수 있다. 지금도 3장 6구의 형태적인 골격은 변함없는 현상을 지적할 수 있다.

현대시조는 갈등기에 방황하고 있다. 시절가조라는 가락위주의 형태에서 현대시와 같은 의미(意味) 위주의 형태로 변화—정형의 틀을 고수해야 하는 이유 때문에 과감한 변신을 결행할 수가 없다는 이유다. 혹자는 양장시조를 실험하기도 했지만 실패로 끝났고 결국 3장 6구 45자 혹은 연작의 형태로 행과 연에 변화를 주는 것으로 위안을 삼고 있다. 이는 우리 언어의 특징인 첨가어라는 특성에서 시조 창작에서 변화의 한계를 갖는 이유가 될 것이다. 김오남의 시조는 형태나 내용에서 고시조의 모습에서 변함이 없다.

갑네다, 일러라, 당기더라, 하리라, 하노라, 하더라, 날리더라 등 종결어미에 여운이 없는 옛날 투(套)는 식상하는 감각을 보이고 있다. 결론부터 말해서 아주 오래된 이야기를 듣는 것 같은—신선미를 갖추지 못한 소재 혹은 표현의 낡은 틀을 버리지 못한 한문투의 비유와 편집적인 표현을 지적해야 한다. 이는 1930년경 시조부흥운동의 일원으로 참가한 김오남으로서는 최남선, 이병기, 정인보 등의 그늘에서 벗어나려는 의식이 없었으며 문학적인 사고가 상식적 범위 안에서 정박(碇泊)된 경직성을 느끼는 부분이다. 새로운 시도(試圖) 그리고 새로운 장면을 위한 문학의 노력은 항상 과거의 틀을 벗어나는 숙제— 당시 시조부흥운동은 과거회귀라는 점에서 퇴보의 발걸음이었다는 평가가 따라 붙는다. 이 같은 현상이 김오남의 시 정신에 들어있는 주조(主調)의 정서이면서 그의 시를 이루는 인자(因子)로 작용하는 것을 증명하게 된다.

2. 출발의 소리

1) 생각과 표현의 거리감

첫 시집의 〈서문〉을 읽어보면 일관되게 지속하는 정서가 압축된다. 즉, 삶의 형태를 어떻게 생각하고 또 이를 해결하는 도구가 무엇으로 정리되는가를 서문의 태도는 제3시집에까지 이어지는 상태를 다음 글에서 점검하게 된다.

   우리에게는 비애(悲哀)와 고통이 가슴에 넘쳐올라 넋을 잃고 멍하니 앉았을 때가 있읍네다. 필자도 이 감정에 지배를 받아 마음이 괴로우면 자연(自然)을 찾고 산수(山水)나 화조(花鳥)를 벗삼아 놀며 울기도 하고 웃기도 합네다. 그때 그 정한(情恨)을 적은 것이 지금 이 시조(時調)입네다.
          『시조집』〈머릿말〉

누구나 겪는 삶에서 비애(悲哀)와 이에 따르는 고통(苦痛)을 해결하기 위해 자연, 산수, 화조―결국 자연으로 눈을 돌리면서 위안을 받는다는 생각이다. 이런 생각은 일관되게 지속하는 점이지만 자연을 대상화하여 자기 삶을 녹이는 방법에서는 별로 진전이 없는 일상적인 표현에 머무는 아쉬움이 있다. 다시 말해서 자기만의 표현 방법을 위한 갈등이나 이미지의 취택 등이 만네리즘에 머물고 있다는 점이다. 제3시집선 『여정』에 〈시조를 쓰며〉를 읽으면 그의 문학적인 태도가 매우 소극적이라는 결론에 이른다. 시집선(詩集選)에 선(選)의 의미로 보아 더 많은 시조가 있었지만 가려서 뽑았다는 걸로 생각할 수 있는 부분이다.

> 想이야 되든말든 한마듸 쓰고싶다
> 한줄써서 이 심정을 가다듬어 보잔게지
> 그래서 마음풀리면 낙이라고 즐긴다.
> 　　〈시조를 쓰며〉

'되든말든'은 지극히 비문인적인 정신이다. 시어 하나에 운명을 도(賭)하고 열정을 투척하는 것이 문인의 정신이라면 한참 벗어난 의식이다. 이런 태도는 문학을 통해 자기 신변의 잡다한 고백이나 정신의 카타르시스 이외에는 어떤 문학적인 소득도 따라오지 않는다는 점에서 아쉬움일 것이다. 이런 이유는 삶의 갈등 혹은 그에 따르는 여러 문제가 숨어있을 수도 있고 또 창작의 태도로 말할 수도 있다.

2) 유학

일제치하에 여자가 일본으로 유학을 떠난다는 것은 매우 드문 일―경제적인 문제와 당시의 사회적인 풍토로 미루어 생각할 때,

학업을 외국에서 진행한다는 것은 부모의 이해와 본인의 의지가 결합하여 결행할 수 있는 문제로 매우 어려운 일이다. 물론 월파 김상용의 의지가 있을 것―이런 문제는 김오남의 뇌리에 평생 간직된 애달픔이 시화(詩化)로 나타난다.

> 해진 뱃머리에 파도(波濤)가 요란하오
> 異域 萬里를 호올로 가는 몸이
> 다시금 故土가 그려 눈물 겨워 합네다.
> 〈현해탄을 건느며〉

> 西天에 해는 지고 갈 길은 萬里인데
> 高峰 峻嶺이 운소(雲霄)에 다았고나
> 홀로난 나그네 몸이 어이 갈까.
> 〈自嘆·4〉

해가 진 황혼을 싣고 홀로 일본으로 유학 가는 길에 고향이 그리워 눈물을 흘리는 모습이 〈현해탄을 건느며〉에서 보이고, 이어 연결된 연작 시조 〈自嘆·4〉 6수 중 한 편이다. 스스로의 탄식이라기보다 외로운 길로 떠나는 심회가 그려진 인상을 준다. '호올로'와 '홀로'의 중첩은 김오남이 이역(異域)으로 향하는 마음이 두려움에 젖는 일은 당연한 사실일 것이다.

시조의 종장은 3, 5, 4, 3의 글자 수를 맞추어 한다면 종장의 3, 5, 4에서 시조의 규격을 도외시한 흔적은 무엇으로 설명해야 할 방법이 없다. 이런 경우는 첫 시집에서 〈두견화 피었느냐〉, 〈춘경·2〉, 〈點景·1〉, 〈임진강·3〉, 〈인생은 꿈이로다〉, 〈버들 언덕에서〉, 〈자탄·3·4·6〉, 〈삼방·2〉 등에 잣 수의 부족은 시조에 대한 지식의 문제로 보인다.

〈故國을 찾다〉는 '三千里 故國江山 또 다시 찾아드니/荒原에 널린 風景 예런듯 새로워라/夕陽에 도라 온 손이 눈물겨워 하노라' 의 비감이 잦아든다. 아마도 일본에서 잠시 귀국한 소회가 고려 말 〈회고가〉와 방불한 정서로 나타난다.

  김오남은 매우 악착한 성미로 공부를 한 것 같다. 4살 차이 김상용의 연보에는 부친이 약상(한의사)이었고 일 만여 평을 소유한 지주였다는 점으로 보면, 가난이라는 말은 논외의 사실이지만 결혼 이후 김오남의 시에는 어려운 삶의 호소가 여기저기 담겨 있다. 제2시집 〈추억(追憶)의 노래〉 중 산문을 옮기면 그의 성미를 짐작할 수 있기 때문이다.

  필자는 넉넉지 못한 가정에 태어났었다. 오빠는 교비(校費)로 공부를 했다. 그러면서도 군색한 학비를 떼어 동생과 둘이서의 학비를 보태주셨다. 필자는 동생을 다리고 식량을 집에서 가져다 자취(自炊)를 했다.

> 나는 進明, 동생은 普成을 다녔다. 많은 고생을 겪었다. 그럴수록 우리는 분발했다. 밤이면 잠을 자지 않으려고 애를 썼다. 여름이면 일부러 모기를 뜯겼다. 가려우면 잠이 아니 오리라. 그 때에 공부를 더하자는 뜻이었다. 그래서 소위 첫째란 것으로 졸업을 했고, 일본으로 유학을 갔었다. 그 때에 희망! 그것은 과연 컸었고 또 아름다운 것만 같다.
>   〈追憶의 노래〉

  모기를 뜯기면서 잠을 자지 않고 공부하려는 의지는 놀람을 준다. 그런 의지이기 때문에 홀로 유학을 떠날 수 있었지만 〈憧憬〉에서는 유학에 실망을 토로하는 것으로 유추하면 크게 자긍심을 갖지 못한 것 같다. 어떻든 자의적인 결정이 아닌 오빠에 의지해서 공부했던 일들 —오빠의 도움이 평생 뇌리에 간직된 마음이었다. 부산 피난 중 모윤숙의 집에서 먹은 게장 중독으로 타계한 김상용은 오라버니이면서 아버지이자 의지의 기둥이었던 셈이다.

3) 오빠—의지의 기둥

김오남의 오빠는 남편 정봉윤보다 더 가까운 의지처로 작품에 나타난다. 남편은 부정적인 이미지가 번다(煩多)하다면 오빠는 애절한 추억과 아쉬움이 교차하면서 김오남의 사고에 담겨진 전부처럼 작동된다. 김상용의 대표작 〈남으로 창(窓)을 내겠소〉와 김오남의 〈南窓〉은 유사하면서 의식의 창문을 지향하는 지점이 같기 때문이다.

> 南窓이 왜조냐고 햇볕이 따뜻하이
> 自然이 찾아와서 慰勞해 주노매라
> 한가한 때가오거든 함께 즐겨봅세다.
> 〈南窓〉

南窓의 이미지는 따뜻함과 온정에서 오는 평화로움과 즐거움을 주는 이미지—따스한 햇살을 따라가면 우화등선(羽化登仙)의 나른한 졸음에 빠져 평화와 고즈넉함이 풍경화로 다가든다. 더불어 자연이 주는 안온함을 함께 즐겨보자는 의도의 마음에는 인간을 사랑하는 휴머니즘의 의도가 이어지고 더불어 살아가려는 여심(女心)의 깊이가 보인다. 김상용의 시 '새(자연) 노래는 공짜로 듣고, 강냉이가 익으면 함께 자셔도 좋다'는 생각과 김오남의 '함께 즐겨봅세다.'는 베풀어 즐기자는 의도에서 동일하다.

〈兄의 墓〉, 〈兄의 집 가는 길〉, 〈思兄〉, 〈망우리〉는 월파를 생각하는 시들이다. 제 3시집선에서 고생한 〈동생〉을 생각하는 글을 제외하면 오빠에 대한 생각은 지대하다. 그만큼 영향을 받았다는 뜻—영문학의 전공 또한 같음일 것이다.

> 兄의집 가는길을 바라다 보노라니
> 生時인양 그모습이 마음속 떠올라서
> 가슴이 미어지는듯 눈물만이 납네다.
> 〈兄의 집 가는 길〉

　김상용은 1951년에 영면(永眠)했고 1955년에 이화여대 주선으로 망우리에 묘택을 마련했다 '오빠는 돌아 가셨다. 벌써 再昨年이 되었고나' 의 표현으로 보아 1953무렵인 것 같다. 다시 말해서 서울에 돌아와 오빠가 살던 옛집을 바라보면서 지난날의 추억과 회상의 시름을 보이는 애통의 마음이 깊다.

> 오빠여 잔디밑에 잠깊이 드셨나요
> 보고저 찾는누의 숨조차 차오그려
> 풀밑에 벌레가우니 더욱 설워합니다
>
> 살려고 피난와서 잔디밑 눕단말이
> 환도해 가는길에 더욱더 원통ㅎ구려
> 새로이 눈물지우며 발길안떠 합네다.
> 〈兄의 묘〉

　형과 오빠는 동일 의미로 사용하는 것 같다. 서울로 돌아가기 위해 찾은 묘 앞에 아내와 아들과 조카들이 울고 있으며, 시인 또한 함께 하직을 고하는 슬픔의 정경이다. 군색한 학비를 노나 동생들을 가르치고 자식들을 가르치느라 고생한 오빠의 기억은 시인에게는 참혹한 비극적 회상으로 다가든다. 김상용은 '웅변에 뛰어났고 철학자이며 시인이자 도덕가' 로 지칭하는 시인의 마음은 무상에 슬픔을 노래로 부르니 '재주와 그人格이그리도 아깝구려/큰일을 하겠다고 애도굳게 태우더니/아까운 포부를 안고 어이

저승 가셨노' 〈思兄〉의 애통함에 이어 물불을 가리지 않고 남을 위해 노력했던 김상용에 대한 기억과 회상들이 無常으로 다가든다. 〈망우리〉에서는 '비인손 태어났고 빈손으로 떠났고나'의 허무를 노래하는 시인의 심사에는 아픔과 무상감이 교차하면서 그리움을 소화하고 있다. 이로 보면 오빠는 김오남의 삶에 기둥이었고 자랑이었고 긍지의 모두였다는 점이다.

4) 부부 혹은 애정

시적 표현은 직설적인 것이 아니고 낯설게 표현하는 점에서 비유나 은유 혹은 알레고리의 방법을 동원하여 신선미를 강조하게 된다. 그러나 아무리 비틀고 꼬여서 표현한다 해도 결국은 자기 고백이라는 선을 크게 넘지 못한다.

김오남의 가정사는 아들의 10년 동안 병과의 싸움, 그리고 어머니의 병환, 더불어 가난에 신음한 것 같은 회색(灰色)의 줄기가 길게 드리워졌다. 아울러 사회를 바라보는 시선 또한 어딘가 절망적인 예상으로 일관된다. 사회 현상이야 개인의 능력으로 처리할 수 없는 일이지만 가정사의 어려움은 부부의 협력이 원만하다면 슬픔의 요인은 아닐 것이다.

김오남의 부부관계는 원만하지 않는 것 같다. 제2시집에 〈애정〉, 〈슬픈 노래〉, 〈부부의 정〉, 〈가정〉, 제3시집에 〈불우 탄(嘆)〉, 〈閨怨〉, 〈怪〉 등에서 나타난 표현은 어딘가 정상적인 느낌을 배제하고 있기 때문이다. 〈부부의 정〉은 부부지간의 애정을 말하고 있지만 이는 원론적인 사랑의 중요성을 말하는 듯 하다.

애정이 무에기에 왜이리 속이타노
얼음물 마시어서 이속을 시켜보랴

애꿎이 못끄는불을 안고울어 새우네.
〈애정〉

〈애정〉을 해설한 산문(散文)에서 부부의 '애정을 남에게 뺏기지 아니하고 혼자서만 독점하려는 게 독특한 점이다. 이것이 부부애의 특징일 것이다' 라는 표현으로 미루어볼 때 애정 전선에 이상 징후가 포착된다. 더구나 '못끄는불을 안고 울어 새우네' 는 한탄이기 때문에 남편의 외도에 고통을 호소하는 형상이다. '사람이 살아 간다는 게 눈물뿐인 것같다. 어려운 살림을 하려니 그렇고, 자손을 거두노라니 그렇다. 꼭 나만을 위할 남편이 그렇듯 안 그럴 제 더욱 그렇다' 라는 슬픈 노래의 이유가 남편에게 원망으로 돌아간다.

웃으며 애를써도 우울만 더하고나
가슴속 서리는것을 情이랄까 恨이랄까
다만지 하늘을바라 넋이없어 하노라.
〈슬픔의 노래〉 2연

'꼭 나만을 위할 남편이 그렇듯 안 그럴제 더욱 그렇다' 는 이유 때문에 슬픔의 노래가 나오는 이유다. 가난 그리고 아들의 병이 슬픔의 원인일 수도 있지만 이는 일부인 것 같은 느낌이 든다. 제3시집선으로 오면 보다 명확하게 불화의 진원이 확연히 드러나기 때문이다.

남편이 방탕하여 마음이 괴롭구나
가정을 지옥으로 한밤을 울어새오
理性을 구지 돌려도 괴로운걸 어쩌오.
〈閨怨〉

부녀자의 한탄은 남편이 '방탕' 할 때 자심(慈心)해진다. 그런 가정은 그야말로 지옥이고 냉철한 이성으로도 해결될 리가 없다. 왜냐하면 방탕의 원인은 아무래도 바람난 남편의 모습이 미움으로 바뀌기 때문이다. 〈怪〉에 오면 가정의 타판에서 오는 정신적인 갈등이 괴물이나 도깨비를 만나는 것 같은 두려움으로 배가된다. 1960년 이전에 이혼을 의미하는 것 같다.

> 부부란게 무에인지 좋은새도 아니것만
> 헤지는날 섭섭함은 정만으론 아님잖오
> 무었이 잘못같아서 뉘웃침만 같구려.
> 　　〈괴(怪)〉

괴이한 것은 정상이 아닐 때 쓰는 용어이다. 평소에 좋은 사이도 아니건만 '헤지는날' 에서 섭섭하게 느껴지는 것은 부부가 맺은 인연에서 오는 회상이 뉘우침으로 잘못을 발견하려는 심사가 노출된다. 부부의 정이란 '야릇함' 과 막상 '헤어지려니 섭섭하고 측은한 생각' 이 들어 '가슴을 짓누르는 감정' 을 갖는 연민의 모습이 원만한 결혼 생활이 아니었고 헤어지는 뜻을 느끼게 하는 부분이다. 물론 그 이면(裏面)의 사정을 알 수는 없는 일이지만 김오남의 시에서 느끼는 인상은 포근하거나 안온한 것이 아니라 다소 칼칼하고 비판적 ―가정(家庭)사를 말하는 것이나 대 사회적인 문제의 발언에는 투박한 부분이 많이 등장하는 이유도 삶의 고달픔에서 오는 반응처럼 보인다.

5) 아들과 어머니

어머니에게 아들은 부모보다 더 애틋함에서는 비할 바가 아닐 것이다. 아들이 병이 들어 고생한다면 어머니는 모든 희생의 방법을 동원하여 길을 찾으려고 노력하기 때문이다. 김오남의 일생은 그런 일에 희생한 흔적이 안타깝다. 아울러 어머니 또한 병으로 4년 여를 신음했고 이를 지켜본 딸의 심정이 애절한 시로 드러난다.

남매를 둔 시인은 〈이내몸〉, 〈자식의 병〉, 〈자식의 병이 났다〉, 〈진주에서〉 등은 아들의 병 때문에 고생한 아픔을 토로하고 있고, 〈딸의 婚日을 정하고〉, 〈딸의 혼인〉은 딸의 결혼에 감회를 쓰고 있다.

결혼하여 남매를 낳아 잘 길렀다. 위가 딸이고 아래가 아들이다. 이름은 국진(國鎭)이라고 그런데, 이 국진이 병이 그리도 나를 애태우던 것이다. 병명은 결핵성(結核性) 관절염(關節炎)이란 것인데 발목 복숭아뼈를 균이 먹어 들어가는 병이었다. 그 애가 다섯 살 되는 해 정월에 걸린 병이 15세 되는 해 4월 23일에야 비로소 땅을 딛게 되었다. 만 십년을 두고 고생한 것이다.

> 앓는 子息안고 애태는 어미심정
> 오늘도 어제같으니 이리맘이 타는구려
> 하늘을 우러러보며 신세한탄 합네다.
> 〈자식(子息)의 병〉

치료를 위해서는 절대 안정, 일광욕, 고른 영양섭취를 위해 온갖 방법을 동원하면서 10년을 고생했을 때, 그 형편의 어려움과 고통의 연속이었음을 토로한다. 아들이 통증으로 견딜 수 없어 '엄마 고만 둬요'를 들으면 가슴이 막히고, 빈한한 살림으로 먹을 것을 마음대로 사댈 수 없었다는 고백에서 고생의 농도가 어떤가를 유추하게 된다.

10년의 암담한 시각을 보내면서 그 고통은 어떤 것으로도 보상받을 길 없는 긴 여정 앞에 아들이 걸음을 걷는 순간 '이놈 국진아 걷는구나' 의 탄성은 모든 것을 상쇄하는 어미의 발성이었다. '생각하니, 아득하다. 열한 해가 얼마이냐. 오늘이나 내일이나 정성(精誠)껏 치료하던 일. 오늘에 성과(成果)가 나니 크게 웃어보노라' 는 환희에 가까운 의미로 즐거움을 토하는 마음이 보인다. 다음 시는 그런 감정을 보이고 있다.

  十年넘어 앓은 子息 고치려는 어미心情
  입과글로 못다쓰고 당해보소 할수밖에
  애간장 끓던말이야 일러무삼 하리오.
   〈子息의 병이 났다〉

 경험은 모든 것을 설명하는 의미라면 시인은 경험을 해봐야 어미의 심정을 이해할 수 있음을 토로한다. 설명이 아니고 오로지 지나온 십년의 아픔이 한순간에 '웃어보노라' 로 답을 받는 순간에 기쁨을 회상하는 〈자식의 병이 났다〉로 세상을 향해 소리치는 웃음이다.
 〈어머니의 희망〉에서는 '애정에 고생있고 기른정을 알아다오/ 자라서 큰그릇됨을 굳이바라왔노라' 의 희망을 자식들에게 보내는 메시지에서 어미심정의 깊이를 토로하고 있다.
 김오남은 어머니와 함께 살면서 신음하는 세월을 함께 보낸 4년여를 회상한다.

  피골이 상접하니 기운을 차리시리
  닳은살 무여지고 피진물 흐릅네다
  그얼굴 바라볼적에 가슴무여 집네다

> 미음을 드리럴제 힘없이 벌리시는입
> 창백한 그얼굴에 줄음만 더욱굵다
> 불상ㅎ고 애닯은마음 어일길이 없고나.
> 〈어머니의 병〉

정인보의 〈자모사〉를 연상한다. 물론 시조부흥운동에 참여한 바 그런 시를 접했을 터이지만—절절한 모정에 대한 효심은 4년간의 지극한 간호도 허사가 되어 어머니는 세상을 떠나신다. 무한 사랑을 읊은 〈어머니의 사랑〉, 〈불효〉, 〈과꽃〉 등은 시인의 어머니를 향한 절절함이 호소로 점철된다.

6) 삶의 신음과 종교

인간사에 고통은 가난에서 오는 길이 다양할 것이다. 물론 인간과 인간의 관계설정에서 오는 아픔도 클 것이지만 이는 인내로 넘어갈 수 있어도, 가난은 통증이고 지난(至難)한 아픔을 수반하기 때문이다. 때문에 백성은 먹는 것으로 하늘을 삼는다는 말로 보면 가난은 인간에게 풀어야 할 영원한 숙제로 남는다. 시인은 가난이라는 멍에를 벗어낼 길이 없는 듯이 그의 글에는 도처에 신음으로 채워있기 때문이다. 일제 치하의 비극을 목도하고 〈貧窮〉을 지었다면 제2시집으로 오면 6·25이후의 비극과 더불어 본인의 신음으로 변한다. 〈生涯의 길〉이나 제3시집선에 〈험로〉, 〈旅情〉, 〈내집〉, 〈深感〉 등을 열거할 수 있다.

> 돈냥만 모아놓고 자녀길러 사잣더니
> 사사이 실패되니 빚만이 산같고나
> 밤잠을 이루지 못해 근심으로 샙니다

멸시도 심하고나 이것이 세정이냐
어제에 받든 대우 찾을길 아득하다
고단한 발길 옮기며 한숨겨워 합니다.
〈深感-일에 실패하니 빚만남다 1.3연〉

　토로 할 말이 많아 6연작으로 쓴 시조다. 무슨 일로 실패했는지는 알 길이 없지만 빚독촉으로 고통을 받아 〈내 집〉에서는 정든 집을 팔려는 의사를 보이고, 〈감〉, 〈살림사리〉에도 어려운 생활에 고통을 호소하는 형태로 일관된다. ─김오남의 초년은 짧지만 신문사생활과 이어 20여년의 교사생활과 남편의 교장 등을 미루어볼 때, 통증을 느끼는 빈궁(貧窮)과는 다소 멀지만 '일에 실패하니'와 병든 자식의 뒷바라지 등의 일을 대입하면 이해의 경우도 될 수 있다. 그러나 '어제에 받든 대우'의 선생님에서 빚 독촉의 경우에 직면하면서 참담한 심정을 갖는 것은 당연할 것이기 때문이다. 그리하여 '새라면 날라보고 구슬이면 구를렸다/이도 저도 나아닌게 생활난 험한길이/어쩔수 없이된것이 오늘날의 신세요' 〈世苦〉의 탄식으로 보내는 가난의 신세 한탄이 고작이다.
　종교는 항상 어려움의 길이 있을 때 앞장선다. 다시 말해서 고통과 신음이 있으면 기대고 싶은 의지의 발동에서 종교의 문은 열린다. 김오남은 불교에 의지하면서 자신을 달래는 모양이다. 1950년데 이후 어려운 시대를 지나면서 절을 찾는 모습이 몇 편의 시조로 나타나기 때문이다. 그러나 완전한 불심으로의 귀의(歸依)보다는 일정한 거리를 두고 절에 가는 느낌─마음의 안정을 위해 7일간 법사를 따라 기도를 올린 금오산의 〈향천사 기도〉, 〈향천사에서〉, 〈예불〉, 〈체념의 〈될대로 되라하고〉 등 불가에 귀의하면서 마음의 안정을 찾지만 결국 허무를 느끼는 모습이 전부로 남는다.

웃고만 살자하니 웃는다고 시비구려
　　업는심정 괴로운데 왜없느냐 욕을하니
　　말없이 듯고만서서 부처님을 배우오.
　　　　〈될대로 되라고〉(2연)

　빗 독촉에 체념의 마음이다. '줄건만 준다면은 이것저것 없을것을'에서 주지 못하기 때문에 독촉하는 사람에게 하소를 보내지만 이도 허사임을 체념으로 접는다.
　부처님을 찾는 이유 또한 진정한 의미의 종교를 갈구하는 것은 아닌 것 같다. 다만 피하는 방법을 모색하는 여린 마음에서 최종의 길이 부처님 쪽으로 지향하는 느낌일 뿐이다.

　　불전에 기도하면 정심될줄 알았더니
　　관세음보살 천번을 불러봐도
　　어쩐지 슬픈마음에 눈물만이 흐르네.
　　　　〈香泉寺 기도〉(3연)

　관세음보살을 부르는 이유가 정심—마음을 편하게 하려는 의도이지만 너무 자기중심의 기도— '천번을 불러봐도'의 한계 앞에 있는 모습이다. 천 번을 부르는 마음에 고요함이 없기 때문에 불러 봐도 헛것으로 가득해지기 때문에 정심이 찾아오는 것 보다 오히려 슬픈 마음에 눈물만 흐르는 결말이 된다. 다시 말해서 마음의 평화가 아니라 눈물과 슬픔의 마음으로 '관세음보살을 평생을 부른들 소용이무에야하는 감이들어 더욱 무상을 느끼게된다' 는 것과 '허무경을 헤맨다'〈향천사에서〉의 무상감을 불러들이게 된다.
　충남 예산읍에 있는 금오산 향천사까지 어떤 사연으로 갔는지는 모를 일이지만 종교의 필요는 소용(所用)이 무엇인가를 찾는 일이 아니기 때문에 입구에서 방황하는 모습이 김오남의 종교관인 것 같다.

3. 나가면서

존재에는 그 나름의 가치를 지닌다면, 보편적인 가치와 비범의 가치가 있을 것이다. 문학의 표현은 평범의 추구가 아니라 특수, 다시 말해서 비범의 가치를 추구하는 작업이라야 한다. 때문에 고심(苦心)하고 추구하면서 남다른 작업을 위해 신명을 바치게 된다. 문학의 표현은 이때 비로소 정신가치의 개념으로 승화할 수 있기 때문이다.

김오남의 시에 들어있는 자연은 육화하지 못하고 대상화로 감정을 실었다는데서 세련미 없는 자연으로 다가온다. 시선은 매우 피상적이고 상식적 관념의 탈을 벗지 못한 인식을 주는 이유이기도 한다.

오빠가 오래 살았다면 김오남의 시적 정서는 보다 승화의 길을 걸었을 것이다. 그러나 오빠의 부재는 문학과 삶을 비정상으로 만든 것 같다.

그의 삶의 후반은 가난했고 이로 인해 바라보는 시선(視線)에는 왜곡현상이 드러난다. 아마도 부부관계의 파탄과 자식들의 불행 그리고 어머니의 운명(殞命) 등이 복합적인 작용을 했던 요인으로 보인다.

시인은 기성의 윤리 앞에 길항(拮抗)하지만 미래를 위해 이를 벗어나는 노력이 선행될 때, 새로운 영지를 확보할 수 있지만, 김오남은 그런 조짐을 발견할 수 없는 한계 속에 신음하는 모습이 전부인 것 같다. 이는 시의 새로운 서정성의 추구보다는 과거 추종의 함정에서 벗어나지 못한 —한계 앞에 멈추는 의식이 안타까울 때 무상과 허무가 의식을 채우는 양상이다. 생의 고달픔과 신산(辛酸)한 삶의 여정이 각박한 파도로 밀려올 때, 소신과 신념의 불을 켜는 일은 문학의 표현미로 빛을 발(發)할 수 있지만, 김오남은 이런 상황에서 주저앉은 모습이 그의 시조에 투영된 화석화된 인상이 모두이다. 다시 말해서 자기 삶의 승화를 위해 치열성이나 대결에서 피 흘리는 승리자의 모습을 추구하기보다는 고달픈 일상에 호소 혹은 위로의 기능으로 만네리즘의 시조를 쓴 시인—그런 한계 앞에 서성이는 모습이 김오남의 시조이다.

◇석사 논문◇

金午男 硏究

임　　은

Ⅰ. 序 論

1. 硏究目的 및 硏究方法

　우리나라의 고유한 정형시인 時調는 고려 말엽에 발생하여 현재에까지 이르고 있다. 모든 문학 장르는 오랜 세월 속에서 생성·소멸을 거쳐 왔지만, 시조만이 현대 자유시와 더불어 지금까지 공존할 수 있었던 이유는 우리의 사상과 감정에 부합했기 때문이라고 본다.
　시조는 조선 왕조의 중심 세력이었던 사대부의 사랑을 받으며 대표적인 국문 장르로 성장하였다. 그러나 조선 후기에 와서는 자연이나 유교적인 윤리를 소재로 격식화된 표현을 되풀이하던 양반 시조가, 작자층이 확대됨에 따라서 서민들의 삶과 사랑을 노래하거나, 그릇된 세태를 풍자하는 등 내용과 형식면에서 보다 자유스러운 사설시조로 變貌해 갔다. 이렇게 애국 계몽기까지 번성하던 시조는 서구 문학이 유입되고 시와 노래가 분리되면서 근대시가 발달하자 위축을 받게 되었다. 하지만 1925년을 기점으로 '時調復興運動'이 일어나 새롭게 현대시조로 발돋움하게 되었다.
　현대시조는 1904년 六堂의 作品을 起點으로 하여서, 1917년경 春園의 作品에 이르러 현대시조로서의 面貌를 갖추었고, 1924·5년경 가람과 鷺山의 작품에 와서 거의 현대시조로 정립되었다. 현대시조라 함은 현대인이 현대어로 현대인의 생활과 감정과 사상을 시조의 定型에 담아

이 논문은 성신여자대학교 교육대학원 석사논문, 1996. pp.1-52.

나타낸 작품을 말한다. 그러나 名實共히 현대시조의 형식과 내용을 갖춘 것은 가람과 노산을 중심으로한 활발한 작품 활동이 전개된 1930년 전후부터라고 하겠다.

1930년대는 張貞心, 金午男, 吳信惠 등의 女流文人도 時調集을 출간하였는데, 이 중 金午男은 여류시조시인으로서는 홀로 시조부흥운동에 가담하여 활동하였다.

金午男(1906-1993)은 「新東亞」, 「新家庭」, 「詩苑」, 「中央」 등에 작품을 발표하였으며, 주로 30년대에 활발한 활동을 보였다.

또한 張貞心, 吳信惠, 白菊喜, 朱壽元 등의 여류시조시인과 더불어 왕성한 창작 활동을 보여 남성 시와의 격차를 극복, 여성 시의 수준을 격상시키는데 이바지하였다. 그는 일제 강점기에 항일 문학운동을 벌이진 않았어도, 민족혼의 건재함을 재확인하여 전통의 유구성을 근거있게 강조하면서, 평생동안 시조 창작에 전념한 시조시인이었다.

하지만 지금까지의 김오남에 대한 연구는 매우 미흡하였다. 그 이유는, 김오남의 시조가 고시조 형식을 그대로 답습하고 있으며, 시조 내용도 관념적인 내용이 주류를 이루고 있기 때문이다. 그러나 김오남은 자신의 세권의 시조집 중에서 차지하는 비중은 적지만 사회의식, 서민의식을 표출한 시조를 쓰는 등 개화된 의식도 보여주었다. 이 한 가지 사실만으로도 김오남에 대한 연구는 충분히 그 가치가 있다고 본다.

이에 이 논문은 金午男의 生涯와, 그의 시조집인 《金午男時調集》, 《心影》, 《旅情》에 수록된 그의 시조 작품을 통해서 김오남의 의식 세계를 추출해 보며, 김오남에 대한 총체적인 점검과 함께 國文學史上에 있어서 女流時調詩人으로서의 그의 위치를 확고히 정립하는 데에 이 연구의 목적을 두었다. 연구 방법에 있어서는 김오남 시조에 나타난 작가의 의식 분석을 시도하려고 한다.

그리고 연구 자료의 범위는 《金午男時調集》, 《心影》, 《旅情》을 분석 대상으로 삼는다.

2. 研究史

김오남에 대한 지금까지의 평가는, 방대한 작품 수에 비해 대부분이 短評으로 일관, 과소 평가되고 있다.

朴龍喆님은, 「新家庭」(1934.2월호)의 '女流詩壇總評'에서 "김오남의 작품은 그 표현이 간절하고, 정밀함이 족히 우리의 마음을 끄을 만하나, 다만 한 가지 느껴지는 불만은 그 시가 늘 인생의 덧없음의 개념에서 출발하여 명확한 형상과 구체성을 띤 표현 즉, 개성화에 이르지 못하고 그 개념의 설명에 그치고 마는 수가 많다는 것이다[1]"라고 지적했다.

또한, 같은 책에서 金起林은 '女流文人 片感寸評'에 "여자로서 시조를 쓴다고 하는 일은 존귀한 일이기는 하나, 같은 것을 같은 모양으로 노래하는 것은 좋지 않기 때문에, 김오남 시인의 장래에 한 개의 혁명적인 것을 기대하고 싶다[2]"고 짧게 평했다.

金海星님은, 「韓國現代詩文學全史」라는 책에서, 金午男의 詩世界를 "향기롭고 꽃다운 정감이, 마치 허난설헌의 뒤를 이은 듯한 재질을 보이면서 인생을 點綴하듯, 별로 좋은 것 같지 않으면서도, 괴로울 때 그 괴로움 속에 生의 의욕이 있다는 것을 보여준다[3]"고 평했다.

李泰極님은, 「韓國現代時調槪觀」에서 "김오남은 한결같은 솜씨로 無常을 나타냈으나 시조의 멋을 맛볼 수 있으며, 依古的이고 主情的임[4]"이 특색이라 하였다.

朴乙洙님은, 「韓國時調文學全史」에서 《金午男時調集》은 自然과의 交感, 꽃과 새와의 대화, 그때 그때 느끼는 情感을 섬세한 필치와 예민한 감각으로 쓴 시조들의 모음이다[5]"라고 평했다.

---
1) 朴龍喆, '女流詩壇總評', 「新家庭」, 1934. 2., PP.29-30.
2) 金起林, '女流文人 片感寸評', 「新家庭」, 같은 책, P.39.
3) 金海星, 「韓國現代詩文學全史」(서울 : 螢雪出版社, 1975), P.546.
4) 李泰極, '韓國現代時調槪觀', 「신한국문학전집36」(서울 : 어문각, 1977), P.536.
5) 朴乙洙, 「韓國時調文學全史」(서울 : 성문각, 1978), PP.376-379.

李泰極님은, 다시 「時調의 史的 硏究」에서 김오남의 시조에 대해 "시원한 필치와 멋을 느낄 수는 있지만, 고시조 풍이 歷然하다[6]"고 평하면서, 오늘의 시조는 시조의 풍미를 잃지 않는 참신하고도 내용성 있는 것이어야 한다고 지적하였다.

金永德님은 「한국여성사(Ⅱ)」에서 "그의 시조에서 일관된 것은 自然思想이라 할 수 있으며, 현대적인 감각은 찾아 볼 수 없다[7]"고 평했다.

金海星님은, 다시 「月刊文學」(1986.7월호)의 「現代韓國女流詩史硏究(7)」에서 "한국적인 여성의 전형적이고 전통적인 언어의 다스림 속에서 가냘픈 서정을 노래한 시인[8]" 이라고 평했다.

崔範勳님은, 「韓國女流文學史」에서 "그의 시조는 전통적인 가락, 즉 外在律이 분명하며 또, 영탄조를 벗어나지 못한 이른바 舊套列에 속하는 시조[9]"라고 지적했다.

김오남에 대한 본격적인 연구는 鄭英子님의 論文 「韓國女性文學硏究」에서 다루어진다. 鄭英子님은, "乞人과 지게꾼의 양상을 통하여 사실주의적 기법을 시조의 내용으로 확산한 김오남은 400여수의 작품량에 있어서나 그 획기적인 주제성에 있어서 괄목할 만한 里程表를 남기고 있다[10]"고 평했다. 鄭英子님은, 이제까지의 評과는 다른 각도에서 김오남을 보았다. 지금까지는 천편일률적으로 김오남에 대해, 고시조 형식으로 무상감을 담은 시조를 썼다고 평했으나, 鄭英子님은 김오남이 사회의식을 갖고 일제시대의 비참했던 우리 민족의 삶을 사실적으로 표현했음을 주장하고 있다.

이상의 硏究史를 보면, 김오남의 시조 작품이 총괄적으로 평가되기

---

6) 李泰極, 「時調의 史的硏究」, 국어국문학총서16(서울 : 二友出版社, 1978), P.348.
7) 金永德, 「한국여성사(Ⅱ)」(서울 : 이화여자대학교출판부, 1984), PP.416-417.
8) 金海星, '現代韓國女流詩史硏究(7)', 「月刊文學」, 1986. 7., PP.269-271.
9) 崔範勳, 「韓國女流文學史」(서울:한샘, 1987), P.140.
10) 鄭英子, '韓國女性文學硏究', (박사학위논문, 동아대학교 대학원, 1987), P.86.

보다는, 단편적인 연구에 그치고 있었다는 것을 알 수 있다. 따라서 본 연구는 김오남에 대한 정당한 평가와, 특히 소홀히 다루어졌던 김오남의 생애, 그리고 그의 작품 즉,《金午男時調集》(1953),《心影》(1956),《旅情》(1960) 등 세권의 시조집을 다루어 보고자 한다.

II. 金午男의 生涯와 作品活動

1. 生涯

김오남은 1906년 4월 14일 경기도 연천군 군남면 왕림리에서 한약방을 운영하는 부친 金基煥과 모친 丁奎淑 사이의 2남 2녀 중 차녀로 태어났다. 그의 고향은 죽동(죽턱꼴)이란 별명을 가지고 있는 한 조그만 山村이었다. 동네 사람들은 비록 배불리 먹고 지내지는 못했지만, 모두 소박하게 살아가는 이웃들이었다. 이 마을은 30여호가 거주하고 있었는데, 거의 전부가 李氏家門이었고 김오남의 집만 他姓이어서, 그의 형제들은 매우 고독한 가운데 자라났다고 김오남은 '鄕土有情記'[11]에 회고했다. 그러나 김오남은 성격이 남성적이고 활달하여, 별다른 어려움없이 성장할 수 있었다.

1917년 김오남의 오빠인 金尙鎔[12]은 경성제일고등보통학교에 입학하면서 고향을 등지고 서울로 가게 되었다. 김오남도 공부에 대한 욕구는 강했으나, 부친의 완고한 성격 때문에 서울로 올라가지 못하였다. 하

---

11) 金午男, '鄕土有情記',「女性」, 1937. 10., P.82.
12) 權寧珉,「韓國近代文人大事典」, 亞細亞文化社, 1990, P.195.
　　月坡 金尙鎔(1902-1951)은 1935년을 전후하여 시단 활동을 시작하였으며, 그의 시세계는 흔히 전원적 경향, 혹은 친자연적 경향으로 요약된다. 대표작은 1939년 5월 文章社에서 간행한 그의 유일한 시집,《望鄕》에 수록되어 있는〈南으로 窓을 내겠소〉이다.

지만 김오남이 16살 때 부친이 도아가시게 되자, 평소에 김오남을 아꼈던 김상용은 시대가 변했으므로 여자도 교육을 받아야 한다고 생각하여, 김오남을 데리고 서울로 올라가게 되었다. 그래서 그는 남들보다 늦게 進明女高에 진학을 하였으며, 보성고보에 다니는 남동생(김우용)과 함께 서울에서 자취를 하며 지냈다. 집안 살림은 넉넉하지 않아서 김상용은 校費로 공부를 하였으며, 그 궁색한 학비를 떼어서 동생들의 학비에 보태었다. 김오남은 경제적인 부족함을 느낄수록 더 열심히 면학에 몰두했다. 그래서인지 그는 1926에 진명여고에서 일등으로 졸업하게 되었다. 그 후 김오남은 오빠의 도움[13]으로 당시 모두 선망하던 일본 유학길에 오르게 되었고, 동경에 있는 日本女子大學 英文科에 입학하여 1930년에 졸업하였다.

김오남은 대학을 졸업한 후에 그 해(1930) 8월에는 朝鮮日報社에 入仕하여 기자로 활동하였으나, 적성에 맞지 않아 곧 그만두었다. 그리고 1931년 5월에는 모교인 진명여고에서 영어교사로 재직하였으며, 학교에서 김오남은 '김뚝보' 라는 별명으로 통했다고 한다.[14] 또한, 그는 재직 중에 기숙사 사감도 겸하다가, 1936년 31살의 늦은 나이로 같은 교육자이면서 당시 국어를 가르쳤던 丁鳳允[15]과 중매로 결혼하였다. 신혼 살림은 성북동 65-5에 차렸으며[16], 1937년 8월 30일에 딸(丁鶴姬)을, 2년 뒤

---

13) 盧天命, '金尙鎔 評傳', 「自由文學」 창간호, 1957, P.154.
   노천명은 '김상용 평전'에서 김상용은 그의 여동생인 김오남을 日本女子大學 英文科를 졸업시킨 탓인지, 先生의 얼굴엔 남다른 世苦의 흔적이 있었다고 회고했다.
14) YSW기자, '京城各女學校女先生評判記', 「女性」, 1937. 7., P.72.
   김오남은 학생들이 떠들거나 숙제를 안해오면 무섭게 야단을 쳤기 때문에 '김뚝보' 라는 별명이 붙었다고 한다.
15) 서울시 교육위원회 학무과장 역임, 선린상고, 성동공고, 진주고등학교 교장을 역임하다가, 울산여고 교장을 끝으로 정년 퇴직하였다.(金午男의 아들인 丁國鑛님과의 면담 중에서 인용한 부분이다. 그리고 丁國鑛님은 서울대 음대를 졸업하고, 현재는 음악 교사로 재직하고 있다.)
16) 「女性」誌 記者, '女性界 消息', 「女性」, 1936. 12., P.75.

인 1939년 7월 28일에 아들(丁國鎭)을 낳았다. 이 시기에는 김오남이 학교일과 가정일로 인해 시조 쓰기를 한동안 중단하기도 했다.[17]

김오남은 진명여고에서 1944년까지 재직하다가, 일제 말기에 영어 과목이 폐지되어서 직장을 그만두게 되었다. 하지만 1945년에 8·15 해방이 되자 영어 과목이 다시 개설되어 首都女高에서 1948년 4월부터 근무하게 되었는데, 1943년 정월부터 앓기 시작한 아들의 병(결핵성 관절염)이 악화되어 병을 치료하기 위해 1950년 3월 학교에 사직서를 냈다.

1950년 6월 25일에는 동족상잔의 비극인 6·25전쟁이 일어나 아수라장이 되었지만, 김오남은 바로 피난을 가지 못하고 9·28수복 이후 11월 말이 되어서야 부산으로 피난을 가게 되었다. 김오남은 부산 피난지에서 오빠(김상용)를 만나게 되나 그 기쁨도 잠시, 김상용은 1951년 6월 20일경에 부산 대청동에서 게를 잘못 먹고 식중독에 걸려 집(부전동 57번지)에서 치료하다가, 의사의 잘못된 투약으로 그 해 6월 22일 세상을 떠나게 되었다.[18] 김오남은 아버지와도 같은 오빠를 잃었다는 것을 매우 애석하게 생각하여, 그의 죽음을 애도하는 시조를 여러 편 쓰기도 하였다.

다음은 《心影》의 〈兄의 집 가는길〉에 수록된 작가 노트가 달린 애도시이다.

> 피난을 마치고 서울로 돌아간다. 돌아오는 길에 오빠집 가는 길을 바라보게 되었다. 비감한 정(情)이 가슴에 뿌듯 해진다. 오빠는 돌아 가셨다. 벌써 재작년(再昨年)이 되었고나. 집들은 허물어지고, 풀들이 우거졌으나 터만은 그대로여서 길이 옛 길이고, 남산(南山)이 여전히 푸르다. 오래 살던 고향(故鄕)이니만큼 비맞은 주추도, 떨어진 벽돌담도, 반갑게 보였다. 지난해 걷던 기억이 새롭다. 오빠의 집은 피난 가기 전에 허물어졌었다. 터만이 남은 것을 잘 안다. 그래도, 그 터가 오빠의 몸을 담던 곳이란 감이 들어 더욱 비감을 느끼게 한다.
> 지난 날에 저 길이 오빠의 걷던 길이다. 「누의야 간다」하고 며칠에 한 번씩 오셔서는 저 길을 걸어 가시던 것이다. 그러던 오빠는 영영 이 세상을 떠나시고 말았고

---

17) 「女性」誌 記者, '詩人 金午男氏와 家庭」, 「女性」, 1939. 3., P.84.
18) 金容誠, 「한국현대문학사탐방」(서울: 玄岩社, 1984), PP.320-321.

나. 살아보겠다 밤도와 방공호를 찾아 들고, 부산(釜山)까지 가시던 오빠는 왜 병이 나서 돌아 가셨노. 함께 돌아와 「어 다시 살아 봐야지」하고 그 반가운 웃음을 웃어 주지를 못하게 되셨나. 저 길을 바라보노라니, 오빠의 걷는 모습이 마음 속 떠올라서 이제에 못 보는 심정을 괴롭힌다.

　이 눈으로 그 걷는 모습을 다시 볼 길은 없을까. 그 음성을 들을 길은 없을가. 애련한 눈물만이 앞을 가릴 뿐이다.

　　　兄의 집 가는길을 바라다 보노라니
　　　生時인양 그모습이 마음속 떠올라서
　　　가슴이 미어지는 듯 눈물만이 납네다.

　　　　　　　　　　　《心影》[19] 〈兄의 집 가는 길〉 全文

　　　오빠여 잔디밑에 잠깊이 드셨나요
　　　보고저 찾는누의 숨조차 차오그려
　　　풀밑에 벌레가우니 더욱설워 합네다.

　　　살려고 피난와서 잔디밑 눕단말이
　　　환도해 가는길에 더욱더 원통ㅎ구려
　　　새로이 눈물지우며 발길안뗘 합네다.

　　　　　　　　　　　《心影》〈兄의 墓〉全文

　　　재주와 그 人格이 그리도 아깝구려
　　　큰일을 하겠다고 애도굳게 태우더니
　　　아까운 포부를안고 어이저승 가셨노.

　　　　　　　　　　　《心影》〈思兄〉全文

　김오남은 1952년 6월에 다시 서울로 상경하여 생활하면서, 아들의 간호에 정성을 쏟았다. 그 때문인지 1953년 4월 23일에 아들은 병이 나아 걸을 수 있게 되었다. 김오남은 수도여고를 그만 둔 후부터는 직장 생활

---

19) 《心影》은 김오남의 제 2시조집이다. 1956년 3월 1일 同人文化社에서 간행한 158면의 순시조집으로, 총 82題 111首의 시조가 수록되어 있다. 또한, 《心影》은 《金午男時調集》과는 다르게 편집되어 있다. 앞에 제목을 붙이고, 모든 원문 앞에 그 시조를 쓰게 된 동기, 그리고 일종의 해설을 붙이고 있다. 이것은 독자의 이해를 도와주는 좋은 작가 노트라 하겠다.(제 3시조집인 《旅情》은 전체 102題 중 17題에만 작가 노트가 되어 있다.)

을 하지 않고 집안 살림을 하면서, 시조 창작에만 전념하였다.

김오남이 시조를 쓰기 시작한 것은 1932년, 「新東亞」12월호에 〈時調 十三首〉를 발표한 것이 최초이다. 당시 時調復興의 旗幟아래 모여든 崔南善, 李光洙, 鄭寅普, 李秉岐, 李殷相 등의 대열 속에서 女流時調詩人으로서는 홀로 가담하여 활동하였다. 이 무렵은 프로문학의 계급 의식에 맞서 국민문학파들의 時調復興運動이 활발했던 시기인 만큼, 이 시기에 여류시조시인으로 참가하여 활동했다는 것은 문학사적인 의의가 크다고 하겠다. 김오남은 1930년대의 「新東亞」, 「新家庭」, 「詩苑」, 「中央」 등의 잡지[20]에 작품을 발표하였으며 張貞心, 吳信惠와 더불어 女流時調詩人으로서 활발한 활동을 보여 주목을 받았다.

그러나 그 당시의 시조가 거의 그러했듯이, 그의 시조도 보편적인 관념섹를 벗어나지 못하였다. 또한 김오남의 시조 형식은 평시조의 자수율에 어긋나지 않았으며, 그 내용도 인륜적 관계를 담고 있는 것, 人生無常을 영탄조나 탄식조로 표현한 것, 그리고 자연을 노래하거나 자연과의 交感을 통하여 자신의 심정을 토로한 것이 김오남 시조의 대부분이다. 이러한 내용은 김오남이 엄한 부친의 가르침을 받은 영향[21]도 있겠고, 오랜 교직 생활도 한 이유가 될 수 있다고 본다. 하지만 김오남의 시조가 人生無常과 自然을 소재로 한 것이 대부분이기는 하나, 전부라고 볼 수는 없다. 그 중에서는 일제시대, 특히 1930년대의 민족적 비애

---

20) 徐正子・朴英惠, '近代女性의 文學活動', 「韓國近代女性硏究」(서울 : 숙명여자대학교 아세아여성문제연구소, 1987), P.225.
「新家庭」, 「三千里」, 「彗星」, 「女性」, 「中央」 등은 주로 여류작가들의 작품을 많이 실은, 女性讀者를 위한 잡지였다. 그러나 여류작가라해서 여성 잡지에만 글을 실은 것은 아니었다. 「新東亞」, 「朝光」, 「四海公論」, 「批判」, 「東光」 외에도 「朝鮮文壇」, 「朝鮮文學」, 「文章」과 각 신문 등에 작품을 실었다.
21) 金尙鎔, '떠나던 날・보내던 날―이미 十六年―', 「新東亞」, 1935. 2., P.161.
"싸우면 그 이유를 묻지 않고 종아리를 치시며, 한 번 노해 매를 드시면 구렁이 같은 매 자국을 남겨 주시던 엄한 아버지"라고 김상용은 그의 아버지를 회상했다.

와 궁핍한 현실을 비판하는 사회의식이 담긴 시조도 들어 있어, 그의 창작활동을 돋보이게 해주고 있다.

　김오남은 평생을 시조시 창작에 전념한 여류시조시인이라고 할 수 있다. 그가 쓴 시조집 즉,《金午男時調集》에 53題 92首,《心影》에 82題 111首,《旅情》에 102題 219首 등 세 시조집에 수록된 작품만도 422首가 되는데, 이것을 보더라도 김오남이 왕성한 작품활동을 하였다는 것을 알 수 있다.

　그리고 1966년에는 金午男, 趙宗玄, 鄭箕煥의 回甲을 축하하기 위해 「時調文學」에서 특집으로 난을 꾸미기도 했다. 여기에는 김오남의 시조 〈환갑〉,〈深感〉,〈所望〉,〈하루살이〉 등이 수록되어 있으며, 丁薰, 梁相卿, 金魚水, 林永暢, 李泰極, 鄭韶坡 등의 문인들이 각각 〈처음도 나중도 없는〉,〈頌壽歌〉,〈獻辭〉,〈古木〉,〈三人華甲讚〉,〈華甲連禱〉라는 제목으로 쓴 獻詩도 揭載되어 있다.[22]

　김오남은 꾸준히 창작활동을 했기 때문인지, 1981년에는 鷺山文學賞을 수상하여 원로 시조시인으로서의 공적을 높이 샀으며, 한국 시조시인협회와 한국문인협회의 회원으로 활동하였다.

　김오남은 1988년 3월 19일 남편인 정봉윤의 죽음으로 딸(정학희)이 살고 있는 대방동에서 지내게 되었다. 그리고 1992년부터는 아들인 정국진의 집(길동)에서 머물다가 1993년 11월 4일 88세를 일기로 작고했다. 그의 묘는 성남에서 광주 가는 길에 있는 삼성공원묘원에 있으며, 남편과 같이 합장되어 묻혀 있다.

　김오남은 일제 식민지시대와 6·25라는 격동의 세월을 보냈다. 하지만 그는 이러한 시대적 상황에서도 결코 시조창작을 멈추지 않았으며, 여류시조문학사상에 있어서 선구적 역할을 담당하였다.

---

22) 丁薰 외 5명, '三人回甲特輯',「時調文學」제14집, 1966, PP. 14-28.

2. 作品活動

김오남은 1932년부터 시조를 발표하기 시작하여 평생 창작활동을 하였으나, 대부분의 작품은 1930년대에 발표된 것이다.

그의 時調集으로는《金午男時調集》(1953),《心影》(1956),《旅情》(1960)이 있다.

작품은 작품 연보를 참조하시라.(편집자주)

III. 金午男 時調의 形式上 特徵

김오남의 시조는 전통적인 고시조의 형식으로 이루어져 있다. 이를 세부적으로 살펴 본다면 다음과 같다.

1. 律格

김오남은 3·4조 또는 4·4조가 기본 율격인 단형적인 평시조와, 이러한 평시조가 2수 이상 모인 연시조를 썼다.

    인세를 초월하자 거듭거듭 맹세해도
    세고가 길을막고 마음더욱 괴롭히네
    춘색만 때를찾아와 꽃이피어 웃더라.

                               《旅情》[23] 〈靜思〉全文

    뜰위 심은 오얏나무 엉거부린 가지 위에
    꽃 가득 피었고나 蜂蝶의 길이 急다

---

23)《旅情》은 김오남의 제3시조집으로, 1960년 12월 15일 文苑社에서 간행하였다. 본문은 계절감각을 살려〈春水之章〉,〈夏雲之章〉,〈秋菊之章〉,〈落穗之章〉,〈冬宿之章〉으로 나누었으며, 총 102題 219首를 수록하였다.

淸風은 花香을 실어 봄 소식을 傳하더라.

《金午男時調集》[24] 〈봄(一)〉 全文

풀 언덕 시내 가에 이 몸만 홀로 앉아
갈 피리 한 曲調로 이 情恨 풀어볼제
이따금 香風이 불어 옷짜락을 날리더라.

《金午男時調集》〈봄(二)〉 全文

어제밤 나린 비에 눈 어름 다 풀리고
十里 長堤에 버들 빛이 짙었고나
불현듯 이는 春興을 어일길이 없어라.

《金午男時調集》〈봄(三)〉 全文

너자라 해가되고 너는자라 달이되어
이세상 어둔곳을 곳곳마다 비쳐다오
어미는 바라는맘을 굳이지켜 줬으면

어미심정 몰라주는 아들아 또딸들아
애정에 고생있고 기른情을 알아다오
자라서 큰그룻됨을 굳이바라 왔노라

《心影》〈어머니의 希望〉 全文

또한, 앞의 세 시조집에서도 나타났듯이 종장의 제 1구는 음절로 고정하였으며, 종장 제 2구는 5음절 이상으로 하는 등 고시조의 형식을 그대로 답습하였다.

2. 敍述語尾

김오남은 표현법에 있어서 '—노라' 류와 같은 고시조의 전통적인 서

---

24) 《金午男時調集》은 1953년 5월 25일 김오남의 남편이 校長으로 있는 城東工高 印刷部에서 첫 사업으로 낸 93면의 處女時調集이다. 총 53題 92首가 수록되어 있으며, 목차는 單題目으로 달았어도 連時調인 경우에는 매제목을 시조마다 넣고 (一), (二), (三) 등을 표시하였다.

술어미를 그대로 사용하였다.

  나그네 礎石을 안고 가슴아파 하노라
            《金午男時調集》〈滿月臺〉

  祖上의 피땀이어니 고이보고 가노라
            《心影》〈佛國寺〉

  그래도 살려고들제 寒心하여 지노라
      《心影》〈人類를 보며 百年 後를 생각한다〉

  至善을 生路로삼아 길이참아 보노라
            《旅情》〈病中偶作〉

 이러한 '—노라' 류의 형태는 고시조의 대표적인 종결어미이며, 이는 구체적인 대상을 두고 말을 던지는 표현이다. 이러한 화법적 표현은 시조의 관행에서 비롯된 관습이다.[25] 하지만 이 시조드은 우리말의 아름다움을 살리지 못했기 때문에 참신한 감각이 부족하다고 할 수 있다.

3. 漢字語와 感歎詞

 김오남 시조에서는 한자어의 사용이 빈번하게 나타나고 있다.

  좇었다 奇巖怪石 흐른다 激湍飛瀑
  부딪쳐 千萬曲되고 깨어져 萬斛玉뿜네
            《金午男時調集》〈點景(一)〉

  둔지난 보라매는 鐵嶺위 떳다솟다
  肉身累 벗은 넋은 蒼空萬里 오다가다
            《金午男時調集》〈閑情(二)〉

---

25) 金大幸,「시조 유형론」(서울 : 이화여자대학교출판부, 1986), PP. 128-129.

水涯萬里 찾아들어 情景을 바라보니
애끊는 恨만이차서 落心千萬 이로세

《心影》〈憧憬〉

〈點景(一)〉, 〈閑情(二)〉, 〈憧憬〉 등에 보이는 한문 구어(《金午男時調集》에 가장 많이 나타남)의 빈번한 사용은 진부한 느낌을 주며, 新語, 새로운 造語를 창조하지 못한 한계점을 드러내는 동시에, 우리말의 멋을 살리지 못한 아쉬움을 남기고 있다. 또한, 고시조의 틀을 상투적으로 답습하여 현대적 감각이 결여된 生硬함을 느낄 수 있다. 김오남은 詩語의 사용에 있어서 한자어를 구사함으로써 의고적 분위기를 시도하려 하였으나, 고시조의 모방과 답습이란 관용적 어투를 탈피하지 못하고 있다.[26] 즉, 위의 시조들은 모두 현대적 이미지와 개성이 결여된 무미건조한 시조라고 말할 수 있다.

또한, 시조 종장 첫구에 감탄사를 즐겨 사용했으며, 특히 이러한 경향은 《金午男時調集》에서 자주 발견된다.

花鳥야 봄 짦다하니 즐길대로 질겨라

《金午男時調集》〈春景(一)〉

老松아 왜 먼저 울어 남의 애를 끊는다

《金午男時調集》〈孟春入山(二)〉

어이허 江山을 찾아 노다 갈가

《金午男時調集》〈人生은 꿈이로다〉

어이ᄒ다 子孫들만이 이꼴되어 있는고

《心影》〈첨성대〉

아해야 보구니차라 나물캐러 가리라

《心影》〈봄〉

---

26) 鄭英子, 「韓國現代女性文學論」 (부산: 지평, 1988), P. 100.

'어이허', '어이ᄒ다', '아해야' 등의 어귀는 고시조의 틀이다. 고시조에서는 이런 식의 감탄사가 빈번하게 쓰였으며, 또한 그것이 시행 종결의 방법으로 즐겨 사용되었다. 문장에서 감탄사가 자주 쓰인다는 사실은, 곧 문장이 그만큼 감정적이라는 것을 뜻하고, 따라서 시조는 서정문학으로서의 성격을 농후하게 지니고 있는 문학 형태임을 알 수 있다.[27]

지금까지 김오남 시조의 형식적인 특징을 요약하여 보았다. 그 결과 김오남은 고시조의 틀을 그대로 답습하였음을 알 수 있었다.

김오남이 시조 창작을 하기 이전인 1920년대부터 가람(이병기)과 노산(이은상)은 고시조의 형식을 탈피한 새로운 풍의 작품을 선보였다. 그 이후로 형식적으로나, 내용적으로 파격적인 시조가 출현했음에도 불구하고, 김오남은 평생동안 고시조 형식을 고수하였다.

IV. 金午男 時調에 나타난 諸意識

김오남이 활발하게 시조창작을 한 시기는 國權을 喪失한 1930년대였다. 이 시기는 동양 전체가 戰雲속에 감싸인 상황이었으며, 민족어의 유지와 완성이라는 사명감 하나만으로 시대적 고통을 이겨내야만 했다. 그리하여 시적 내용에 있어서도 자연이나 회고조의 정서 및 私的인 서정으로 변모하여, 민족 질곡 극복의 시대적 한계를 보여주고 있다.[28] 김오남의 시조 내용도 계절을 노래하거나, 自然觀照를 통하여 人生無常을 표현한 것이 대부분인데, 그 이유는 외적으로 시대적 상황도 한 요인이 될 수 있다고 보며, 내적으로는 김오남의 철학적인 성격 때문이라고 말

---

27) 정병욱, 「한국고전시가론」(서울 : 신구문화사, 1979), P.189.
28) 서태수, '현대시조시의 사적연구'(석사학위논문, 한국교원대학교 대학원, 1992), P.26.

할 수 있다. 그는 당시의 평범한 여자들처럼 살림에만 매달리는 성격이 아니라, 철학적인 명상을 자주하는 성격의 소유자였다고 한다. 그래서 그의 시조에 허무의식이 많이 내포되었을 것이라 본다.

이 연구에서는 김오남의 시조를 통해서, 그의 意識世界를 '生活苦와 自然觀照를 통해 나타난 虛無意識', '儒敎的 倫理意識을 통해 나타난 傳統意識', '自我實現을 통해 나타난 庶民意識' 등 세 가지로 나누어 보았다.

1. 生活苦와 自然觀照를 통해 나타난 虛無意識

김오남의 시조에서는 生에 있어서의 고달픔이 내재되어 있다. 일찍이 아버지를 잃고, 남보다 늦게 대학을 졸업하여 일본 유학까지 다녀오는 등 오빠의 도움이 있기는 하지만 생활에 어려움이 많았었다. 결혼 후에도 이러한 어려움은 줄어들지 않았다. 그 이유는 그 당시의 사람들 모두가 경제적으로 넉넉하지 못한 생활을 하기도 했지만, 김오남의 아들(정국진)이 병을 얻어 10년간 병원에서 치료를 받았으며, 또한 김오남이 제자의 보증을 잘못 서주는 바람에 생긴 경제적인 타격이 심했기 때문이었다. 이러한 고통은 그의 시조에서도 여실히 드러나 있다.

> 이타령 저타령 치량이면 타령이 한둘이가만은
> 내 집은 구차하야 돈타령이 第一많다
> 이것도 世事-ㄴ가 하면 滋味-ㄹ것도 같거니
>
> 《金午男時調集》〈戱作〉全文

> 돈과 세력다없으니 살기진정 어렵구나
> 구지애써 성사없고 달래느니 빚뿐일세
> 한숨을 짓게쉬면서 신세타령 합니다

> 빚진날 다가오고 돈은돌지 않소그려
> 삼복더위 다잊고서 이리저리 쏘다녀도

헛되이 땀만흘리고 빈손들고 애태네

질기긴 목숨인 듯 왜이리 죽지않소
빚쨍이 앞에앉어 사정사정 이유ㄹ드네
독오른 찡긴얼골은 진정보기 어렵소

팔자를 한탄하며 분개해도 소용없오
신명께서 도와주사 죽술간 먹고지고
빚이나 갚아논다면 한숨놓고 살겠오

노래를 지어서나 이마음 위로할가
산란한 이심정을 고초라고 부르리다
살기가 이리힘드니 세상원망 크구려

《旅情》〈世波(一)〉全文

어려운 살림사리 끄러오기 어렵구나
내일이면 풀려질까 조춤병이 날죽인다
이렇게 살아온것이 평생사로 살아갔고

《旅情》〈살림사리〉

잠깨어 새벽인양 종소리만 들려온다
천사만념 엉키는데 그중큰게 걱정이라
빚걱정 커단뭉치가 무겁게도 누른다

《旅情》〈새벽〉全文

하지만 물질적인 부족으로 인한 生活苦만이, 그가 허무의식을 갖게 된 직접적인 원인이라고 말할 수 없다. 이것보다는 보다 근본적인 것, 즉 인간이 늙어가고, 또 언젠가는 죽는다는 엄연한 사실 앞에서 김오남은 허무의식, 고독감을 느낀 것이다.

시간의 흐름에 따라 인간이 필연적으로 비딪치게 되는 문제가 '죽음'이다. 무한히 지속되는 시간 앞에서 인간은 자신의 有恨性을 깨달으며, 곧 비애와 허무를 느끼게 된다. 일정한 시간에 대한 須臾性의 자각은 인생의 짧고 무상함을 한탄한 嘆老詩에서 보다 분명하게 나타난다. 少年

에서 老年으로, 紅顔에서 白髮로의 변화는 시간의 下降的 進行이며, 이러한 不可逆的 시간의 흐름에 대해 詩的 自我는 배신의 감정까지 느끼게 된다. 특히, 시조는 생기에 넘치는 청춘의 문학이라기 보다는 懷古와 閑情의 老年文學이라 할 수 있으며, 그런 만큼 嘆老는 즐겨 채택된 소재였다. 지속적인 시간의 한 점 위에서 지나온 生을 돌이킬 때 느끼는 인생의 須臾性, 그것은 백발의 자각과 함께 선명히 인식되었으며, 이 경우 자연적 시간 질서는 설득력을 잃어버리고 극히 주관적인 시간 감각만이 주장되게 마련이다. 지금은 이미 은유적 생명을 상실한 '人生 一場春夢' 이니 하는 진부한 표현들도, 실상은 嘆老와 연관되어 시간 인식의 주관성을 가장 소박하고 절실히 나타낸 말들이라 하겠다.[29]

김오남의 시조에서도 진부한 표현이기는하나, 인생이 무상감이 담긴 내용을 찾아볼 수가 있다.

世事가 꿈이라 하네 꿈일시 分明하다
分明 꿈이거늘 근심은 무삼일고
근심은 꿈이아니뇨 깰때 함께 깨리라
　　　　　　　　　　　《金午男時調集》〈世事는 꿈이란다〉 全文

선악을 도모지가 춘몽에 비길것이
지나간 뒤이면은 일다스는 거품이라
추억만 마음속 남아 한탄겨워 지노라

애닯흔 인생살이 꿈에비겨 깨고지고
과거나 오늘이나 다름없이 괴롭구나
이것을 팔자에 비겨 불우탄을 하노라
　　　　　　　　　　　　　　《旅情》〈不遇嘆〉 全文

인생을 꿈에비겨 깨기를 기다릴까
고로가 하심하니 울어서도 풀길없다

---

29) 鄭惠媛,「時調文學과 그 內面意識」(서울:상명여자대학교출판부, 1992), PP. 20-21.

지나간 추억을 안고 시름겨워 하노라
《旅情》〈추억을 안고〉全文

멋없이 앉었으니 말벗그려 찾어보네
밥얼어 한술먹고 묵어온게 오십사세
귀밑에 백발이느니 알배없다 둡니다
《旅情》〈失題〉

무엇을 해야할까 주저주저 망서린다
나이를 헤어보니 오늘이 오십사세
귀밑에 흰털만늘어 한심겨워 집니다
《旅情》〈十一月 (하순작)〉

또한, 인간의 삶이 한순간임을 과장하여 표현한 〈하루살이〉와, 벌레의 모습을 人間事에 비유한 〈살자니〉라는 시조도 위의 시조 내용과 맥을 같이 한다.

부유가 저리많이 떠돌아 노닐어도
오늘해 못다가서 죽을게 아니겠소
살았단 이한나절 즐겨보나 보외다

青春이 어제런 듯 白髮이 희었고나
얼마만 지난다면 白骨만 남을 人生
한나절 살고서죽는 부유에다 비기리
《心影》〈하루살이〉全文

저 보오 버러지도 제 살랴니 분주쿠려
終日토록 먹을 것을 끌고 물고 나르나니
사람은 무에 다르오 혼자 웃었 삽네다
《金午男時調集》〈살자니〉全文

朝鮮의 文人들은 中庸을 미덕으로 삼고, 직선적인 감정 노출을 삼갔으며 富貴와 功名, 榮華, 豪華, 財物에 대하여는 예외없이 강한 부정을 표명하였다. 富貴와 功名을 부정하는 이유로는 욕됨, 위험, 원망 등을 들고 있어, 결국 貧而無怨한 삶에 대한 내적 욕구가 강했음을 짐작할 수 있다. 이 외에도, 부정저인 대상으로 노래되는 것은 世上, 人心, 人生과 같은 인간적이고 가변적인 것이었다. 그래서 조선시대 선비들은 자연에 묻혀 사는 安貧樂道의 삶을 갈망하였으며, 또한 시조의 주된 내용으로 삼았다.[30]

김오남의 시조에서도 自然觀照를 통하여 虛無意識을 읊은 것이 많은데, 《金午男時調集》에 수록되어있는 〈所望〉이란 제목의 시조를 보면, 위와 같은 허무의식을 발견할 수 있다.

富貴도 잊으리라 榮華또한 바리리라
竹杖집고 芒鞋신고 八荒의 客이 되어
浮雲兮 世上사리를 잊어보면 하노라

《金午男時調集》〈所望〉全文

富貴와 榮華를 버리고 아무런 사심 없이 나그네로 살고 싶다는 심정이 잘 드러나 있다. 하지만 이 시조는 옛 시조를 감상하는 듯한 멋있는 시조이기는 하나, 너무나 보편적인 관념에 의존하였기 때문에 참신한 감각을 느낄 수는 없다. 그의 제 2시조집인 《心影》의 〈筆頭頌〉에도 이런 인새에 대한 무상감이 담겨있다.

다음은 《心影》의 〈筆頭頌〉에 나오는 작가 노트와 작품이다.

인생(人生)을 괴상하다고할까. 또 모를 것이라고나 할까. 살아서 별로 좋은 것도 없건마는, 그래도 죽는 것을 싫어하고, 살려고만 드는 게 인생이다. 사는 게 괴롭다고 한다. 왜 괴로우냐고 물으면, 그 이유가 많다. 돈이 없다. 몸이 약하다. 마음먹은 게 제대로 안된다. 부부간에 마음이 아니 맞는다. 자식이 말을 안 듣는다. 심지어는 이웃 집에서 싫은 일을 한다. 내가 하고 싶은 것을 남이 몰라준다. 그래서 민족이 어떻고, 국가가 어찌되고, 야단들이다. 그래서, 인생은 괴롭다고 한다. 슬프다고 한

---

30) 鄭惠媛, 앞의 책, PP.146-148.

다. 안타깝다고 한다.
(중략)

　미래(未來)가 무에냐고 떠들다가도 급기야 죽고 보니, 무덤 위에 잔디만이 푸르게 자라는 게 또 인생이다. 젊었다고 잘났다고 하다가도 늙어 허리가 굽고 뼈의 가죽만 얽혀서 「아이고」 하다가 죽는 게 인생이다. 이 인생을 가로도, 들고보고 세로도 들고 보나, 모르겠다 함이 인생이다. 그래서 인생을 이렇다고 제법 적어보려다가 붓대를 던지고 마는 게 인생인 것 같다.

　　人生을 적으려고 붓대를 들고보니
　　그릴듯 못그려서 애만이 타옵네다
　　울고서 또울어본게 다음詩ㄴ가 합네다
　　　　　　　　　　　　《心影》의 〈筆頭頌〉 全文

　위의 시조에서도 알 수 있듯이 김오남은 삶에 있어서 서로 是非를 가리기 보다는, 어차피 人生은 '空手來空手去'이므로, 자연의 순리에 맞게 살아 가야 한다고 보았다. 그는 인생의 무상함을 탄식조로 표현할 뿐, 그것을 자기 철학에 입각해서 처리하지 못하고 곧 운명으로 돌리거나 회피하고 마는 소극적인 태도를 보인 것이다.

　生의 유한성에 대한 無常感은 상대적으로 영원한 것, 불변하는 것에 대한 예찬을 불러일으킨다. 불변하는 존재로서 그 영원성이 예찬되는 것은 天地, 江山, 바위와 같은 자연적 존재들이며, 이와 반대로 변하는 존재로서 그 유한성이 두드러진 것은 人心, 人事와 같이 인간적인 것들이다.[31]

　모든 자연물, 하찮은 물과 꽃, 산과 물, 달과 바람까지도 循環을 통하여 영원성을 획득하는데, 오직 最貴한 인간만이 自然理法의 혜택을 받지 못한다는 사실은 수용하기 어려운 모순으로 표현된다. 자연의 영원한 지속과 인간의 일회적인 삶을 비교할 때, 죽음으로 향하는 시간의 흐름은 피할 수 없는 횡포이며, 그 앞에서 인간은 왜소하고 무력한 존재로

---
31) 鄭惠媛, 앞의 책, P.27.

화할 수밖에 없다.[32]

　김오남은 이런 인생의 무상감을 자연과의 交感을 통하여 표출하고 있다. 그의 작품 중 대부분은 山水, 花鳥 즉 자연을 노래하고 있으며, 그러한 자연과의 대화, 혹은 자연과의 合一을 통하여 자신의 심경을 토로하고 있다. 다시 말하면, 자연의 노래를 통하여 고독을 해소하려고 하는 人生觀照가 엿보인다고 할 수 있다.[33]

　김오남은 자연을 소재로 많은 시조를 썼는데, 그 중에서도 山과 水를 소재로 한 것이 대부분이다. 山은 靑山, 春山, 泰山 등으로 단순하게 표현을 한 반면에, 水는 시냇물, 샘물, 연못, 이슬, 안개, 구름, 綠水, 강, 폭포, 파도, 바다, 비, 눈 등으로 비교적 다양하게 묘사를 하였다.

　물의 특성은 부드러운 물과 거센 물, 가벼운 물과 무거운 물, 솟아오르는 물과 흔들리는 물, 고여 있는 물과 투명한 물로 분류할 수 있다. 다시 부드러운 물은 봄물과 같은 시냇물과 강물로, 거센 물은 추락 상태의 폭포와 상승 상태의 분수로 細分할 수 있을 것이다. 그리고 가벼운 물, 곧 上昇의 물은 안개, 구름, 이슬의 상태로 나누어지며 무거운 물, 곧 下降의 물은 비, 눈의 상태로 나누어진다. 그리고 솟아오르는 물, 즉 원초적인 淨化水를 뜻하는 샘물은 인간적인 작용을 거쳐서 형성되는 體液과 같다. 흔들림을 나타내는 물은 수레와 여행의 복합된 상태로 연결지어 볼 수도 있다. 고여있는 물은 母性의 물로서 바다를 뜻하며 탄생과 죽음의 물로서 깊은 물의 영상과 관계를 맺기도 한다. 마지막으로 투명한 물은 나르시시즘의 물로서 연못, 호수, 얼음 등으로 나누어져 생각될 수도 있다.[34]

　김오남의 시조에서는 물의 여러 형태 중 가벼운 물(구름, 이슬)을 통해서 인생에 대한 허무의식을 드러내었다.

---

32) 鄭惠媛, 같은 책, PP. 33-34.
33) 鄭英子, 앞의 책, P. 98.
34) 許米子, 「韓國詩文學硏究」(서울 : 성신여자대학교출판부, 1982), PP. 21-22.

그러면, 이와 같은 특성을 지닌 구름과 이슬이 김오남의 시조에서는 어떻게 표현되었는지, 인용해 본다면 아래와 같다.

世事가 웃우워라 浮雲으로 바려두고
푸른 山 맑은 물을 벗 삼아 노니노라
절로의 꿈이신 뜰을 싫을 때가 없고나
　　　　　　　　　　　　　　　《金午男時調集》〈내마음〉 全文

월식을 바라보며 자연을 살피랴니
인생사 부운같아 망므더욱 구슬프다
밤늦어 질줄모르고 허무경을 헤맨다
　　　　　　　　　　　　　　　《旅情》〈香泉寺에서〉

풀끝에 맺힌이슬 구슬인양 슬어진다
인생의 일평생이 저와같다 하는구나
덧없는 이내生涯 이렁놀다 갑세다
　　　　　　　　　　　　　　　《心影》〈이슬〉 全文

　가벼운 물 가운데 '구름'은 김오남의 시조에서 빈번히 등장하고 있다. 구름은 본래 유유히 떠도는 생리를 가지고 있다. 김오남은 이러한 구름의 자유분방한 모습을 통해, 반복저긴 일상 생활에서 벗어나 나그네와 같은 자유를 희구하기도 하였으며, 浮雲을 인생에 비유하여 무상이나 허무를 노래하기도 하였다. 그리고 햇빛이 비치면사라지는 '이슬'의 짧은 생명력을 인간의 삶과 결부시켜 표현하였다.
　김오남은 자연을 소재로 사용하면서 자연을 있는 그대로 보여주는 것이 아니라, 자연을 통해서 인생을 보여주는 시조를 썼으며, 또한 자연과 계절의 순환 속에서 인간적인 고뇌를 함께 연결시키기도 했다.

한때 맞난 봄을 즐겨볼가 하였드니
구태여 헛난 비애 지느니 꽃이로다
人生도 저런것일세 어이 아니 설울가

點點이 꽃이 덧네 야속타 떼 바람아
굳이 흘을진대 꽃 잎이나 흘을것이
어이타 남의 맘 조차 이렁 흘어 놓느냐

花香에 陶醉하야 조든 꿈 깨여보니
피였든 庭梅花의 二三花葉 덜었고나
歲月아 가라 하여라 나도 늙자 하노라

바람이 야속하다 꽃이 굳이 덧는 고나
꽃아 섧다 마라 明春아니 또 있느냐
한번 져 못 피는 恨은 내게 마껴 두어라

《金午男時調集》〈洛花(一)~(四)〉全文

피였다 스는꽃이 분분히 덧는곳에
그모양이 애처러워 발길을 멈추노라
지나간 한때청춘을 낙화에다 비기네

《旅情》〈洛花〉全文

갈대사이 흔들리는 야국 한송이
바람이 불제마다 의지없는 자태로다
날잇고 호젓한마음 가슴스쳐 지리라

《旅情》〈野菊〉全文

추풍에 덧는잎이 그리도 처량코나
인생의 마지막을 저에다 비기노라
쏟이냐 허무이랄까 애수에만 잠기네

《旅情》〈낙엽〉全文

가을이 다가오니 초목들도 늙어진듯
덧는잎 시드는풀이 바람스쳐 한숨이라
무상을 낙엽에부쳐 허무함을 느끼오

《旅情》〈片景〉全文

비와 바람 속에 꽃이 떨어지는 아픔이 인간의 생애에 비유되었다. 〈洛花〉와 〈野菊〉이라는 시조는 자연의 순환원리가 인간의 순환 원리와 같음을 시사하고 있다. 또한, 〈낙엽〉과 〈片景〉이란 시조도 낙엽이 가지고 있는 하강 이미지를 인간의 죽음과 연결시켜 표현한 것이다.

그리고 김오남의 시조에는 사계절의 정경을 보고, 그 심경을 표출한 것이 있는데, 계절별로는 봄이 31수, 여름이 9수, 가을이 44수, 겨울이 8수이다.

  버들이 늘어지고 꽃이또 붉었는데
  앞내에 물이붇고 고기가 살랑댄다
  새들도 흥이겨운지 지지재재 울더라

  꽃피어 滿發하고 잎이또 돋을적에
  春霧에 어린버들 더욱더 푸르고나
  아해야 보구니차라 나물캐러 가리라
             《心影》〈봄〉全文

  靑山에 밤이드니 寂寞이 들었는데
  풀속에 우는벌레 왜저리 젖어우나
  나무에 바람이부니 새꿈깰가 하노라
          《心影》〈山中의 밤(여름)〉全文

  저 어인 떼바람이 山 비를 몰고 가고
  梧桐의 더른 잎이 섬돌 밑 구는고나
  불현듯 설레는 마음 어이 하면 좋을고

  길고 긴 가을 밤을 바람도 잠 못드러
  窓밖에 落葉 끌고 긴 한숨 지을 때에
  이 맘도 어이 그런지 우러 밤을 샘네다

  들위에 秋風이오 山위에 夕陽인데
  막대를 동무삼아 들가에 섰노라니
  어디서 一聲草笛은 남의 애를 끈는다
        《金午男時調集》〈가을(一)~(三)〉全文

  설경이 조흘시고 미친 듯 찾아보니

산야가 은세계ㄴ데 마음더욱 시원코나
동구를 바라보며 콧노래를 하노라

송백에 눈이쌓여 송이송이 꽃이로세
휘여저 느러진가지 더욱더욱 탐스럽다
은반에 정을 담아서 세정뜬다 하노라

《旅情》〈눈〉 全文

　김오남의 시조는 많은 부분이 人生無常을 내포하고 있다. 사계절의 정취를 담은 시조 중 가을을 노래한 시조가 제일 많은 이유도 가을에서 느낄 수 있는 외로움, 고독감 때문이라고 본다. 가을 落葉性은 사람에게 쓸쓸한 감을 돕는다. 앞의 시조 〈洛花〉에 있어서도 떨어지는 꽃잎을 바라보며 인간의 일회적인 삶을 노래했듯이, 가을의 정감을ㄹ 맛볼 수 있는 〈가을〉이란 시조도 떨어지는 낙엽을 바라보면서 느낀, 비감한 심사를 읊은 시조라고 할 수 있다.

2. 儒敎的 倫理意識을 통해 나타난 傳統意識

　지금으로부터 약 70년 전만 해도 우리 나라 여성에게는 아무런 權利도 주어지지 않았다. 日帝時代인 1920年代에 접어들면서 겨우 一夫一妻制 와 離婚請求權이 인정되는 등 制限된 權利가 法的으로 인정되기 시작하였다. 그러나 그것은 단지 法的으로 그러한 權利가 있었다는 것뿐이며, 실제로 行使될 만한 社會的인 여건을 갖추지 못하였다. 따라서 日帝時代의 女性의 法的 地位는 보잘 것 없는 것이라고 할 수밖에 없다. 여성이 법적으로 권리다운 권리를 가지게 된 것은 8.15解放 이후가 된다. 그것도 구체적인 권리를 법적으로 보장받게 된 것은 憲法이 男女平等을 보장하고 그에 의하여 民法이 制定된 1960년 1월 1일 이후라고 하는 것이 옳다.[35]

---

35) 金疇洙, '韓國近代女性의 法律上의 地位', 「韓國近代女性硏究」, 앞의 책, PP.7-8.

그러나 위와 같은 시대적 영향도 있었겠지만, 김오남은 오랜 교직생활과 가풍의 엄한 婦道生活로 인해 사고방식에 있어서 유교사상에 젖어 있었다. 이는 그의 시조를 통해서도 알 수 있다.

  男便은 泰山인양 높고또 무거우며
  부인은 꽃이인양 사랑의 神이되어
  平和론 家庭을이뤄 快히삶을 보과저
            《心影》〈結婚〉全文

〈결혼〉이란 시조의 앞 부분에 나오는 해설에서, 김오남은 가정 생활에 있어서의 幸, 不幸은 온전히 남자가 가지고 있는 人格 如何에 달린 것이라고 하였으며, 부인은 항상 남편을 존중하고, 남편은 아내를 사랑하여야 한다고 말했다. 이 부분에서 김오남의 유교적인 家父長的 思想을 발견할 수 있다. 또한 「新人文學」 기자와의 인터뷰와, 「女性」誌에서 주최한 좌담회에 있어서도 이런 느낌을 받을 수 있다. 그 내용을 인용해 본다면 아래와 같다.

  記者 : 女子가 結婚한 후 家庭을 위하여 男女共同으로 일하는 것이 어떨까요?
  金午男 : 나쁘지는 않으나 生活安定만 되면 女子는 家庭婦人으로 잘 努力하고 活動
     함이 좋겠지요.
  記者 : 男女問題에 있어서 平等을 主唱하는 것이 어떨까요?
  金午男 : 家庭圓滿主義로 나가는 것이 第一이겠지요.
  記者 : 朝鮮家庭制度에 對하여 或 생각하신 것이 없습니까?
  金午男 : 日本內地人의 家庭制度는 모든 것이 簡單하고 便利한데 朝鮮사람의 家庭
     制度는 모든 것이 複雜해요. 衣服이나 飮食이나 모두가 不便해서 너무 時
     間을 쓰게 되어요. 좀더 시간과 生存에 힘을 주도록 簡單化 하도록 制度를
     고쳤으면 좋겠어요. 主婦는 飮食과 衣服 한가지만 가지고 밤낮 시간을 虛
     費하게 되니까요.[36]
  記者 : 두 분이 혹 다투시는 때가 있다면 흔히는 무엇따문이며 결국 어느 편이 양보

---

36) 「新人文學」記者, '詩와 文學에의 憧憬 —女詩人 金午男氏의 世界—', 「新人文學」, 1936. 8., P.67.

하시고 어떻게 和解하십니까?
金午男 : 아직까지 싸홈이 없었읍니다. 다소 싸홈할만한 기회야 있엇지만 그저 내 가 얼른 양보하고 늘 허허 웃고마니까 싸홈이라곤 도모지없었읍니다.[37]

　　김오남은 자신의 이익을 주장하기보다, 가정의 원만을 위해서 순응하며 살아가는, 유교주의적 사상에 입각한 전통주의적인 여성이라고 할 수 있다.
　　그러나, 그는 남녀 문제에 있어서 만큼은 개방적이지 못하였어도, 가정제도에 있어서는 일본처럼 간편하게 바뀌어야 한다고 주장하는 등 한편으로 자신의 합리적인 생각을 피력하기도 하였다.
　　다음으로, 김오남이 남녀의 애정문제에 대해서는 어떻게 생각하고 있었는지, 구체적으로 그의 시조를 들어서 살펴보겠다.
　　다음은 《心影》에 수록된 〈연정〉이란 제목의 시조이다.

　　　　연모란 靑春만이 애가슴 태움일네
　　　　웃고또 우는것이 꿈깨운 뒷일찌라
　　　　理性을 굳게안고서 후회없게 하소서

　　　　꽃이란 피면지고 달이차면 이울듯이
　　　　男女의 情이란게 타는듯 스는것을
　　　　깬뒤에 한탄을말고 굳이삼가 하소서

　　　　　　　　　　　　　　　　《心影》〈연정〉 全文

　　청춘 남녀간의 戀情이란 타는 불과 같으며, 신비하면서도 그 힘이 크다. 이 연정은 사람의 판단력을 흐리게 하기도 하고, 이성을 찾지 못하게 하기 때문에, 자칫 잘못하게 되면 한 평생을 불행하게 보내게 된다.

---

37) 「女性」誌 記者, '結婚一年生移動座談會', 「女性」, 1938. 1., P.24.
　　金聖哲, 金午男, 朴奉愛, 孫貞順, 尹恩姬, 朱壽元 등이 결혼 생활을 주제로 좌담회를 가졌다.

김오남은 〈연정〉이란 시조의 작가노트에서 "대인의 사랑은 바다 같고, 소인의 사랑은 시냇물과 같다"라는 옛 사람의 말을 인용하여 이를 비유적으로 표현했다. 즉, 바다는 아무리 거센 풍파와 억센 비가 몰아친다고 하여도 항상 푸르고 맑으나, 시냇물은 비가 조금만 와도 흙탕으로 변하듯이 남녀의 사랑에 있어서도 소인의 사랑처럼 쉽게 변질되는 사랑은 경계해야 한다고 본 것이다. 그래서 김오남은 남녀가 교재할 시에는, 서로 깊이 알아볼 필요가 있으며, 모름지기 이성을 잃지말고 명확한 판단을 내려야 함을 강조했다.

  이와같은 김오남의 유교적인 전통의식은 그의 모성애에서 더욱 두드러지게 나타난다. 어머니의 사랑은 위대한 것이다. 이 사랑은 무조건이리만큼 더욱 위대하다. 김오남은 모성애가 강한 여인이었다. 아들(정국진)이 5살 되는 해부터, 15세 되는 해까지 10년을 결핵성 관절염(結核性 關節炎)이란 병으로 고생할 때, 의사가 생명을 건지려면 다리를 잘라야 한다고 했음에도 불구하고, 김오남은 아들의 장래를 위해 다리를 자르게 하지 않고 정성껏 간호했다. 그의 시조집《心影》에 수록되어 있는 〈子息의 病〉이란 시조에 김오남이 겪었던 고충이 잘 나타나 있다.

  다음은 《心影》의 〈子息의 病〉에 나오는 작가 노트와 작품이다.

  자식의 병으로 인하여 나처럼 고생한 사람은 드물 게다. 결혼하여 남매를 낳아 길렀다. 위가 딸이고, 두 살 아래가 아들이다. 이름을 정국진(丁國鎭)이라고
  그런데, 이 국진이 병이 그리도 나를 애태우던 것이다. 병명은 결핵성 관절염(結核性 關節炎)이란 것인데, 발목 복숭아뼈를 균이 먹어 들어가는 병이었다. 그 애가 다섯 살 되는 해 정월에 걸린 병이 十五세 되는 해 四월 二十三일에야 비로서 땅을 딛게 되었으니 만 십년을 두고 고생을 한 것이다.
  치료 방법이란 절대 안정과 당처(當處)의 일광욕 치료법(日光浴 治療法) 그리고 영양섭취였다. 쇠꼬리 한 개, 닭 한 마리, 마늘 한 접, 소주 한되, 설탕 근반 이렇게 섞어서 곰을 만들어 조리에 바친 것을 매일 두 공기씩 먹이었다. 철없이 요동하는 것을 붙들고 앉아 일광욕을 시키며, 해쓱한 그 얼굴을 바라볼 때 어미의 심정은 아프다고할까 견디기 어려웠다.
  「엄마, 인제 고만 둬요」라고 안타까이 굴 제 눈물을 아니 흘릴 길이 없었다.

빈한한 살림은 먹을 것을 마음대로 사 댈길이 없었다. 의사는 심하면 다리를 자르음이 옳다고 한다. 생명을 건지려면 이 길만이 첩경이라고들 했다. 그러나 장래를 생각해 볼 제 그럴 수가 없었다. 오래 두고 견디는 것이 이 병을 낫우는 길이라고 결심했다.

(중략)

근심과 걱정으로 잠을 이루지 못한 것이, 하루 이틀이 아니었다. 십년! 이 십년이 그리도 길었던 것이다. 당처(當處)에서 고름이 나올 제 그 놀램은 컸었다. 내일이나 좀 나을까, 그러나 내일이 어제 같은데는 철석(鐵石) 간장이라도 아니 녹는단 수가 없었다. 넋을 잃고 먼 하늘만 바라본 적도 있었다. 한밤을 그지 샌적도 많다. 거짓이 없고, 꾸밈이 없이, 솟아나는 측은한 정, 이것이 어미의 자식에게 대한 정인 듯 싶다.

앓는 子息안고 애태는 어미심정
오늘도 어제같으니 이리맘이 타는구려
하늘을 우러러보며 신세한탄 합네다

앓는곳 만지면서 애끓는 이내심정
불상코 측은해서 더욱더 애닯구려
언제나 快히나아서 어미기쁨 보이려노

《心影》〈子息의 病〉全文

다음은 《心影》에 수록된 〈子息의 病이 났다〉라는 제목의 시조이다.

十年넘어 앓는子息 고치려는 어미心情
입과글로 못다쓰고 당해보소 할수밖에
애간장 끓던말이야 일러무삼 하리오

《心影》〈子息의 病이 났다〉全文

또한 김오남은 어머니가 자식에게 대하듯, 인류(人類)가 서로서로 남을 아낀다면 眞貴한 평화가 올 것이라고 강조했다. 그리고 모두 위대한 어머니의 사랑을 배워 이를 실행해야 한다고 말했다. 즉, 모성애를 자식에 대한 사랑에만 국한시킨 것이 아니라, 보다 큰 인류애로 발전시킨 것이다.

이 외에도 김오남은 유교사상에 바탕을 둔 시조를 썼다. 부모에 대한 孝心, 동생을 생각하는 마음이 그것이다.

    피골이 상접하니 기운을 차리시리
    닳은살 무여지고 피진물 흐릅네다
    그얼굴 바라볼적에 가슴누여 집네다

    미음을 드리렬제 힘없이 벌리시는입
    창백한 그얼굴에 줄음만 더욱굵다
    불상ㅎ고 애닯은마음 어일길이 없고나
                           《心影》〈어머니의 病〉 全文

    뒤뜰에 심은 과꽃 곱게도 피엇고나
    포기포기 탐스럽고 송이마다 산듯하니
    어머님 즐기시든꽃 옛생각에 새롭네

    병석에 계실대에 이꽃따다 드렸더니
    「꽃은 봐무엇하니」그말슴이 새로워라
    황천길 떠나시온날 더욱그려집니다
                           《旅情》〈과꽃〉 全文

    구타여 善을배워 모질지 못한네가
    고생을 달게받아 오히려 웃는고나
    불운에 쌓인동생아 누의 맘이 괴롭다

    잘살아 보렴으나 성공을 네게빈다
    너머도 안타까워 가슴이 저리고나
    생각을 다시해봐도 인단 수가 없고나

    벌려고 애쓴뒤가 욕만이 남단말이
    그래도 말없으나 마음오즉 괴로우랴
    칙은한 동기의정이 가슴만을 무인다
                           《旅情》〈동생〉[38] 全文

---

38) 남동생(김우용)은 크게 사업을 하였으나 실패하고, 일제 때 일본인을 비방하는 말을 하여 옥고까지 치루었다.(丁國鑌님과의 면담 중에서)

특히, 〈어머니의 病〉이란 시조에서는 기관지 천식을 4년간 앓다가 돌아가신 어머니에 대한 그리움을 느낄 수 있다. 과꽃을 좋아하셨던 어머니, 과식을 하면 발작하는 이 병 때문에 몹시 마르신 어머니를 보고도 미음조차 충분히 주지 못했던 김오남의 심정이 이 시조에 恨으로 서려 있다.

3. 自我實現을 통해 나타난 庶民意識

군국주의화 경향이 강화됨에 따라 일제는 1930년 이후 식민지였던 조선을 중국 대륙에 대한 침략전쟁을 수행하기 위한 '병참기지' 로 이용하려 했다. 이를 위해서는 조선민족의 민족해방운동을 철저하기 탄압하고 조선민중을 가혹하게 수탈할 필요가 있었다. 따라서 일제는 1920년대의 소위 문화정치에서 허용하고 있던 부분적인 형식상의 자유조차 박탈하였으며, 민족해방운동에 파쇼적 억압을 강화하기 위한 모든 수단을 동원했다.

이러한, 일제의 식민지적 억압과 착취는 조선민중의 빈궁화를 더욱 촉진시켰고, 세계경제공황의 영향을 받아 실업자 수는 격증하게 되었다. 또한 농민의 생활상태도 농업공황으로 인해 쌀값이 폭락하게 되어 비참하게 되었다. 일제가 내걸었던 농촌진흥운동[39]이라는 슬로건에도 불구하고 농촌을 휩쓴 만성적 기근과 농민파산, 토지상실의 과정은 일층 격화되었다. 일제 통계에 의하더라도 1929년에는 128만 4,500호였던 소작농가 수가 1931년에는 139만 3,000호로 증가하고, 화전민 수는 3만 4,200호에서 15만 1,400여 호로 증가했다. 이렇게 해서 토지가 없거나 영세한 토지밖에 소유하지 못한 농민의 수는 매년 늘어만 갔다.

---

39) 일제는 1932년부터 농촌진흥운동을 전개하기 시작하였으나, 결코 이것은 조선농민을 위한 것이 아니었으며, 농민약탈을 보다 효과적으로 수행하고 그것을 은폐시키기 위한 하나의 방법에 지나지 않았다.

김오남은 이러한 1930년대의 민족적 비애와 궁핍의 현실을 시조로 나타내었다.

새벽에 나간 몸이 빈 손으로 도라왔네
妻子야 주린채로 이 밤을 울어새자
蒼天아 이내 설음을 살필 길이 없는가
　　　　　　　　　　　　　　《金午男時調集》〈지게꾼의 歎息〉全文

자나마 눈 쌓이고 바람이 뼈에 찬데
밤 늦어 門前求乞 저의 마음 어떠할까
못 돕는 이내 마음도 그러하다 하리라
　　　　　　　　　　　　　　《金午男時調集》〈乞人(一)〉全文

積雪은 尺餘로다 바람도 차고 찬데
저 어인 떼 거지는 城 밑에 밤을 새노
불연듯 아픈 마음을 둘 곳 몰라 하노라
　　　　　　　　　　　　　　《金午男時調集》〈乞人(二)〉全文

애달파라 저 아해 보오 씀바귀 뜻기 바뻐
눈물지며 그넷줄 놓고 뒷밭으로 가는구려
언제나 저 배를 채워 뛰며 놀게 하랸고
　　　　　　　　　　　　　　《金午男時調集》〈그네(二)〉全文

모 심는 저 農夫여 심어 매서 거두나니
방울 방울 덧는 땀이 맺어 쌀알 되노매라
天道 네 무슨 잠 깊어 저 배 골려 두나뇨
　　　　　　　　　　　　　　《金午男時調集》〈農村片感(一)〉全文

달 뜨고 나간 몸이 별을 이고 돌아오오
손발이 다 닳도록 심고 매고 거두 것만
어이타 우리네 배는 부를 길이 없는고
　　　　　　　　　　　　　　《金午男時調集》〈農村片感(二)〉全文

저 景 보량이면 뉘아니 歎息하랴
皮骨이 相接하여 떼지여 가는고나

오날도 거리로 가며 혼자 스러 하노라

《金午男時調集》〈貧窮〉全文

〈지게꾼의 歎息〉,〈乞人(一)〉,〈乞人(二)〉,〈그네(二)〉,〈農村片感(一)〉,〈農村片感(二)〉,〈貧窮〉에서 김오남은 1930년대의 어려웠던 우리 민족의 비참한 삶을 지게꾼이나 농부들, 걸인과 철부지 아이들을 통해서 사실적으로 표현함으로써, 서민들과 공감대를 형성하고 있다.

일제시대의 절대적 빈곤을 중심으로 사회현실의 소외된 자의 아픔나누기에 대한 공동체 의식은 김오남의 폭넓은 사회인식이다. 이와 같은 사회 인식에 대한 천착은 山水自然과 人生觀照에 머물고 말았던 현대시조에 이색적이고 대담한 수용이다.[40]

그리고, 김오남은 사회의 세태를 비판하거나, 풍자한 시조도 썼다.

붉은산 파동된하천 오막사리에 남누한모습
눈앞애 보이는게 빈곤과 참경뿐을
이래도 黨爭席奪로 일을 삼고있느냐

농군의 주린얼골 부녀의 처량한꼴
오늘도 어제인양 불행만을 헤집는데
外遊를 자랑들말고 농민살길 생각소

識者가 모른다면 농사발전 누라하오
學博士 자랑말고 실속있게 일을하오
알거든 눈을뜨고서 국태다시살피소

《旅情》〈國態〉全文

거리를 바라보니 그리도 수선ㅎ구려
잘난이 못난것들 뒤섞여 와글대오
무어가 옳은것인지 가릴길이 없오다

《心影》〈풍자〉全文

---

40) 鄭英子, 앞의 책, P.101.

人世를 바라보니 鳥鵲떼 분명하다
黑白을 가린다고 네오내오 떠드는구려
十年前 먹은송편이 올라옴즉 하외다

《心影》〈戲作〉全文

위에서 김오남은 고급 자동차를 타고 다니며 호화로운 생활을 하는 자, 자리다툼만을 일삼는 정치인, 그리고 자신의 학위만을 자랑하는 지식인에 대해 부정적인 시각을 표출하고 있다. 즉, 사회에서 우대받는 특수층보다는, 사회에서 소외된 자에 대해 김오남은 더 많은 애착심을 가지고 있음을 알 수 있다. 이러한 점은 다음 시조에서도 찾아 볼 수 있다.

소 하나 동무 삼아 사래 긴 밭을 갈고
오늘도 씨를 뿌려 마튼 業 다 한 農夫
거룩한 그의 職分을 못내 부러 합네다

《金午男時調集》〈이부럼〉全文

다음은 《心影》의 〈못 갚을 은혜〉에 나오는 작가 노트와 작품이다.

하루 세끼 밥을 먹는다. 춘하추동, 철을 따라 옷을 갈아 입는다. 한가로이 방에 앉아 옛 글을 읽어도 본다. 이것이 뉘 덕이냐. 하느님의 덕이냐, 아니다 신의 덕이냐, 아니다. 내가 노력(勞力)한 열매냐, 아니다. 이것은 온전히 농부(農夫)들이 흘린 괴로운 힘과 땀이다. 또 직공(職工)들의 고단한 노력에서 나온 열매다. 이것을 나는 먹고, 입고, 덮고 지내지를 아니하느냐, 곰곰이 생각하면 무한(無限)고맙다. 그 은혜(恩惠)를 갚지 못하는 내 자신이 부끄럽다기보다 너무 갸륵한 덕분을 어쩔 길이 없어 애만이 끓을 지경(地境)이다. 어찌하면 이 은혜를 갚아보나, 또 이 두터운 은인들을 도와줄 수 없는가.

밤새 생각해보고 온 종일 묵상에 잠겨도 본다. 글을 써서 보답하랴. 너무 가베운 것 같다. 울어서 보답하랴. 쓸 데 없는 짓이다. 이리 생각해도 아니고, 저리 생각해도 아니다.

먹고서 입는것이 農夫職工 땀이로다
생각해 본다며는 그아니 무서웁소

하늘을 우러러봐도 갚을길이 없고녀

《心影》〈못 갚을 은혜〉 全文

다음은 《心影》에 수록된 〈報恩〉이란 제목의 시조이다.

半百年 지은恩功 무어로 갚자느냐
글쓰고 일을해서 보답의 길을삼나
그도저 아닌것가애 생각만이 깊노라

《心影》〈報恩〉 全文

〈이부럼〉,〈못 갚을 은혜〉,〈報恩〉 등의 시조에서는, 사회에서 천대를 받는 농부와 직공들의 업을 거룩하게 여기며 큰 은혜로 생각하는 등, 그들을 높이 평가하고 있다. 즉, 김오남은 서민들의 소박한 삶을 진실된 삶으로 본 것이다. 여기에서 김오남의 서민의식을 발견할 수 있다.

1930년대의 암흑기는 1945년 8·15 해방 이전까지 계속되었다. 그러나 해방 후 우리 나라는 夢寐間에도 잊지 못하던 내글 내말의 어문 생활을 하게 되었으며, 이로 인해 시조도 다시 살아나기 시작했다.[41] 하지만 이러한 기쁨도 잠시, 양단된 우리 민족은 극한적인 사상 대립을 야기시켜서 1950년에는 6·25라는 同族相殘의 비극을 빚게 되었다. 이에 김오남은 동족끼리 싸우고 죽이는 이 싸움을 수치스럽게 생각하였는데, 이런 감정은 〈수치〉라는 시조에 잘 표현되어 있다.

다음은 《心影》의 〈수치〉에 나오는 작가 노트와 작품이다.

동족(同族)끼리 싸우고 죽인다. 인류 역사에 드문 일이다. 싸우고, 죽이고, 쫓고, 쫓기고, 피비린내가 바람에 풍기는 시산한 광경(光景)이다.

---

41) 한춘섭 외 2명, '시조개관',「한국시조큰사전」, 을지출판공사, 1985, P.25.

울며, 불며, 보따리를, 싸 지고, 이고, 어린 것들을 업고, 끌고, 산을 넘고, 물을 건너서 지친 다리를 터덜거리고 걷는다. 가여운 운명을 그대로 타고난 민족! 우리는 왜 이 땅에 났고, 이 땅에 길리웠는가? 하는 한탄(恨歎)이 저절로 나온다. 죽일 놈들, 동족이 싸우다니, 그래서 형제가 서로 죽이고, 부자가 갈리다니, 욕이 아니 나올 도리가 없다.

(중략)

제 땅이고, 또 동족인데, 따지면 멀지 않은 형제다. 그런데, 이리도 이악하게들 구는구나. 자손이 부끄럽고, 후세가 노할 일이다. 천추에 남을 수치를 어쩌자는 셈인지 모르겠다.

죽일놈 들이로다 同族이 싸우다니
피란온 兄弟들을 또이용 하는구나
千秋에 부끄러움을 굳이남게 하느뇨

《心影》〈수치〉全文

김오남이 이러한 사회의식, 서민의식을ㄹ 가질 수 있었던 것은 자신의 연마, 각성을 통한 자아실현에서 비롯되었다고 할 수 있다. 그는 늦은 나이에도 학업을 포기하지 않았으며, 일본 유학까지 다녀오는 등 남다른 노력을 해왔다. 김오남은 외모보다는 내면을 가꾸었으며, 남녀평등을 주장하는 개혁적인 여성은 아니었지만, 여성도 지식과 덕망을 통한 자아실현을 해야한다고 보았다. 이에 김오남은 여성의 각성을 요구하는 시조를 썼는데 인용해 본다면 아래와 같다.

다음은 《心影》의 〈女性들〉에 나오는 작가 노트와 작품이다.

나도 여성(女性)이지만, 여성들이란게 한심하기 짝이 없다. 하는 짓들이 참아 볼 수 없다.
남성들의 압제와 희롱을 안 당할 수 없다. 조소, 농락을 받아 싸게들 군다. 그네들은 주권(主權)이 없다. 주권이 돌아가게 굴지들을 않는다. 의복을 찬란하게 입고, 패물을 지니고, 얼굴을 다듬고, 입술을 칠하는 짓이라든지, 말하는 솜씨와 몸가짐이 남성들의 존경을 받게끔 하지를 못한다. 허영만 뭉쳐놓은 것이 여성들인양 싶다.

(중략)

여성들이시여, 우리는 참다운 생활을 합시다. 굳굳하고, 검소하고, 단정하고, 그러면서 순후한 생활, 그러나, 용기 있는 생활로 돌아가서 우리의 권위를 찾도록 합시다. 유두분면에 의복 치장이나 하고 핸드백을 드는 것이 장기가 아니며 남자를 줄줄 따라다니는 것이 남녀동등이 아니외다.

우리의 권위를 찾는 길을 가려야 합니다. 우리 여성이 먼저 굳굳해야 자녀가 본을 받는 법이며, 우리 민족이 강한 민족이 되고, 백년대계(百年大計)가 이룩해질 겝니다.

이런 점을 여성들은 깨닫는 동시에, 실천(實踐)에 옮겨야 합니다. 남성을 원망하기 전에 우리의 닦을 길을 먼저 닦읍시다.

女性을 바라보라 칭찬할게 무에더냐
몸치장 곱게하고 갸웃대 보이건만
理性과 권위잃으니 기막히어 하노라

《心影》〈女性들〉全文

김오남은 몸치장에만 신경을 쓰고 마음을 아름답게 가꾸지 않는 여성은 男女同等을 주장할 권리가 없다고 생각하였다. 즉, 여성은 이성과 권위를 존중하는 거룩한 여성으로 이름을 남겨야 한다고 본 것이다.

이와같이 김오남은 식민지 사회현실이 가져다 준 절대적 빈곤의 문제, 소외된 계층과의 공동체 의식, 6·25전쟁의 비극, 자아실현을 통한 여성의 의식을 담은 시조를 썼다. 김오남의 이러한 시조는 앞에서 어급했던 虛無意識과 儒教的인 傳統意識에서 진보한 사상으로, 1930년대 新女性으로서의 의식을 대변해 주는 등, 김오남의 詩 世界를 한층 격상시키는데 이바지 했다고 볼 수 있다.

V. 結 論

이 연구는 1930年代의 대표적인 여류시조시인 김오남의 작품《金午男時調集》,《心影》,《旅情》을 대상으로 분석 시도한 것이다. 작가 고찰, 작품의 형식상 특징, 작가의 의식세계 등의 항목 순으로 나누어 살펴본 결과 다음과 같은 결론을 얻을 수 있었다.
1. 김오남은 일제 식민지 시대와 6·25전쟁을 거치는 등 격동의 세월을 보냈다. 하지만 그는 이러한 시대적 상황에도 굴하지 않고 평생동안 시조창작을 하여, 여류시조시인으로서의 훌륭한 면모를 보여주었다.
2. 김오남 시조의 형식은 전통적인 고시조의 형식을 답습하고 있다.
3. 세 권의 시조집을 통해 김오남의 의식세계를 살펴본 결과, 거의 대부분의 시조 내용이 관념적인 세계를 벗어나지 못했음을 알 수 있었다. 그의 작품은 生活苦와 自然觀照를 통해 虛無意識을 나타낸것과, 유교사상에 바탕을 둔 것이 대부분이다. 즉, 전통적인 애정관을 노래하거나 모성애가 담긴 시조 등 유교사상에 바탕을 둔 정서를 읊은 것이 주류를 이루고 있다는 것이다. 하지만 이러한 내용이 김오남 시조의 전부는 아니다. 그는 사회의식이 엿보이는 시조도 썼다. 즉, 1930년대 우리 민족의 궁핍한 삶고, 민족적 비애(6·25전쟁)의 현실을 비판하면서 이를 풍자적으로 표출한 시조가 바로 그것이다. 또한, 김오남은 여성의 각성을 요구하는 시조로 그의 문학활동을 더욱 심도있게 실현하기도 했다.

김오남은 여류시조시인으로는 유일하게 시조부흥운동에 가담하여 활동하였으며, 1932년부터 시조를 발표하기 시작하여 평생동안 시조창작을 한 1930년대의 대표적인 여류시조시인이다. 그리고 그는 시조문학사상 量的인 면에 있어서 기여를 했으며, 또한 1930년대 일제 식민지하에서 궁핍한 삶을 살고 있는 우리 민족의 비애를 지게꾼이나 농부, 걸인과 철부지 아이들을 통하여 사실적으로 표현함으로써 서민들과 공감대를 형성하였다.

이상과 같이 김오남은 1930년대의 여류문학사상에 선구적 역할을 담당한 여류시조시인으로 그 위상을 확립시켰다.

◇박사 논문◇

한국 여성 문학 연구
― 金午男 論

정 영 자

　金午男의 시조 형식은 평시조의 자수율에 어긋나지 않고 전통 계승의 입장을 지향하였다.
　時調의 내용은 계절을 노래한 것, 자연을 노래한 것, 현실 풍자와 批判, 그리고 기원의식 등이나 자연과 인생의 관조에 대한 것이 대부분이다.

> 　우리에게는 悲哀와 苦痛이 가슴에 넘치거나 넋을 잃고 멍하니 앉아 있을 때가 있습니다.
> 　筆者도 이 感情의 지배를 받아 마음이 괴로우면 자연을 찾고 山水나 花鳥를 벗삼아 놀며 울기도 하고 웃기도 합네다. 그 때 그 情恨을 적은 것이 바로 이 시조 모음입니다.[102]

　작가 스스로가 말하고 있듯이 作品의 대부분은 山水, 花鳥 즉 자연을 노래하고 있으며 그러한 자연과의 대화, 혹은 자연과의 合一, 交感을 통하여 자신의 심경을 토로하고 있는 것이다.
　초기 時調에서는 소재 범위가 자연과 계절을 노래하였고, 자연의 노래를 통하여 고독을 해소하려고 하는 人生觀照가 엿보인다.

　　山은 높고 높다 높아 봄이 못왔나보

───────────
이 논문은 동아대학교 대학원 박사논문, 1987, PP.83-87.
102) 金午男 時調集, 성동공고인쇄부, 1952, 머릿말.
　　첫 시조집이 1955년에 발간되었으나, 金午男은 1931년부터 《新東亞》,《朝鮮文壇》,《詩苑》에 작품을 발표하여 이 시조집의 시조는 대부분 1930년대의 작품이다.

> 竹杖芒鞋로 終日토록 봄 찾는 몸
> 새 노래 웃는 꽃하나 못만나고 갑네다
>
> 靑山아 그리워라 널 찾은 내아니냐
> 滿山紅綠이 발길듯도 하다만은
> 老松아 왜 먼저 울고 남의 애를 끊는다.
>
> —〈孟春入山〉全文

 이와 같은 자연과 계절의 순환과 의미 속에 인간적인 고뇌를 함께 연결시키고 있는 것이 두드러진 특징이며 이것은 고대시조를 그대로 답습한 듯한 내용을 보이고 있다.

> 한때 만난 봄을 즐겨 볼까 였었드니
> 구타여 헛난 비에 지느니 꽃이로다
> 인생도 저럴 것일세 어이 아니 설을까
>
> 점점이 꽃이 덧네 야속타 떼바람아
> 굳이 흩을진대 꽃잎이나 흩을 것이
> 어이타 남의 맘조차 이렁 흩어 놓느냐
>
> 화향에도 취하야 조든 꿈 깨여보니
> 피였던 정매화의 이삼화엽 덜엇고나
> 세월아 가라 하여라 나도 늙자 하노라
>
> 바람도 야속하다 꽃이 굳이 덧는구나
> 꽃아 설다마다 明春 아니 또 있느냐
> 한번 저 못 피는 恨은 내게 마껴두어라.
>
> —〈洛花〉全文

 落花의 아름다움, 애달픔, 그리고 再生에 대한 기원이 함께 하고 있는 연시조이다. 비와 바람 속에 꽃이 떨어지는 아픔이 인간의 생애와 비교되는 이 시조는 자연의 순환원리가 인간의 순환원리와 같음을 시사한다.

꽃 핌, 떨어짐의 원리는 인간의 탄생, 죽음과 같은 의미이다. 따라서 시인은 자연 속에 인간을 찾고 인간의 편력 속에 자연이치를 투시하는 자연친화와 인간관조의 특성을 가진다.

"헛난 비에 지는 꽃"을 人生에 비유하여 설움을 토로하고 있는 "한번 더 못피는 恨"은 유한한 人生을 지칭한다. 따라서 무한한 자연에 대하여 유한한 인생을 노래하였다.

그러나 이와 같은 전통시조의 내용 답습 못지않게 한자어의 사용이 많이 나타난다. 〈春景〉, 〈點景〉 등에 보이는 한문구어의 빈번한 사용은 진부한 느낌을 주며, 新語, 새로운 造語를 창조하지 못한 한계점을 드러내는 동시에 우리말의 멋을 살리지 못한 아쉬움을 남기고 고시조의 틀을 상투적으로 답습하여 현대적 감각이 결여된 생경함을 느낄 수 있다.

〈思親〉에서는 한문시에 토를 단 듯한 느낌을 감출 수 없으며, 〈가을〉에서는 모방과 아류인 듯한 느낌을 갖게 된다.

詩語의 사용에 있어서 漢字語, 故事成語를 구사함으로써 擬古的 분위기를 시도하려 하였으나 고시조의 모방과 답습이란 관용적 어투를 탈피하지 못하고 있다. 따라서 현대적 감각의 분위기를 결여된 채 단조롭고 무미건조한 특성을 보이고 있을 뿐이다.

    있느냐 深山幽谷 듣느냐 새소래라
    보느냐 杜鵑花는 허트러져 웃는고야
    花鳥야 봄짧다하니 즐길대로 질겨라

—〈春景〉

    좇었다 奇巖怪石 흐른다 激湍飛瀑
    부딪쳐 千萬曲되고 깨어져 萬斛玉네
    世事야 언제 보랴 終日토록 보리라.

—〈點景〉1수

위의 두 작품에서만 보아도 한자어 사용이 지나치게 나타난다.
「深山幽谷, 杜鵑花, 奇巖怪石, 激湍飛瀑, 千萬曲, 萬斛玉, 世事, 終日」 등이 그것이다.

그 외에도 十里長堤, 「임진강」에서 長江萬里가 보인다. 또한 고시조의 형식을 그대로 답습하고 있는 것은 종장 첫구에 더욱 심하게 나타나고 있다.

    보기 : 〈春景〉 花鳥야
         〈點景〉 世事야
         〈임진강〉 世事야
         〈지게꾼의 嘆息〉 세월아
         〈눈〉 兒孩야
         〈農村片感〉 어이타

이와 같은 어귀는 「어즈버·아희야·두어라」 등의 고시조 틀이며 〈思親〉에서는 漢詩에 토를 단것과 같이 관용적 어투에서 탈피하지 못하고 있다.

특히 1930年代의 민족적 비애와 궁핍의 현실은 현실비판과 풍자의 시조로 나타난다. 〈乞人(一)〉, 〈지게꾼의 嘆息〉, 〈農村片感 (一), (二)〉, 〈貧窮〉 등에서 신랄하게 당대 현실을 비판하고 있다.

    皮骨이 相接하여 떼지여 가는고나
                                                    ―〈貧窮〉 중장

    달 뜨고 나간 몸이 별을 이고 돌아오고
    손발이 다 닳도록 심고 매고 거두것만
    어이타 우리네 배는 부를 길이 없는고,
                                        ―〈農村片感 (二)〉

    자나마 눈 쌓이고 바람이 뼈에 찬데

밤 늦어 門前求乞 저의 마음 어떠할까
　　몸 돕는 이내 마음도 그러하다 하리라.

　　　　　　　　　　　　　　　　　　　－〈乞人 (一)〉

　　새벽에 나간 몸이 빈손으로 도라왔네
　　妻子야 주린채로 이 밤을 울어새자
　　蒼天아 이내 설음을 살필 길이 없는가.

　　　　　　　　　　　　　　　　　－〈지게꾼의 歎息〉

　개화기의 時調에서 이미 일제에 대한 철저한 저항의지를 내용으로 하는 저항문학의 한 요소를 보여주어 古時調→開化時調→現代時調로 발전하였다.[103]

　일제시대의 절대적 빈곤을 중심으로 사회현실의 소외된 자의 아픔나누기에 대한 공동체의식은 金午男의 폭넓은 사회인식이다. 이와 같은 사회인식에 대한 천착은 山水自然과 人生觀照에 머물고 말았던 現代時調에 이색적이고 대담한 수용이다. 乞人과 지게꾼의 양상을 통하여 사실주의적 기법을 시조의 내용으로 확산한 金午男은 400여수의 작품량에 있어서나 그 획기적인 주제성에 있어서 괄목할 만한 里程表를 남기고 있다.

　〈지게꾼의 嘆息〉과 〈農村片感〉에서 밤낮으로 노동을 해도 굶주리는 지게꾼, 농촌의 현실을 노래하였지만 결국 아무런 도움을 줄 수 없는 처지의 슬픔과 아픔이 있다. 대부분 낮은 tone으로 우울함과 비탄을 노래하고 自然을 읊은 그 밑바닥에는 人生의 無常함을 짙게 깔고 잇다.

　金午男은 우리 문학사상 時調文學의 저변확대에 한 몫을 담당한 時調詩人이다.

---

103) 朴乙洙, 開化期時調硏究序說, 金烈圭, 車東旭편, 新文學과 시대의식, 새문社, 1981, PP.1-172.

또한 자연의 노래를 통하여 동양적 정조의 분위기와 순응주의의 면도 드러나고 있다.

 그러나 生의 無常함을 노래하고 영탄하나 그것을 초극 극복하려는 의지보다 숙명으로 간주해 버리는 無常과 諦念調의 분위기가 농후하다. 형식에 있어 擬古的이 되어 한문구어의 사용과 고시조의 틀을 답습하고 있는 것이 자주 나타나서 진부함과 함께 우리말의 결을 살리지 못한 한계점이 노출된다. 따라서 時調의 기교와 낭만적인 멋은 소원한 채 관념적인 내용에 머물고 말았으나 시조 부흥기에 활약하여 시조의 재건에 앞장섰다.

◇ 작가 연보 ◇

1906년(0세) : 4월 14일 京畿道 漣川郡 郡南面 旺林里(죽대골)에서 父 慶州 金氏 基煥과 母 羅州丁氏 奎淑 사이에 2男2女 중 次女로 出生하다.
부친은 한의원으로 약상을 경영하는 한편, 만여평의 농지를 소유한 지주였다.
그녀의 오빠는 시인 金尙鎔이다.
1917년(11세) : 오빠 김상용 경성제일고등보통학교 입학
1922년(16세) : 부친 김기환 사망
1922년(16세) : 진명여자고등학교 입학
1927년(21세) : 進明여자고등학교 수석 졸업
1930년(24세) : 일본여자대학 영문과 졸업
1930년(24세) : 조선일보 기자로 입사 및 퇴사
1932년(26세) : 「신동아」지에 시조 13수 발표하며 데뷔
1933년(27세) : 進明여자고등학교에 영어교사로 취업
1936년(30세) : 국어교사로 계시던 丁鳳允(정봉윤)과 중매결혼
1937년(31세) : 딸 정학희(丁鶴姬) 출산
1939년(33세) : 아들 정국진(丁國鎭) 출산
1944년(38세) : 일제말의 영어과목 폐지로 인하여 진명여고 교사 사직
1945년(39세) : 해방과 더불어 영어과목 부활로 首都여자고등학교 영어과 교사로 취업
1950년(44세) : 수도여고 교사 사직
1951년(45세) : 오빠 김상용 식중독으로 부산에서 영면
1953년(47세) : 첫 시조집 『김오남시조집』을 발간

1956년(50세) : 두 번째 김오남시조선과 수필을 함께 넣은 『심영』을 발간
1960년(54세) : 세 번째 김오남시조집 『여정』을 발간
1960년(54세) : 『시조문학』 창간호 참여
1966년(60세) : 『시조문학』에 회갑을 맞이하여 작품 특집이 수록됨
1981년(75세) : 노산문학상 수상
1988년(82세) : 남편 丁鳳允 영면
1993년(87세) : 11월 4일 상도동에서 영면

■ 작품 연보

◇ 시조

시조 13수(時調 十三首)	신동아(新東亞)	1932.12
이 마음	신가정(新家庭) 14호	1933. 2
시조 5수(時調 五首)	신동아(新東亞)	1933. 3
애닯은 생각	신가정(新家庭)	1933. 4
시조 9수(時調 九首)	신동아(新東亞)	1933. 8
무제음 7수(無題吟 七首)	신동아(新東亞)	1933.10
시조 6수(時調 六首)	신가정(新家庭)	1934. 2
시조 7수(時調 七首)	중앙(中央)	1934. 2
생(生)	신가정(新家庭)	1934. 3
추천	신가정(新家庭)	1934. 6
시조 5수(時調 五首)	신인문학(新人文學)	1934. 7
마음 속 노래	신가정(新家庭)	1934. 8
무제(無題)	중앙(中央)	1934. 9
새해노래	신가정(新家庭)	1935. 1
실제(失題)	신동아(新東亞)	1935. 1
무제(無題)	시원(詩苑)	1935. 2
무제음 2수(無題吟 二首)	조선문단(朝鮮文壇)	1935. 4
무제음 2수(無題吟 二首)	조선문단(朝鮮文壇)	1935. 5
점경(點景)	신가정(新家庭)	1935. 9
농촌편감(農村片感)	신가정(新家庭)	1935. 9
무제 2수(無題 二首)	시원(詩苑)	1935.12
실제(失題)	신인문학(新人文學)	1936. 8

농촌점경(農村點景)	여성(女性)	1936. 8
무제음 1수(無題吟 一首)	신가정(新家庭)	1936. 9
산변점경(山邊點景)	조선문학(朝鮮文學)	1936.10
무제음 5수(無題吟 五首)	여성(女性)	1936.12
신년송(新年頌)	여성(女性)	1938. 1
신년(新年)의 노래	여성문화(女性文化)	1945.12
(한국최초문학전집 34권 「그리던 곳」 외 6수 수록(4년에 걸쳐 발행됨) 1957~1960		
심통(心痛)	자유문학(自由文學)	1959. 9
망우리(忘憂里)	자유문학(自由文學)	1959. 9
농부(農夫)	자유문학(自由文學)	1959. 9
청도(淸道)를 지나며	현대문학(現代文學)	1959. 9
한(閑)	현대문학(現代文學)	1959. 9
시조문학 창간호 참여함		1960. 6.
근음이제(近吟二題)	자유문학(自由文學)	1963. 6
환갑(還甲)	시조문학(時調文學)	1966. 9
심감(深感)	시조문학(時調文學)	1966. 9
소망(所望)	시조문학(時調文學)	1966. 9
하루사리	시조문학(時調文學)	1966. 9
인생(人生)	월간문학(月刊文學)	1966. 9
방 외 3수(房外三首)	시조문학(時調文學)	1970. 3
물가에서	시조문학(時調文學)	1980. 가을
귀로(歸路)	시조문학(時調文學)	1980. 가을
고향(故鄕)	시조문학(時調文學)	1980. 가을
실제(失題)	시조문학(時調文學)	1980. 가을
밤 길	시조문학(時調文學)	1980. 가을
옛터 외 2수(外 二首)	이태극고희문집	1982. 9

설악산	시조문학(時調文學)	1983. 겨울
농촌(農村)	시조문학(時調文學)	1983. 겨울
낙화암	현존55시조전집	1984.
슬픈노래 외 2수(外 二首)	한국여류101인시선집	1985. 9
(작고 문집 편에 실린 해프닝도 있었다)		
마음 외 13수(外 十三首)	연천문학 제4집	2006.12

◇ 시조집

김오남시조집(金午男時調集)	성동공고(城東工高)	1953. 5.25
심영(心影)	동인문화사(同人文化社)	1956. 3. 1
여정(旅情)	문원사(文苑社)	1960.12.15

◇ 논문

정영자 : 한국여성문학연구, 동아대학교 박사논문, 1987.
임　은 : 김오남 연구, 성신여대 교육대학원 석사논문, 1996.

◇ 평설

김경식 : 관조적 시심을 조명하며, 시조문학	2007. 8
김경식 : 관조적 시심을 조명하며, 한맥문학	2007. 9
박혜숙 : 시조시인 김오남, 경기도여성문인(2),	2008. 12.
엄창섭 : 순수서정과 생명에의 변용	2010.
채수영 : 김오남론	2010.

◇ 수상

노산문학상 수상　　　　　　　　　　　　1981.

◇ 고문
성기조 : 시인, 펜클럽 이사장 역임, 한국문인협회 명예이사장
김진희 : 소설가, 한국문인협회 이사, 한맥문학 발행인
김흥우 : 희곡, 동국대 예술대학장 역임 명예교수, 한국희곡작가회 이사장

◇ 명예위원장
박희진 : 시인, 예술원 회원

◇ 위원장
연규석 : 수필가, 한국예총 연천지부 상임부회장, 연천문인협회 명예회장

◇ 자문위원
최동호 : 시인, 고려대학교 교수 역임 명예교수
박혜숙 : 시인, 건국대학교 국문과 교수
엄창섭 : 시인, 관동대학교 국문과 교수
허형만 : 시인, 목포대학교 국문과 교수
채규판 : 시인, 원광대학교 국문과 교수
채수영 : 시인, 문학비평가
김 준 : 시조시인, 서울여자대학교 교수 역임, 명예교수, 편집위원

◇ 편집위원
이창년 : 시인, 한국문인협회 이사, 편집위원장
김경식 : 시인, 평론, 한국문인협회 감사, 자료수집위원
윤여일 : 시인, 펜클럽 한국본부 · 한국문인협회 회원, 교열위원
신동주 : 한국예총 연천지회 부회장, 유물보존위원
조재만 : 한국예총 연천지회 사무국장, 보도 · 섭외위원

김오남 시조전집
旅情에서 歸鄕까지

2010년 4월 15일 첫번째 인쇄
2010년 4월 30일 첫번째 발행
2010년 7월 17일 두번째 발행

엮은이 : 편집위원
펴낸이 : 연 규 석
펴낸데 : 연천향토문학발간위원회

되박은데 : 도서출판 고글
등록일 : 1990년 11월 7일(제302-000049호)
전화 : (031)873-7077

경기문화재단 문예지원금 일부 받았음.

값 10,000원